U0600830

国家社科基金
GUOJIA SHEKE JIJIN HOUQI ZIZHU XIANGMU
后期资助项目

行业协会对集群企业
集体行动的影响机制研究

Influence Mechanism of Industry Associations on Collective Action of Cluster Enterprises

郑小勇　著

ZHEJIANG UNIVERSITY PRESS
浙江大学出版社

国家社科基金后期资助项目
出版说明

后期资助项目是国家社科基金设立的一类重要项目,旨在鼓励广大社科研究者潜心治学,支持基础研究多出优秀成果。它是经过严格评审,从接近完成的科研成果中遴选立项的。为扩大后期资助项目的影响,更好地推动学术发展,促进成果转化,全国哲学社会科学工作办公室按照"统一设计、统一标识、统一版式、形成系列"的总体要求,组织出版国家社科基金后期资助项目成果。

全国哲学社会科学工作办公室

目　录

第三编 行业协会对集群企业集体行动
作用机制的理论构建

第四编 行业协会对集群企业集体行动
作用机制的实证分析

第一编

行业协会对集群企业集体行动的
影响机制研究总纲

第一章　绪　论

第一节　研究背景

一、现实背景

(一)集群企业集体行动是经济领域内意义重大的社会现象之一

集群企业集体行动是经济领域内具有重大意义的社会现象之一,对于产业集群及每个集群企业的发展来说都具有颇为积极的意义。集群企业由于地理邻近性和产业相似性等特点,经常会出现一些共性需求或面临一些共性难题。而解决共性需求和共性问题往往需要众多集群企业共同参与和集体行动才行。譬如,2015年巴西对原产于中国的PVC进行反倾销调查,对海宁经编集群企业及整个经编产业来说影响巨大。面对巨大压力,海宁经编集群企业积极开展集体应诉行动,化解难题。又如,十余年前,永康运动休闲车集群内企业之间抄袭成风、仿制盛行,对产业集群及集群企业的发展极为不利。为防止抄袭与仿制,促进和鼓励集群企业创新,在当地行业协会的组织和帮助下,130余家本地集群企业共同参与集体维权行动,并取得了显著成效。由此可见,集群企业集体行动是集群企业应对共同问题、解决共性需求、实现共性目标的重要方式,对集群企业乃至整个产业集群的发展都会产生积极影响。集群企业集体行动已然成为产业集群领域内极为重要且值得深度关注的社会现象之一。因此,集群企业集体行动的研究具有显而易见的现实意义。

(二)行业协会在集群企业集体行动中发挥了不可或缺的积极作用

深入对比一下上述两个案例,会发现两者并不完全属于同一类型。前者所涉海宁经编集群企业集体应诉行动是由巴西对华PVC反倾销调查的外部事件所引发,属于外生性集体行动;后者所涉永康运动休闲车集群企业集体维权行动是由防止抄袭与仿制的内在需求所引发,属于内生性集体行动。尽管集体行动类型不尽相同,但两项实践活动均显示出了一个共性特点,那就是行业协会在相应的集体行动中都发挥了不可或缺的积极作用。譬如,在海宁经编集群企业的外生性集体行动中,海宁经编协会协助召开应诉协调会和策略研讨会,为涉案企业提供专业指导,对于促成集体行动起了很大作用。在永康运动休闲车集群企业的内生性集体行动中,永康运动休闲车协会则开展了宣传、监督、惩罚及创新指导等一系列工作,极大地吸引了当地集群企业的参与,甚至还引起了台州等省内其他地区很多业内企业的兴趣,对该集体行动的形成和持续开展起了举足轻重的推动作用。除此之外,在1994年巴基斯坦医疗器械集群企业应对美国GMP认定的集体行动,以及在2007年海盐紧固件集群企业集体抵制低价恶性竞争的集体行动等大量实践案例中,行业协会同样发挥了诸多方面积极作用。可以说,从实践角度看,行业协会与集群企业集体行动关系甚密,对促成集体行动来说功不可没。正因如此,实践工作者也迫切想要知道行业协会在不同细分类型集体行动中究竟可以发挥什么样的作用、能发挥哪些方面的具体作用,以及行业协会是如何发挥作用等。然而,这些问题仍然有待于进一步探讨和解决。在这种现实背景下,研究行业协会对集群企业集体行动(特别是对不同细分类型集群企业集体行动)的具体影响及其作用机制对于在实践中更好地发挥行业协会的作用具有现实指导价值。

(三)集群企业集体行动的有效形成仍然面临着诸多困扰

尽管现实中有不少成功的集群企业集体行动案例,但我们同时注意到在很多情形下集群企业未能有效地形成集体行动。实践中集群企业会出于这样或那样的原因不愿意采取或参与集体行动,从而导致行动破产或胎死腹中。譬如,在2006年欧盟对华反倾销调查时身处重灾区的福建各企业,在最后期限将至时300多家鞋企全部放弃应诉,未能形成有效的集体行动。又如,在与集群内生需求有关的共性技术研发及集群环境治理等方面,需要集群企业共同参与,但往往由于行动结果的收益具有溢出性,集群企业参与意愿低下,不能形成有效的集体行动。也就是说,在现实经济中,一些集群企业集体行动仍然面临着诸多方面的困境和困扰,不利于集体行动的展开。这些成功的和未能成形的集群企业集体行动的现实例子,以及行业协会在集群企业集体行动实践中的各种积极表现,引发出一系列值得思考的现实问题。譬如,为什么有些集群企业集体行动能够有效形成,而有些集群企业集体行动却胎死腹中?是什么因素或者哪些因素对集群企业采取或参与不同类型集体行动产生关键性影响？行业协会在不同类型集群企业集体行动中起着什么样的作用？行业协会对集群企业采取或参与不同类型集体行动有何具体影响及其内在影响机制是什么？应该如何更好地发挥行业协会的作用实现对集群企业集体行动的有效治理？在这样一种现实背景下,研究行业协会与集群企业集体行动的关系及其内在作用机制对于完善行业协会建设、破解集体行动困境、提升集群企业集体行动意愿并促成集体行动具有不言而喻的实践应用价值。

二、理论背景

（一）集体行动研究已成持续性学术热点,开展集群企业集体行动研究可谓恰逢其时

国内外学者们对集体行动的关注和研究已有较长的历史。回顾历史,发现在过去的几十年时间里,集体行动相关学术文献整体上呈现出稳步递增的态势,学者们对不同领域或不同层次上的集体行动研究一直保持着较高的关注和持续的热情,集体行动研究已然成为社会科学持续性的学术热点。以"集体行动"为主题,搜索中文学术研究数据库（CNKI）和外文学术研究数据库（SSCI、SCI 和 AHCI）在最近十年内相关研究的基本情况,可发现即使是在近十年里,国内和国外相关研究也呈现明显的逐年增长趋势,尤其是外文文献,增长趋势更加清晰和稳健,详情如图 1-1 所示。

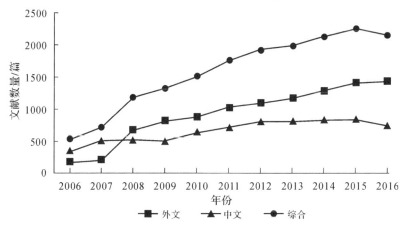

图 1-1　近十年来国内外关于集体行动相关研究的趋势

在以往学者长期不懈的努力之下,集体行动相关研究已经形成了一些成熟的理论流派。其中,比较经典的包括 20 世纪 60 年代以前的利益集团理论流派、以奥尔森（1995,2005）为代表的理性选择理论流派、以涂尔干等

学者为主要代表的意识形态理论流派,从关系网络当中的声誉、地位、信任与规则等因素研究集体行动的社会资本理论流派,从政治角度研究集体行动的政治机会理论流派等。这些研究为我们在集群企业层次上探讨集体行动的形成机制奠定了坚实的理论基础。从以上分析可知,本项研究既适逢近些年来的研究热潮,又具备强有力的理论支撑,可谓恰逢其时。

(二)集体行动研究视角和研究层次不断拓展,而整合视角下集群企业集体行动影响因素研究有待加强

集体行动相关研究的视角和研究层次在不断地拓展,使集体行动影响因素研究变得越来越盈实。首先,从研究视角上看,实现了从单一视角到多元视角的切换。以往研究较多地从单一视角展开,随着研究变得越来越丰富,已有较多学者尝试从多元视角来探索集体行动的影响因素。譬如,王晴锋(2010)及胡海青(2011)等人的研究。甚至有部分学者整合了社会学和心理学等多个学科的不同理论视角来进行解析,如左默仁(Zomeren)、帕斯梅斯(Postmes)和斯皮尔斯(Spears)(2008)及左默仁和伊耶(Iyer)(2009)等人的研究。其次,从研究层次上看,实现了从自然人到法人的切换。集体行动领域内大量的文献都是以工人、农民工、农户、业主、网民等为对象,在个体自然人层次上所进行的研究,即便是现在仍然如此。事实上,企业层次上的集体行动也屡见不鲜。特别是对于集群企业来说,更是如此。这是因为集体行动需要共同利益基础(李娟娟,2015),而集群企业相比其他组织或企业更具备这个前提条件。正因如此,近些年来,集群企业集体行动的研究已经引起了越来越多学者的兴趣和关注,并产生了一些有影响力的研究成果,比如产业集群集体行动的影响因素及条件[吉尔兴(Gilsing),2000;易明,杨树旺,2010;彭晶,2013]及制度能力对集群企业集体行动的影响机理[斯皮金科(Spekkink),2015]等。然而,相关研究仍处于探索阶段。有关如何基于多元视角或整合视角来审视集群企业集体行动的影响因素有待于进一步深入探讨。本书正是在这个理论背景下开展了一系列关于集群企业集体行动影响因素的研究,具体包括基于整合视角的集群企业集体行动影响因素分析逻辑、外生性集体行动影响因素解析和内生性集体行动影响因素解析等。

(三)行业协会的集体行动治理已具备理论基础,而结合影响因素探索行业协会对集群企业集体行动的内在作用机制的研究明显不足

行业协会与企业集体行动的关系十分密切。一是将行业协会视为集

体行动的表现形式；二是将行业协会视作集体行动的组织者与推动者。后者是研究重点，主要是围绕行业协会如何推动企业集体行动这一问题展开，已有很多优秀的研究成果。譬如，黄少卿和余晖（2005）认为是协会的声誉机制、有效运作经历、低组织成本；林琼慧（2008）认为是协会的信任与互惠规范、非正式制度与社会网络、激励监督机制；徐建牛和孙沛东（2009）认为是协会的互动和沟通机制、激励惩罚机制、声誉积累机制。然而，以往有关行业协会集体行动机制的研究，大多是从行业协会的内部治理和外部治理的角度探讨，未能将协会治理与集体行动的影响因素很好地结合起来进行交叉研究。因此，在这个理论背景下，我们认为要想继续推进行业协会的集体行动机制研究并有所新发现，就需要跳出传统研究思路，尝试结合特定类型集群企业集体行动的影响因素来审视行业协会的作用机制。

第二节　研究问题

通过长期观察集群企业的集体行动，我们发现了一系列非常有趣的现象。比如，2015 年海宁经编集群企业为应对巴西反倾销诉讼所采取的集体行动成功了，而 2006 年福建鞋业集群企业应对欧盟反倾销诉讼集体行动未能形成。又如，在应对欧盟 CR 法案①过程中温州打火机集群企业的集体行动成功了，而其他地区打火机集群企业集体行动未能形成。再如，永康运动休闲车集群企业认识到相互抄袭和仿制之害后所采取的集体维权行动成功了，而大量其他地区同类抄袭与仿制盛行的集群企业集体维权行动未能形成，等等。由此，人们自然而然地会产生一个疑问：为什么有些集群企业集体行动能够有效地形成，而有些却不能呢？然而，回答这个问题并不是像表面看上去那么简单直接。因为，我们仔细对比上述几例集群企业集体行动之后，发现它们并不完全属于同一类型。前两例是由集群的外部压力或外部事件所引发的一类集群企业集体行动，可简称为外生性集体行动。而后者是由集群发展的内在需求所引发的另一类集群企业集体行动，可简称为内生性集体行动。这样一来，上述疑问就会进一步演变为两个并列的子问题。第一个子问题，为什么有些集群企业外生性集体行动

---

① CR 法案是英文 Child Resistance Law 的缩写，它的主要内容是要求售价 2 欧元以下的打火机必须安装"安全锁"。从表面上看，这是出于儿童安全考虑，有必要这样做并且看似也很容易做到。但几乎所有专利技术均为欧美掌控。所以，CR 法案对中国打火机产业的实际杀伤力是巨大的。

能够有效地形成,而有些却不能? 第二个子问题,为什么有些集群企业内生性集体行动能够有效地形成,而有些却不能?

首先,回答为什么有些集群企业能够形成有效的集体行动这个问题,实际上就是回答集群企业集体行动形成的原因。那就先得知道集群企业集体行动的关键性影响因素究竟有哪些,这样才能找到回答上述问题的抓手。为此,我们设计了子研究一,旨在通过案例研究方法识别出集群企业外生性集体行动和集群企业内生性集体行动的关键性影响因素。其次,明确了关键性影响因素之后,就需要知道这些因素是如何影响集群企业集体行动的,其具体表现为什么样的影响,以及在上述情形下,与集群企业集体行动关系甚密的行业协会从中又是如何发挥作用的。为此,我们设计了子研究二,从规范分析的角度对外生性集体行动影响因素的作用逻辑和内生性集体行动影响因素的作用逻辑进行理论分析,并对行业协会基于外生性集体行动影响因素的调节性作用机制,以及行业协会基于内生性集体行动影响因素的调节性作用机制进行阐述。再次,需要检验集群企业集体行动影响因素及行业协会相应作用机制的稳健性。为此,我们设计了子研究三,旨在通过统计分析方法对行业协会基于外生性集体行动影响因素的作用机制,以及行业协会基于内生性集体行动影响因素的作用机制进行实证分析和检验,并对理论假设和理论模型进行必要的修正。最后,在通过前面三个子研究设计回答了"为什么"之后,通常人们还想知道接下来应该"怎么办"。为此,我们设计了子研究四,分别探讨以行业协会为主导的集群企业外生性集体行动多主体协同治理问题和以行业协会为主导的集群企业内生性集体行动多主体协同治理问题。最终,构建起集群企业集体行动多主体协同治理体系。关于各个子研究及其相应的具体研究详细阐述如下。

一、子研究一:集群企业集体行动影响因素案例研究

子研究一的主要任务是回答集群企业集体行动究竟有哪些关键性影响因素这样一个核心问题。鉴于集群企业集体行动有外生性和内生性之分,所以子研究一的主要任务便相应地演变为回答以下两个并列的子问题,即外生性集体行动究竟有哪些关键性影响因素,以及内生性集体行动的关键性影响因素有哪些等。首先,为回答外生性集体行动的关键性影响因素,就需要解决由此衍生出的一系列具体研究问题。主要包括:(1)外生性集体行动如何界定? (2)外生性集体行动有何特征或如何鉴别? (3)外

生性集体行动影响因素分析的理论依据是什么?(4)如何进行外生性集体行动影响因素分析的案例定位、个案选择、信息采集与数据分析?(5)案例分析结果如何呈现及涌现信息如何处理?其次,为回答内生性集体行动的关键性影响因素,也需要相应地解决其衍生出的一系列类似的具体研究问题。主要包括:(1)内生性集体行动如何界定?(2)内生性集体行动具有哪些特性或如何鉴别?(3)内生性集体行动与外生性集体行动有哪些方面的区别?(4)内生性集体行动影响因素分析的理论依据是什么?(5)如何进行内生性集体行动影响因素分析的案例定位、个案选择、信息采集与数据分析?(6)内生性集体行动案例分析结果如何呈现,以及涌现信息如何处理。

二、子研究二:行业协会对集群企业集体行动作用机理的理论构建

子研究二要回答的核心问题是如何基于关键性影响因素构建行业协会对集群企业集体行动的作用机制。为回答这一问题,子研究二的主要任务就是在子研究一所识别出的影响因素基础上,对各因素影响集群企业集体行动的逻辑进行理论阐述,基于此探讨行业协会对集群企业集体行动的作用机制,并构建起理论框架。具体来讲,也需要相应地分成两步进行。首先,就外生性集体行动而言,就是要阐述外生性集体行动影响因素的作用逻辑并基于此分析行业协会对外生性集体行动的影响机制。需要解决的具体问题包括:(1)外生性集体行动各个影响因素分别会产生什么样的影响及为什么会产生这样的影响?(2)行业协会对外生性集体行动具有什么样的调节效应?(3)行业协会对外生性集体行动的作用机制模型应该如何刻画?其次,就内生性集体行动而言,相应地也要阐述内生性集体行动影响因素的作用逻辑并基于此分析行业协会对内生性集体行动的作用机制。需要解决与上述类似的三个具体问题,包括:(1)内生性集体行动各个影响因素分别会产生什么样的影响及为什么会产生这样的影响?(2)行业协会对内生性集体行动具有什么样的调节效应?(3)行业协会对内生性集体行动的作用机制模型应该如何刻画?

三、子研究三:行业协会对集群企业集体行动作用机理的实证分析

子研究三要回答的核心问题是行业协会对集群企业集体行动作用机制在多大程度上是稳健的并受到实证支持的。因此,子研究三的主要任务就是要在子研究二所构建的理论框架基础上,对行业协会的集体行动作用

机制进行实证分析和检验。首先，就外生性集体行动而言，就是要开展行业协会对外生性集体行动作用机制的实证分析。需要解决的具体问题包括：(1)变量选择及测量问题，即外生性集体行动及其影响因素作为变量来说如何进行测量及控制变量如何选择？(2)外生性集体行动调研问卷如何设计？(3)如何进行外生性集体行动实证研究所需的信息采集与数据分析？(4)实证结果与理论假设是否一致、偏差如何解释及模型是否需要修正？其次，就内生性集体行动而言，相应地也要开展行业协会对内生性集体行动作用机制的实证分析。需要解决的具体问题包括：(1)内生性集体行动及其影响因素作为变量应该如何进行测量，以及控制变量如何选择？(2)内生性集体行动调研问卷如何设计？(3)如何进行内生性集体行动研究所需信息的采集与数据分析？(4)实证结果与理论假设是否一致、差异如何解释以及模型是否需要修正？

四、子研究四：行业协会主导的集群企业集体行动多主体协同治理研究

子研究四要回答的核心问题是"怎么办"，即如何基于集群企业集体行动影响因素及行业协会对集群企业集体行动的作用实现对集群企业集体行动的治理。针对这一问题，子研究四的主要任务就是提出行业协会主导的集群企业集体行动多主体协同治理策略。首先，就外生性集体行动治理而言，就是要提出行业协会主导的集群企业外生性集体行动多主体协同治理策略。需要解决的具体问题包括：(1)从本研究的外生性集体行动理论框架出发，行业协会、地方政府和领导企业在集群企业外生性集体行动中可发挥哪些治理性作用？有哪些治理策略可以运用？(2)基于行业协会主导的外生性集体行动多主体协同治理体系应该如何构建？其次，就内生性集体行动治理而言，要提出行业协会主导的集群企业内生性集体行动多主体协同治理策略。需要解决的具体问题包括：(1)从本研究的内生性集体行动理论框架出发，行业协会、地方政府和领导企业在集群企业内生性集体行动中有哪些治理策略可以运用？(2)基于行业协会主导的内生性集体行动多主体协同治理体系应该如何构建？

由以上分析可知，从整体上而言，本研究只有一个核心问题，但这个核心问题实际上可以细化成两个并列子问题。通过刨根问底和层层推进的办法，这两个子问题分别衍生出了一系列具体的研究问题。这一系列研究问题之间具有层层递进的内在逻辑关系。通过设计相应的四个子研究，不

断地解决所衍生出来的这一系列具体研究问题,从而对两个并列的子问题做出解释,并最终达到回答核心问题的目的。这就是本书研究问题的发展过程和解决研究问题逻辑思路。综上,可把本书整个研究问题推进过程及问题解答逻辑关系形象地描绘成如图 1-2 所示。

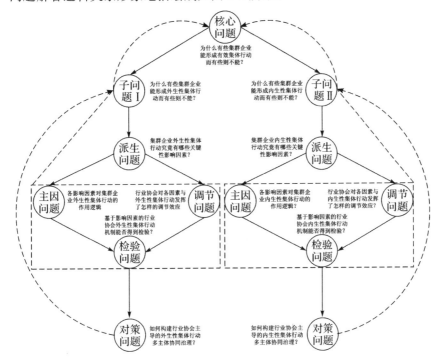

注:图中实线箭头表示研究问题发展过程,虚线箭头表示解答逻辑。

图 1-2 研究问题发展过程及问题解答逻辑关系

第三节 研究思路

一、技术路线

根据上一节中所阐述的主要研究问题,可以相应地设计出一系列具体研究内容。然后,再结合各项研究内容的特点及研究需要,选择与其相匹配的研究方法。顺着研究问题发展、研究内容推进和研究方法匹配相结合的思路,我们设计了本研究拟采取的技术路线,如图 1-3 所示。

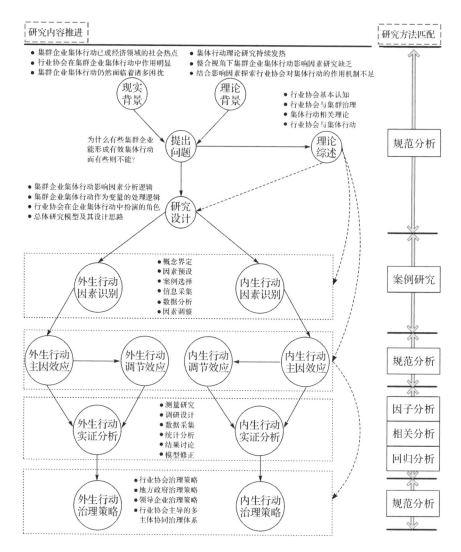

注：实线箭头表示研究内容推进过程；虚线箭头表示理论依据或支撑关系。

图 1-3　本研究所采用的技术路线

二、章节安排

本书总共分为六篇十三章，各篇章具体内容安排如下。

第一篇为行业协会对集群企业集体行动的影响机制研究总纲。包括第一章绪论、第二章文献综述与理论基础、第三章研究的总体构思逻辑与模型设计三章内容。在第一章中，阐述研究的现实背景和理论背景，由此引出研究问题。再根据研究问题的需要，设计相应的研究内容和技术路线，选择相匹配的研究方法，并提出主要创新点。在第二章中，对本研究相关的研究基础和文献进行梳理,主要回顾行业协会基本认知,包括概念、性质、特点、类型及其与商会的关系等;回顾行业协会与集群治理相关研究,包括行业协会内部治理、行业协会外部治理及行业协会与集群治理的关系等;回顾集体行动相关理论,包括利益集团与集体行动的关系、集体行动概念和类型、集体行动影响因素研究现状等。在第三章中,主要对本研究所涉若干问题的分析逻辑和研究总体设计进行阐述,旨在为后续具体研究的开展做好铺垫。其中,关于集群企业集体行动影响因素的分析逻辑,可以为后续外生性集体行动影响因素的提出和内生性集体行动影响因素的提出做好铺垫;关于集群企业集体行动变量的处理逻辑,可以为后续外生性集体行动实证研究和内生性集体行动实证研究做好铺垫;关于行业协会在企业集体行动中可能扮演的角色,可以为总体研究模型的提出做好铺垫,进而为基于总体模型而延伸出来的外生性集体行动研究模型和内生性集体行动研究模型做好铺垫。

第二篇为集群企业集体行动影响因素案例研究。包括第四章外生性集体行动影响因素的案例研究和第五章内生性集体行动影响因素的案例研究等两章内容。在第四章中,主要利用部分探索性案例研究的思路和方法对外生性集体行动的影响因素进行识别和挖掘。首先,对外生性集体行动的概念和特征做出分析。然后,结合外生性行动概念、特征和集体行动经典理论视角提出外生性集体行动影响因素框架,为案例研究奠定基础。最后,通过案例选择和数据分析对提出的外生性集体行动影响因素进行修正和内容上的补充。最终识别出外生性集体行动的影响因素组合及各因素具体的表征性内容。第五章中,也是利用部分探索性案例研究的方法对内生性集体行动的影响因素进行识别和挖掘。首先,阐述内生性集体行动的概念、特征及其与外生性行动的区别。然后,结合内生性行动概念、特征和集体行动经典理论提出内生性集体行动的影响因素框架。最后,通过案例选择和数据分析对内生性集体行动影响因素进行修正和内容上的补充。最终识别出内生性集体行动的影响因素组合及各因素具体的表征性内容。

第三篇为行业协会对集群企业集体行动作用机制的理论构建。包括第六章行业协会对外生性集体行动作用机制的理论构建和第七章行业协会对内生性集体行动作用机制的理论构建等两章内容。第六章中,主要是以分析主效应和调节效应为抓手,从理论上构建起行业协会对集群企业外生性集体行动的作用机制。首先,分析外生事件、反抗意识、外部支持、制度许可、集群规模和集群类型等与集群企业外生性集体行动意愿的主效应关系。其次,在主效应基础上讨论行业协会的调节效应,并建构起行业协会对集群企业外生性集体行动的作用机制模型。第七章,也是以主效应和调节效应分析为抓手,从理论上构建起行业协会对内生性集体行动的作用机制。首先,分析内生需求、长期导向、本地嵌入、政策激励、同行反应等与集群企业内生性集体行动意愿的主效应关系。其次,在主效应基础上讨论行业协会的调节效应,并建构起行业协会对内生性集体行动的作用机制模型。显然,无论是在外生性集体行动还是在内生性集体行动的研究中,影响因素的主效应是分析行业协会作用机制的重要前提和基础,而后者才是研究的最终落脚点,也是对前者的升华。

第四篇为行业协会对集群企业集体行动作用机制的实证分析。包括第八章行业协会对外生性集体行动作用机制的实证分析和第九章行业协会对内生性集体行动作用机制的实证分析等两章内容。在第八章中,主要是就行业协会对集群企业外生性集体行动的作用机制的相应理论假设进行实证检验。具体包括对外生事件等自变量、外生性集体行动意愿因变量、行业协会及控制变量的测量研究;设计外生性集体行动调研问卷用于数据收集;采用因子分析、相关分析和回归分析相结合的方法对第六章中所提出的理论假设进行检验,基于检验结果进行简要讨论并对行业协会在外生性集体行动中的作用机制模型进行相应的修正。在第九章中,主要是就行业协会对集群企业内生性集体行动的作用机制的相应理论假设进行实证检验。具体包括对内生需求等自变量、内生性集体行动意愿因变量、行业协会及控制变量的测量研究;设计内生性集体行动调研问卷用于数据收集;采用因子分析、相关分析和回归分析相结合的方法对第七章中所提出的理论假设进行检验,并基于检验结果进行简要讨论。

第五篇为集群企业集体行动多主体协同治理策略研究。包括第十章行业协会主导的外生性集体行动多主体治理策略研究和第十一章行业协会主导的内生性集体行动多主体治理策略研究等两章内容。在第十章中,主要是针对集群企业外生性集体行动开展治理策略研究。首先,基于外生事件等外生性集体行动影响因素组合提出了行业协会治理策略;基于外部支持和制度许可等因素提出了地方政府治理策略;基于反抗意识、外部支持和集群类型等因素提出了领导企业治理策略。其次,设计并提出了行业协会主导的外生性集体行动多主体协同治理体系。在第十一章中,主要是针对集群企业内生性集体行动开展治理策略研究。首先,基于内生需求等内生性集体行动影响因素组合提出了行业协会治理策略;基于长期导向、本地嵌入和政策激励等因素提出了地方政府治理策略;基于本地嵌入和同行反应等因素提出了领导企业治理策略。其次,设计并提出了行业协会主导的内生性集体行动多主体协同治理体系。

第六篇为研究总结与研究展望。包括第十二章研究结论与研究意义,以及第十三章研究局限与研究展望等两章内容。在第十二章中,主要是总结研究结论,阐述理论贡献与应用价值。首先,围绕集群企业集体行动分型研究、集群企业集体行动影响因素研究、行业协会对集群企业集体行动调节作用研究和集群企业集体行动治理策略研究等四个方面对研究结论进行总结。其次,围绕集体行动研究领域和行业协会治理领域等对本研究的理论贡献进行阐述;围绕集群企业外生性集体行动治理、集群企业内生性集体行动治理和完善行业协会内部治理等方面对本研究的应用价值进行阐述。在第十三章中,主要阐述研究局限并对未来研究进行展望。首先,围绕案例研究技术、研究层次定位和涌现因素的跨领域适用性等方面阐述了本研究的局限性。其次,围绕集群企业集体行动的中介机制、细分类型集体行动特有情境化影响因素和基于集群企业集体行动治理的行业协会内部治理等方面对未来研究进行展望,为继续深化与推进本研究指明可供参考的研究方向。

第四节　研究方法

一、文献分析方法

主要集中体现在文献综述与理论基础一章当中。通过检索、阅读和分析行业协会、集群治理和集体行动等多个领域内的学术文献,对行业协会和商会的概念与特征、行业协会内外部治理、行业协会与集群治理、集体行动理论,以及行业协会与企业集体行动等相关研究进行系统的梳理。分析研究现状与发展趋势,为行业协会对集群企业集体行动作用机制的理论构建与实证研究奠定良好的理论基础。

二、规范分析方法

主要集中体现在行业协会对集群企业外生性集体行动作用机制的理论构建和行业协会对集群企业内生性集体行动作用机制的理论构建等两章当中。采用综合多个理论视角的方式进行理论推导、归纳与演绎及比较分析，提出与研究问题相关的一系列研究假设或命题。

三、案例研究方法

主要集中体现在集群企业外生性集体行动影响因素识别和集群企业内生性集体行动影响因素识别等两章当中。采用了部分探索性案例研究方法、双案例多单元的跨案例嵌套式设计和多级编码技术，在广泛收集多个案例数据基础上，分别对外生性集体行动和内生性集体行动的影响因素进行识别。借此对各因素的内容维度进行深度挖掘和补充。

四、统计学定量分析方法

主要集中体现在实证分析篇中。采用了大样本问卷调查和统计分析的方法对本书提出的假设进行检验。具体而言，运用问卷设计的技术和方法设计了外生性集体行动和内生性集体行动调查问卷，通过实地调研收集分析所需的数据，运用因子分析、相关分析、多元回归分析等统计研究方法对理论构建篇章中提出的理论假设进行统计检验。

第五节　主要创新点

一项研究的创新之处可以从多个角度去描述，比如理论创新、视角创新和方法创新等，其中最为重要的是要有理论创新之处。就本项研究而言，在理论层面和方法层面都体现了一定的创新之处。以下将分别从理论创新和方法创新两个方面进行阐述。

一、理论创新

第一，识别出基于多元理论视角的集群企业外生性集体行动和集群企业内生性集体行动的影响因素组合。

本研究认为不同类型的集群企业集体行动其影响因素是有差异的。鉴于此，我们以集群企业集体行动的直接触发因素为依据，将其分成外生性集体行动和内生性集体行动。在此基础上，基于利益集团理论、理性选择理论、意识形态理论、社会资本理论和政治机会理论等多元视角，本书运用部分探索性案例研究方法分别对外生性集体行动和内生性集体行动的影响因素进行识别。提出外生事件、反抗意识、外部支持、制度许可、集群规模和集群类型等影响集群企业采取或参与外生性集体行动的"六因素组合",提出内生需要、长期导向、本地嵌入、政策激励和同行反应等影响集群企业采取或参与内生性集体行动的"五因素组合"。这一点所具有的创新性体现在以下两个方面。首先,在集体行动影响因素的研究层次上具有一定新意。以往对于集体行动的研究普遍集中在个体自然人层次,探讨较多的是个体自然人采取或参与集体行动的影响因素,而聚焦于企业层次上的集体行动影响因素研究时至今日仍然是比较少的。从这一点上讲,我们聚焦于集群企业的集体行动影响因素研究在研究层次上具有一定的新意。其次,深化了细分类型集群企业集体行动在影响因素上的差异。在以往为数不多的有关企业集体行动影响因素研究中,学者们对一般意义上的企业集体行动(不对类型加以区分)和特定内容的企业集体行动的影响因素提出了一些建设性观点。比如,易明和杨树旺(2010)认为领导型企业、社会资本、公共服务机构和集群代理机构、地方政府行为、团体讨论和个体声音等是一般意义上集群企业集体行动的主要影响因素,属于前者;芬克(Finke)、吉尔克里斯特(Gilchrist)和穆扎斯(Mouzas)(2016)认为目标一致性、动员及每个组织参与者的利益是企业参与气候变化集体行动的主要影响因素,属于后者。而本研究所针对的外生性行动和内生性行动,既不是在笼统意义上的集体行动层面讨论一般性的影响因素,也不是在特定内容集体行动层面上讨论影响因素,而是介于两者之间在细分类型上进行讨论。相对于前者显出了具体性,相对于后者又显出了一般性,从而体现出一定的创新性。本书所提出的"六因素组合"和"五因素组合"对于外生性集体行动和内生性集体行动各自所覆盖的具体行动研究具有理论意义。

第二,探索出行业协会在集群企业外生性集体行动和集群企业内生性集体行动中的调节性作用机制。

已有研究表明,协调集群企业的集体行动是行业协会优势的主要体现形式之一(骆璇、符正平,2007)。各行业的企业都企图通过行业协会以相互合作的方式寻求解决集体行动问题并获得竞争优势[金斯伯里(Kingsbury)和艾泰(Hayter),2006]。也因此,行业协会与企业集体行动的关系以及行业协会对集体行动的治理机制一直是该领域关注的焦点问题之一。近些年来,已有多位学者就行业协会集体行动治理机制进行过研究,如黄少卿、余晖(2005),林琼慧(2008),徐建牛、孙沛东(2009)等,纷纷提出了颇具建树的观点。以往有关行业协会集体行动治理机制的研究大多将行业协会视为集体行动的组织者与推动者,并从行业协会自身内部治理和外部治理的角度出发来探讨其促进集体行动的作用机制,却鲜有将行业协会外部治理与企业集体行动影响因素有机结合起来进行交叉研究的。有鉴于此,本研究在识别出外生性集体行动和内生性集体行动的影响因素基础上,从理论上探讨行业协会分别在外生性集体行动和内生性集体行动中所具有调节性作用机制,并从实证上对行业协会的调节效应进行检验。最终确立起行业协会对集群企业外生性集体行动的影响机制模型和行业协会对集群企业内生性集体行动的影响机制模型。可见,本研究较好地将行业协会外部治理与企业集体行动影响因素结合起来,并从影响因素的角度讨论行业协会对集群企业集体行动的作用机制。从这一点上讲,本研究有别于以往行业协会集体行动治理机制的讨论,表现出一定的创新性。

第三,构建起行业协会主导的集群企业集体行动多主体协同治理体系。

本研究探讨了行业协会基于外生性集体行动"六因素组合"的治理思路,地方政府基于外部支持和制度许可的治理思路,以及领导企业基于反抗意识、外部支持和集群类型的治理思路,进而构建起以行业协会为主导的外生性集体行动多主体协同治理体系;探讨了行业协会基于内生性集体行动"五因素组合"的治理思路,地方政府基于长期导向、本地嵌入和政策激励的治理思路以及领导企业基于本地嵌入和同行反应的治理思路,进而构建起以行业协会为主导的内生性集体行动多主体协同治理体系。这些使我们对整个集群企业集体行动的多主体协同治理有了框架性认知。这一研究所具有的创新性可从以下两个方面来理解。首先,魏江和周泯非认为集群治理中存在着协会治理、地方规制、经济层级和社区规范等四种治理。其中,社区规范治理主体是集群企业自身,属于严格意义上的自治范畴;协会治理主体是行业协会,地方规制主体是地方政府,经济层级治理主体是领导企业,属于相对广义上的他治范畴。而集群企业的集体行动是集群治理的重要内容之一。所以,本书关于行业协会、地方政府和领导企业对集群企业集体行动治理思路的研究是对魏江和周泯非(2009)所述三种他治思想在集群企业集体行动治理活动层面上的深化,进而体现一定的创新性。其次,时影(2008)认为要使集体行动走出困境,政府、企业和社会应该各自发挥自身优势,实现优势互补和良性互动合作。其中社会的重要体现之一就是行业协会的发展(苏刘祥,2007)。这就相当于强调了政府、企业和协会三方协作对于治理集体行动的重要意义。同时,郭道久(2016)更是明确地指出协作治理是中国现实背景下较好解决松散型集体行动的治理模式,进一步强调了多元主体按照一定的规则发挥各自的特定作用。那么,就具体的集群企业外生性集体行动和集群企业内生性集体行动而言,多元主体各自应该发挥哪些方面的特定作用?多元主体之间又应该如何开展协作以形成协同治理效应?这些都是基于上述研究所延伸出来并有待于探索的具体问题。而本研究所构建的行业协会主导的集群企业集体行动多主体协同治理体系(包括行业协会主导的外生性集体行动多主体协同治理体系和行业协会主导的内生性集体行动协同治理体系)恰恰就是回答这些问题的。因此,从这一点上讲,基于行业协会主导的集群企业集体行动多主体治理体系是对时影(2008)和郭道久(2016)等一系列研究的创新性补充。

二、方法创新

本研究在集群企业集体行动影响因素识别中采用部分探索性案例研究思路、双案例多单元嵌套设计和多级编码技术方法,相对于以往企业集体行动影响因素研究来说体现出明显的创新性。回顾以往企业层次上有关集体行动影响因素的文献,发现既有基于博弈方法和模型的影响因素研究(朱宪辰、李玉连,2007;易明、杨树旺,2010;彭晶,2013),也有基于案例分析的影响因素研究[芬克、吉尔克里斯特、穆扎斯,2016;乔治(George)、贝内(Bennett),2005;哈利宁(Halinen)、汤鲁斯(Törnroos),2005;吕国范、易明,2013]。其中,以案例分析为主要研究方法的文献一般是以专家访谈,以及结构化或半结构化的问卷调研相结合的方式收集数据并进行案例分析。从案例类型上而言,大多属于描述性或解释性案例。而本研究则尝试性地将战略管理领域近年来颇为盛行的案例研究设计和方法引入集群企业集体行动的影响因素研究当中。在案例研究设计上,采用了双案例多单元的嵌套式设计;在数据处理技术上,运用了基于扎根理论的三级编码技术。在充分收集二手数据和一手数据的基础上进行案例研究,分别探索外生性集体行动和内生性集体行动的影响因素及其具体的内容维度。从案例类型上,属于部分探索性案例,这在内生性集体行动影响因素案例研究中得到了很好的体现。简单地讲,我们在案例中秉承了部分探索性案例研究的思想,综合地运用了双案例多单元嵌套设计和三级数据编码技术在集群企业层次上开展外生性集体行动影响因素研究和内生性集体行动影响因素研究,有别于以往该领域有关企业集体行动影响因素的研究方法,从而在研究方法上体现出一定的创新性。

第二章　文献综述与理论基础

第一节　行业协会基本认知

一、行业协会的概念界定

行业协会是国内外都普遍存在的一种组织,有关行业协会的界定也多种多样。不同的国家或学者对行业协会概念的界定有明显的差异,但也有一些共性。笔者试图从共性的角度对行业协会做出一个相对一般性的界定。通过比较国内外一些知名学者的研究后发现,一般意义上的行业协会可以从性质、目的、成员和形成基础等几个要素来审视,并基于上述要素做出界定。

（一）从性质上看,行业协会应该是非营利性组织

持这种观点的学者和机构很多,例如美国著名律师兰布(Lamb)和希尔兹(Shields)(1971)、英国协会管理专家斯坦利·海曼(张继焦,1999)、美国协会执行官组织(American Society of Association Executives)以及我国学者宋养琰(1995)、陈金罗(1997)、吴宗祥(2003)、贾西津(2004)和杨穿明(2006)等均在其行业协会的概念界定中体现了它的属性是非营利性组织。尽管措辞有所不同,但从他们对概念的描述中均能得出上述结论。因此,行业协会具有非营利性,属于非营利性组织这一点已成为学者和机构的共识。虽然,现实中行业协会所提供的有些服务是有偿的,但这些收入从性质上讲是补偿性的,主要用于维持机构的运行而非利润分配。所以,笔者认为把目前已有行业协会的性质定为非营利性组织是恰当的。

（二）从成员上看,行业协会的成员一般是具有竞争关系的组织或个人

这一点主要是从成员的个体属性及成员间的关系属性两个角度对行业协会的成员做出界定。首先,成员的个体属性是指强调成员的法人属性

与否。有专门在公司或组织层面开展的研究,在其对行业协会的界定中往往会强调成员的法人属性,譬如,布拉德利(Bradley)(1966)认为行业协会是由参加相同或类似经济活动的公司所构成。另一部分学者则没有强调成员的法人属性,而用"竞争者"或"事业者"来指代。譬如,兰布和希尔兹(1971)认为行业协会成员是行业中的竞争者,美国协会执行官组织也认为协会的成员是由单个行业内的竞争者所组成,日本经济界人士则认为协会成员由事业者组成。显然,竞争者或事业者可以是法人实体也可以不是法人。其次,成员间的关系具有竞争性。协会中的成员由于从事相同或相近的行业,所需的资源或所面向的顾客等方面都近似,相互之间不可避免地具有竞争性(兰布、希尔兹,1971;布拉德利,1966)。尽管成员之间也会在价值创造过程中的同一环节或不同环节有合作行为和关系,但竞争关系是首要的。

(三)从目的上看,成员加入协会的目的是寻求自身利益最大化

虽然个体成员加入协会的具体目的不尽相同,但由于相似的身份及所从事的行业相近,他们往往有诸多共同的利益、共性的目标和挑战。尽管如此,从协会成员理性的角度讲,他们团结起来形成或者加入协会的初衷并不是为了共同的利益和目标,而是为了个体利益的实现及其最大化。或者说,共同利益和共性目标只是实现个体利益最大化的形式和手段,个体利益最大化才是个体成员的根本性需要。而这种需要的实现在某种程度上滋生出一些共性服务与协调的需要,并派生出一些共性问题解决、规则塑造和秩序维护等需要,从而形成一个组织团体来应对上述共同的派生性需要,这个组织团体就是行业协会。所以,从行业协会的角度来讲,其目的在于两个方面。其一,满足成员的工具性目的需要,也就是为成员提供工具,这里所谓的工具最主要的就是信息,从而使会员企业可以更有效地运作(兰布、希尔兹,1971)。所以,信息服务对于行业协会来说很重要。其二,满足成员的治理性需要。大量已有研究表明行业协会的出现是为了满足群体治理的需要,旨在保护和增进全体成员既定利益(张亮,2004;张理泉,1991),解决群体所面对的共同或普遍性问题(布拉德利,1966),实现共同的目标(马吉尔,2009)。所以,从这个角度讲,行业协会的出现也是为了满足成员对群体治理机制的需要,旨在实现这样一种群体治理,以更好地实现成员共同利益的同时,让成员个体自身利益也最大化。

(四)从形成基础上看,主要是在自愿加入的基础上形成的

尽管有些国家的某些行业协会是强制性入会的。譬如,德国为了使协

会具有较高的群体利益代表性,也为了使协会能够更好更有效地履行政府委托职能,要求相关利益个体有强制性入会义务。但其他各国大部分行业协会均采用会员制,即行业成员自愿申请入会,同时会员也有退会的权利。也就是说,行业协会的建立、运作和发展主要体现的是成员自愿性。这一点也得到了诸多学者和机构的认同。譬如,美国《经济学百科全书》中说行业协会是自愿组织起来的;我国学者更是主张行业协会的建立要以自愿参加为基础(张理泉,1991;宋养琰,1995;陈金罗,1997;余晖等,2002;贾西津等,2004;杨穿明,2006)。特别是在现阶段的中国,行业协会商会不得强制企业入会①。由此可见,自愿性是协会组织形成的重要基础。

基于对以上四个要素的分析,本书认为一般意义上的行业协会可定义为:从事相同或相近领域事务的组织或个人为实现自身利益的最大化而自愿参与并形成的非营利性组织。

二、行业协会的性质与特点

一般而言,公共组织可分为两类:一类是政府组织,另一类是非政府组织(张建东,2003)。其中,非政府组织由事业单位、社会团体、非营利性社会中介组织和民办非企业单位组成。张良等(2004)的研究进一步指出行业协会应该属于上述非政府组织中的社会团体范畴,其依据是国务院颁布的《社会团体登记管理条例》(以下简称《条例》)。根据《条例》对于社团组织的界定,社会团体是指中国公民自愿组成、为实现会员共同意愿、按照其章程开展活动的非营利性社会组织。行业协会是由同行业企业及其他经济组织自愿组成,为企业提供行业服务,并进行自律管理,与社会团体这样一种非营利性社会组织的特征相吻合。这就意味着协会不能作为营利性实体,它的行为不能受自身利益驱动,但可以遵照自收自支的原则,向服务对象收取一定的服务费,意在弥补服务性活动中的实际支出,维持机构的正常动作与日常活动。

由以上分析及概念界定可清晰地认定行业协会的非营利性社会组织身份,其根本的属性是非营利性。因此,对于行业协会特点的分析也需要从非营利性组织的特点说起。

美国约翰·霍普金斯大学非营利组织比较研究中心的萨拉蒙

---

① 中国政府网于2017年2月8日发表了一篇题为《李克强:行业协会商会不得强制企业入会或违规收费》的报道,再一次强调了企业入会自愿而非强制。

(Salamon)(1992)提出,非营利性组织应具备以下 6 个特征,即正规性、私立性、非利润分配性、自我控制性、志愿性和公益性等。行业协会作为非营利组织中的一种,在理论上应该具有上述基本属性。但事实上我国的行业协会民间性和自治性特征明显不足。萨拉蒙也认为,根据他提出的六个标准,尤其是根据私立性和自我控制性的要求,中国相当多名义上所称的非营利组织都不能归入他所界定的非营利组织范畴。因此,国内的学者们大多倾向于从中国实际以及推动和促进中国非营利组织发展的角度出发,不将非营利组织的范围限定得过于严格。基于这个出发点,康晓光(2001)主张只要是依法注册的正式组织,从事非营利性活动,满足志愿性和公益性要求,具有不同程度的独立性和自治性即可被称为非营利组织。在相对宽松的界定之下,非营利组织包括了除政府部门和以营利为目的的企业之外的一切志愿团体、社会组织或民间协会(李培林等,2006)。

但要注意的是,所谓的宽松界定只是程度上的而非条件上的。认真分析一下康晓光(2001)的主张,可知他对非营利性组织的认定条件仍然涵盖了萨拉蒙(1992)述及的六个基本条件,只不过在程度上不要求每个条件都完全吻合,而只要在某种程度上具备即可。从这一点上讲,我国现有行业协会作为宽松定义下的非营利性组织,即使不具备严格意义上的六大特征,但至少都要有所体现。此外,我国一直都将行业协会定位为"社会中介组织和自律性行业管理组织"。根据中国行政管理学会课题组(2006)的研究成果,中国社会中介组织具有民间性、自治性、中介性、服务性、组织性、合法性、自愿性等 7 项特征。其中,中介性和服务性两项是前文未曾提及的。另外,关于行业管理组织,从 1997 年国家经济贸易委员会印发的文件来看应该主要在于强调其自律性特征。笔者认为作为行业管理性公共机构,应该具有一定的公权力。

综上,我国行业协会作为非营利性组织、社会中介组织和行业管理组织三者融合于一体的组织机构,形成了"6+2+1"结构的 9 项特征维度,如图 2-1 所示。

具体阐述如下:(1)正规性,即行业协会组织需要依法登记注册,取得合法身份,具有合法性,且拥有完整的组织结构。(2)民间性,即一般性的行业协会需要由民间来组织,而不是作为政府的附属机构,也不采用行政式的管理与运作机制。这一点体现的是行业协会作为非营利性组织在组织结构上的私立性。(3)非利润分配性,即行业协会所得利益不得当作利润分配给所有者或成员,体现的是非营利性组织的非利润分配性特点。

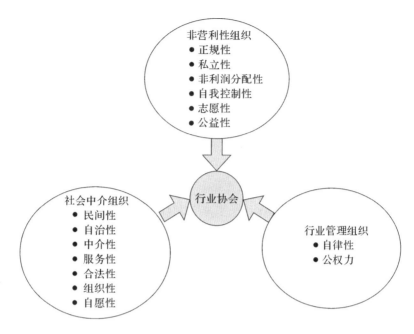

图 2-1　行业协会特点的分析维度

(4)自律性,即行业协会通过各自的章程和规章制度实现着行业的自我管理、自我服务、自我监督、自我保护。这一点体现的是行业协会的自我控制性特点。(5)自愿性,即行业成员自愿申请入会,同时会员也有退会的权利。故行业协会的建立、运作和发展均以成员的自愿参与为基础,而不能采取任何形式的强制入会措施。(6)公益性,或者称之为有限公益性更为贴切。即行业协会不是为谋求自身的利益而存在,也不是为整个社会谋取利益的公益性组织,它的目标是为特定群体(行业协会成员)共同利益服务,体现了一定的公益性特点,但这种公益性是有限的。(7)中介性,即指行业协会在企业与企业之间、企业与市场之间以及企业与政府之间扮演着中介性桥梁角色。(8)服务性,即指行业协会为企业、政府和市场相关群体提供专业知识和信息、政策与法律、咨询与培训、调研与预测等服务。(9)公权力,即指行业协会作为行业管理组织,应代表行业内的公共意志,能够行使对行业内个体成员的组织、指挥与协调等权力,对行业内公共事务具有规则制定、决策与实施的权力。

三、行业协会的类型划分

　　分类是人类认识客观事物的一种基本方法,也是一切理性思维的前提(何新,2002)。对行业协会进行适当的分类,有利于加强行业协会的管理,合理调整协会结构,理顺协会内外部关系,明确协会分工,突出协会特色。依据我国行业协会发展的实际情况,较为常见的分类方法包括行业类别、生成途径、区域范围等。并且,在实践应用中,这些分类方法均可交叉使用。

（一）按具体行业类别分类

按《国民经济行业分类代码》(GB/T 4754—94)进行划分,理论上讲每个行业都可以有一个对应的协会组织。譬如,软件行业协会、保险行业协会、烟草行业协会和拍卖行业协会等。

（二）按生成途径分类

比较常见的有两种具体的分法。第一种分法是分成体制内行业协会、体制外行业协会、体制内外结合型行业协会和法律授权型行业协会四类。(1)体制内行业协会即通常所说的官办社团,主要是指政府在职能转变过程中,由政府行业主管部门组建的行业协会,在政府的授权或委托下,承担部分行业管理职能。目前这类行业协会在我国仍然占据主导地位,占全国行业协会商会总数的 70%以上[①]。(2)体制外行业协会又称民办社团,它是根据《社会团体登记管理条例》取得社团法人资格的民办协会。与前者相比,后者更能体现出协会的民间性、地域性和自愿性等特征。典型的民办协会如温州的灯具协会、服装协会、烟具协会、眼镜协会等。(3)体制内外结合型行业协会,既是在政府的直接倡导和培育下,又是在各类相关经济主体自愿加入的基础上产生的行业协会,例如浙江"义乌市个体劳动者协会"和"义乌市保护名牌产品联合会"。(4)法律授权型行业协会,是指通过立法途径产生或事后确认的行业协会。主要有"注册会计师协会""律师协会""中国证券业协会"以及各类体育运动协会。从发展趋势上看,国家正在致力于相应的改革,缩减官办协会的规模,褪去"二政府"式行业协会的外衣,还行业协会的民间性本色。因此,未来作为民办社团的行业协会或商会将成主流。第二种分法则是根据行业协会的形成过程,简单地分成自上而下形成的行业协会和自下而上形成的行业协会两种。自上而下型行业协会实际上就是指官办社团性质的行业协会,一般由政府部门或事业

---

① 据 2015 年 1 月 27 日《南方都市报》上的文章《全国 7 万协会商会超 70% 官办　12 省试点去行政化》描述,全国 7 万多家行业协会商会,至少 70% 以上都是"官办"性质,会长、副会长、秘书长等多是公务员。随后,2015 年 4 月 13 日人民网也发表了题为《"7 成协会为官办"是道改革考题》的报道。

单位组建或者指定国有企业组建(王伟进,2015;赵立波,2015),即这种行业协会的组建是一个自上而下的过程,故而得名。自下而上型行业协会则刚好与之相反,实际上就是指体制外的民办社团性质的行业协会。它是由发起人向相关主管部门提出申请,获得审批之后再到民政部门登记成立(温双阁,2016;韦诸霞,2016),即这种行业协会或商会的组建是一个自下而上的过程,故而得名。根据赵立波(2015)对青岛市两类行业协会商会的调研,2010 年两类协会商会成立比例各占一半,到 2014 年自上而下型行业协会成立比例锐减到三成,这是趋势。

(三)按区域范围分类

简单地讲,可分为全国性行业协会和地方性行业协会两类。需要注意的是,地方性行业协会一般是按行政区划来设置,在名称上有明显的行政区划特征。如杭州市机械行业协会,成员一般也都来自杭州地区。当然,也不完全如此,也会有地方协会中的成员来自外地的例子。如上海电线电缆协会,除上海本地企业外,还吸收了部分来自江苏、浙江、江西、山东、福建等地的企业会员。鉴于我们研究的是产业集群中的企业,集群本身也具有地域的概念,与之相对应的行业协会也指的是地方性行业协会而非全国性协会。也就是说,本研究后续理论构建中所涉行业协会如无例外说明均指地方性行业协会或商会。

四、行业协会与商会的辨析

在现有文献当中,我们可以看到部分研究默认行业协会与商会是一致的。譬如江华(2008)研究民间商会一业多会问题时,使用的是温州行业协会的例子和数据。其后,江华和张建民(2009)探讨民间商会的代表性问题时也以温州行业协会为例。由此引发一个疑问,即行业协会与商会究竟是什么关系?两者是并列、包含,还是交叉关系呢?

一般而言,行业协会与行业商会两者应该属于并列关系。2015 年国务院办公厅曾下发过《行业协会商会与行政机关脱钩总体方案》(以下简称《脱钩方案》)的文件①。从文件的内容来看,行业协会与行业商会是职能相似且地位相当的两类并列性质的组织机构。从国内著名学者郁建兴等

---

① http://www.mof.gov.cn/zhengwuxinxi/zhengcefabu/201507/t20150710_1276679.htm.

(2014)的研究中①也可以看到这样的结论。笔者以我国现有行业协会和行业商会发展的实情对两者做了一些比较。两者既有很多共性,也有一些差异,如表 2-1 所示。

表 2-1 行业协会与行业商会的比较

项目/比较	行业协会	行业商会
共性	均属于非营利性组织	
	主要均以自愿入会原则发展成员	
	经费来源主要是会费、有偿服务、政府补助或政府采购等	
生成途径	一般遵循自上而下的生成路径,属于政府职能转变的产物	主要遵循自下而上的生成路径,属于市场和社会发展的产物
会长来源	早期主要是由政府部门人员或机关离退休人员担任,现有转向由企业家担任的趋势	早期开始就由行业内的企业家(一般是大企业家)所担任
主管部门	主要由政府部门主管,也有部分由工商联等民间组织主管	一般由工商联主管

资料来源:笔者根据阳盛益和郁建兴(2007)、刘春平(2011)等研究成果整理。

从表 2-1 来看,两者的确有很多共性之处。比如,两者均属于非营利性组织,都是以自愿入会为原则发展会员,经费来源原则上也都是以会费、有偿服务、政府补助和政府采购等形式获得。当然,目前国内行业协会并不完全如此。很多行业协会的经费都是由政府直接拨款。2015 年国务院办公厅下发的《脱钩方案》显示,2018 年取消政府对全国性行业协会的直接财政拨款,2017 年年底各地方性行业协会须完成过渡期。在此之后则正式采取上述政府采购行业协会服务的方式进行。

两者也有明显的差异性。第一,生成途径上差异明显。一般来说,自上而下方式形成的称为行业协会,它们更多地体现为政府职能转变的产物。而自下而上方式形成的称为商会或同业商会等,它们更多地体现为市场和社会发展的产物。第二,会长来源上差异明显。自早期以来,商会会长就由德高望重的企业家担任。而长久以来,行业协会的会长一般是由政府部门的工作人员或者政府机关离退休人员担任。但自 2015 年以后这一点发生了很大的变化,在职和退休的党政领导干部担任职务受到禁止或限

---

① 详见郁建兴、沈永东和周俊发表于《浙江大学学报(人文社会科学版)》上的文章《从双重管理到合规性监管——全面深化改革时代行业协会商会监管体制的重构》。

制。比如,上海和深圳都规定离退休公职人员三年内不得在行业协会内任职(在此之前,民政部就出台了干部退休三年内不得任职行业协会的管理规定),湖北省民政厅则规定在职和离退休党政领导干部一律不得在行业协会内任职①。第三,主管部门上的明显差异。行业协会的主管部门主要是政府部门,也有部分是由工商联主管。而商会的主管部门则都是工商联。

　　除了表 2-1 中所列的几个明显差异之外,还有一些由此延伸出来的间接差异。笔者从以下两个方面进行简要阐述。第一,社会资本与资源上的差异,这属于延伸性差异之一。由于行业协会是由政府部门或机构主管,且由政府部门现职人员或离退休人员担任会长、副会长和秘书长等职务。行业协会与政府部门之间有很强的联系纽带,两者之间属于一种强关系(王伟进,2015),从而在社会资本构建及资源获取(特别是政府资源)方面均要优于行业商会。据阳盛益和郁建兴(2007)对温州行业协会及行业商会的调研结果,26 家由工商联主管的行业商会中 46.2% 更愿意选择政府职能部门作为其主管单位,而愿意继续选择工商联作为主管单位的只有38.5%。而在行业协会中,愿意继续选择政府部门作为主管单位的占到80.6%,愿意选择工商联作为主管单位的只有 16.1%。其主要原因就在于上述政府资源及其延伸利益的差异。当然,也有学者提出不同的观点,譬如马光荣、芮萌、吴一平(2015)认为加入那些由政府部门主管的行业协会,本身并不能帮助企业家获取政府控制的稀缺资源。但能够使成员企业有更多机会获得正式的政治身份,比如人民代表大会代表身份或人民政治协商会议代表身份等。笔者认为即便这样的会员资格不能产生直接的资源获取效应,但企业家获得的正式政治身份势必使其与政府有更强的联系,在同等条件下显然更具有资源获取优势。第二,两者在"民间性"上的差异,属于延伸差异之二。行业商会自下而上的自发组织及生成路径使其较之行业协会有更好的"民间"基础。加上行业商会一直是由行业内的企业家,特别是龙头企业家担任会长和副会长职务,更能代表行业内企业的声音。尽管行业协会和行业商会同属于非营利性组织,但基于以上原因可见行业商会的民间性特点要明显高于行业协会,故而其非营利性组织的特性更显而易见。

---

① 详见《省民政厅:在职和退休的党政领导干部一律不得在行业协会商会兼任职务》,载于湖北省人民政府门户网站 www.hubei.gov.cn,2016-02-05。

第二节　行业协会与集群治理研究

一、行业协会的内部治理

行业协会治理是一种集体的自我管治,其基础是协会管理者及其成员与外部重要对话者之间有组织的谈判(施奈贝格、霍林斯沃思,2019)。从治理范围的角度看,行业协会的治理涉及内部治理和外部治理两个方面。笔者将分别从这两个方面对研究状况加以阐述。

（一）行业协会内部治理的概念

已往研究中,有学者认为行业协会内部治理指的是内部利益的协调(汪衍妙,2007;孙霞,2011),是基于会员权利而产生的一系列权利的集合,如法人权、决策权、执行权和监督权等(姜琦,2011),是协会内部组织架构及制衡关系(杜天骄,2014)。上述学者对行业协会内部治理的解释都很有道理,但似乎又都不够全面。或许他们是根据自身研究的视角和需要,从某个侧面反映行业协会内部治理的内涵。当然,这些观点并不冲突。相反,我们认为把这些观点进行整合之后,反而更有利于反映出行业协会内部治理的整体面貌。即可以把陈天骄(2014)所提的内部组织架构视为组织保障,姜琦(2011)所提的系列权利集合为主要手段,汪衍妙(2007)和孙霞(2011)所提的内部利益协调为核心内容来理解行业协会内部治理。同时,笔者认为可以借鉴联合国全球治理委员会对治理概念的界定①来解释行业协会内部治理,从而将行业协会内部治理界定为行业协会管理内部公共事务的各种方式方法总和。从公共事务的角度讲,它包括责任、权利和义务的确定与划分、内部利益冲突的协调、内部各种关系的制衡等。从方式方法的角度讲,它包括内部治理结构设置、内部治理机制构建以及与前两者相关的内部制度规则建设等。从三者的关系上讲,内部制度建设并不是独立于前两者而存在的,它是在前两者的基础上所进行的一项制度化体现,从而以制度的形式为前两者提供依据和保障。三者的关系可以简要地描述为:治理结构是形,治理机制是魂,制度规则是法。

（二）基于方式方法的行业协会内部治理研究

鉴于行业协会内部治理涉及的内容较多,需要抓住一条主线对现有研

---

① 参见联合国全球治理委员会于1995年发表的一份题为《我们的全球伙伴关系》的研究报告。

究进行梳理才会使其显得条理清晰。因此,笔者决定从内部治理方式方法(某些研究中也将其称为治理内容)的角度切入进行阐述。

首先,关于行业协会内部治理探讨最多的是协会的内部治理结构问题,相关研究参见甫玉龙、史晓葳(2009),王书娟(2008),彭敏(2014)等。从讨论的重点来看,协会内部治理的重要问题主要集中在协会的组织构架,领导成员、秘书处,以及经费等三个部分(徐家良,2005)。其中,重中之重应是行业协会的组织机构问题。行业协会的组织机构是依法设立的决定、管理和监督协会事务的机构。协会权利的行使与义务的履行均是通过协会内部组织机构来进行的,因而行业协会内部组织机构的设置至关重要,可以说行业协会的内部治理是其外部治理的基本保障。目前我国行业协会组织机构采用的是理监事制。它通常包含决策机构、执行机构和监督机构三种类型。协会以会员大会为最高权力机构,设立理事会(常务理事会)为决策管理机构,设立秘书处为日常事务处理(执行)机构,设立监事会为协会活动监督机构。某些规模较大且经费较为充足的行业协会还会设立专门委员会,如1994年3月成立的温州市服装商会,就设有多种专门委员会(法制维权委员会、宣传展览委员会、对外联络委员会、协调服务委员会、咨询服务委员会、市场拓展委员会、联系政府委员会和行业规划委员会)和决策顾问委员会。有些协会还会设立分组委员会或分会,这是在同一行业内由于生产程序、生成产品或经营品种不同,在理事会下单独设立的一种组织机构,以便于协会更加有针对性地开展工作,给会员企业提供更好的服务(朱英,2004)。

其次,行业协会内部治理机制是另一重要研究议题。现有研究各有侧重地列举并阐述了他们认为比较重要的几方面机制。如毛俊华和林昕(2007)认为行业协会内部治理机制主要包括民主机制(相当于决策机制)、执行机制、财务机制和人才机制四个主要方面;归建华(2009)认为应包括决策机制、人事机制、财务机制、激励约束机制和监督机制;杜天骄(2014)认为主要包括决策机制、执行机制、激励机制和监督机制四者。从逻辑关系的角度,笔者比较认同杜天骄(2014)的观点。笔者认为,治理机制实际上有两条逻辑路线包含其中。第一条路线,可以从过程的角度,分成决策、执行和监督,建立相应的三套机制,而激励约束机制实则属于嵌入性机制,分嵌于决策、执行和监督机制当中。因为对不同机构采用的激励和约束措施是不同的。理事会和监事会应侧重隐性声誉激励与约束,而秘书处等执行机构则应侧重显性激励与约束(徐晞,2008)。所以,分嵌于三类机制中反而更具有合理性。并且,这种分法的另一个好处在于简练且与组织机构设置保持一致性。第二条路线,可以从内部管理职能的角度,分成人事和财务等机制,具体情况因"会"而异,需要根据行业协会的具体职能设置而定。

最后,在制度规则建设方面,主要根据治理结构和治理机制进行制度化呈现。孙霞(2011)谈了民主决策制度、财务管理制度和激励约束制度等。甫玉龙和史晓葳(2009)强调了民主选举制度和领导任期制度的建设等。事实上,关于制度规则的描述,同治理机制的描述一样,也有两种方式。其一是顺从决策、执行和监督这样的逻辑来做,其二是按职能来做,两者均可。为保持前后一致,笔者主要以前者为例进行阐述。从决策的角度讲,行业协会的决策性机构需要有与其相对应的决策机制如民主机制、投票机制等,并需要有配套的制度化保障,建立民主制度和投票制度等。从执行的角度讲,行业协会的执行性机构需要有与其相对应的执行机制如人事机制、财务机制、激励和约束机制等,并需要有配套的人事制度、财务制度和激励约束制度等。从监督的角度讲,行业协会的监督机构需要有可行且完善的监督机制,并有与此相对应的监督制度。正如前文笔者所述,结构、机制和制度就如同行业协会内部治理的形、魂和法,魂是形的根本,法是魂的保障。三者的关系可以用图 2-2 来描述。

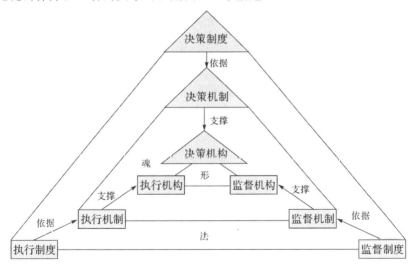

图 2-2　行业协会内部治理结构、机制与制度关系

二、行业协会的外部治理

行业协会可以看作是除市场、政府、企业和非正式网络之外的第五种治理机制。行业协会参与行业、市场或是集群的治理问题属于行业协会的外部治理。潘劲(2005)指出行业组织的行业治理实质上也就是行业组织应履行的诸项职能。从已有论述来看,行业协会的外部治理也是围绕协会的职能及职能的履行而展开的。所以,实际上分析行业协会外部治理的关键是理顺其职能及作用。

对行业协会职能的认识,国内外学者有着不同的观点。国外学者中对此阐述比较翔实的代表性观点是施奈贝格和霍林斯沃思(1990)的研究。该研究认为,行业协会在治理经济活动中的重要作用主要体现在以下几个方面:(1)通过建立标准合同、制定价格目录、组织联合买卖,并管理、参与与工人的集体谈判,建立一种让行为人达成协议和建立交易条款的程序;(2)通过创立许可程序并设定安全、质量和竞争的标准,行业协会需要建立起治理市场行为的规范。(3)通过提供检查和测试服务,开展行为监督,传递有关发明、成本、价格、经济形势和政治发展的信息;通过设立消费者投诉办,建立仲裁和日常谈判制度;通过禁运、有选择的市场供给、政治表意及其他的部门公共物品,行业协会能够发挥规则实施和监督功能、减少冲突,提升成员的选择能力。(4)通过分割区域和市场份额、联络买卖双方、开展能够使成员独享和分享利润、研究、专利、劳动和剩余产出的活动,行业协会能够发挥多种配置功能。(5)开展游说活动,联合政府管理者制定和实施政策,并协助政府管制经济和实施援助计划。看上去只有五个条目,但每个条目实际上包含了很多项具体的功能,展开来看将会是非常翔实的行业协会功能描述。当然,正如我们在前一节关于行业协会基本认知中所提到的那样,各个国家和地区的行业协会差异很大,所以上述有些活动或功能在我国的行业协会商会中并不一定能够得到很好的体现。譬如游说活动,那些由政府部门主管的行业协会相对来说有更为常见的游说政府的活动或功能,而那些自发组建的所谓的自治商会则较少有游说政府活动(郁建兴、家岛、沈永东,2014)。国内外行业协会的差异,使得我们有必要了解国外行业协会的研究状况,从而有所借鉴。同时,也使得回顾和了解国内行业协会的研究状况显得非常有必要。

关于行业协会的具体职能,国内学者们也有大量研究,提出了很多不同的观点。20世纪90年代,国内已有学者对我国行业协会功能有较为翔实的描述,如康晓光(1999)及陈宪和徐中振(1999)等在研究中提出的行业协会"八项职能"论。前者以职能的"软"或"硬"程度为标准,将行业协会职能分为软职能和硬职能。其中,他们认为软职能主要包括代表职能、服务职能、沟通职能、统计职能和研究职能等五项;而硬职能则主要包括协调职能、监督职能和公证职能等三项。这样一共形成了行业协会的八项基本职能。而陈宪和徐中振(1999)将行业协会划为自律、发展、协调、互助、服务、交流、调解和制衡等八大类,与前者并非完全一致。张良等(2004)的研究就是在陈宪等人的观点之上将行业协会的职能提炼为服务、自律、代表和协调四个方面。

汪洋(2003)提出关于行业协会的"三大定位"。该研究从中国加入WTO后政府职能转变和企业需要角度阐述了行业协会的三大职能定位。概括地讲,他认为行业协会应该重点承担起以下三个方面的职能。第一是政府不该管,但从企业和社会的需要角度来看,又需要有人管的事务,这些管理任务必须由行业协会来承担,如一般性行业服务标准的制定和执行、行规行约的制定与执行监督、行业内经营行为的协调、行业信誉的维护等。第二是政府需要管,但是单靠政府难以管到位或者政府管理效率较低的事务,需要行业协会配合一起来管,如行业统计调查、行业的质量管理和监督、对不公平竞争行为的制裁等。第三是成员企业有需要,但单个企业难以做到,或即使能做到,但会付出高额成本的事务,应该由行业协会来承担,如行业信息收集、人才技术和职业培训、行业性展销会或招商引资、国际经济技术交流与合作等。

余晖(2002)和贾西津(2004)提出关于行业协会的"两大功能"论。余晖(2002)认为信息提供和协调行动是协会组织的两大功能。就信息提供而言,主要是指协会组织利用其专业化职员或共同使用外部知识资源,为本行业整体的发展前景提供预测,当然也可以为成员或成员群体提供个性化的信息服务。就协调功能而言,主要指的是协调对外行动和实施内部惩罚。也就是说,行业协会是一种管制方式,借助它,同行企业相互合作或联合行动,并将权力授予一个中心组织,以增进共同利益,管制企业行为,并确保行业内成员企业从战略和行为上实现相互利益关系的有序化。与此观点较为类似的是贾西津等(2004)的研究,他们基于交易成本理论,将行业协会职能分为服务和协调两大类。其中服务功能主要指的是信息提供,除此之外,还包括组织展览会和国际交流会、技术培训和交流等其他一些服务项目。

　　笔者注意到,除学者们的研究之外,国家经贸委于 1999 年曾印发过《关于培育和发展我国工商领域协会的若干意见》,其中曾明确行业协会应当具备以下 17 项职能:(1)开展行业及地区经济发展的调查研究和立法方面的意见和建议;(2)经政府同意和授权进行行业统计,收集、分析、发布行业信息;(3)创办刊物,开展咨询;(4)组织人才、技术及职业培训;(5)组织展销会、展览会等;(6)经政府部门同意,参与质量管理和监督工作;(7)指导、帮助企业改善经营管理;(8)受委托组织科技成果鉴定和推广应用;(9)开展国内外经济技术交流与合作;(10)制订并监督执行行规行约,规范行业行为,组织协调同行价格争议,维护公平竞争;(11)反映会员要求,协调会员关系,维护其合法权益;(12)经政府部门授权和委托,参与制定行业规划,对行业内重大的技术改造、技术引进、投资与开发项目进行前期论证;(13)参与制定或修订国家标准和行业标准,组织贯彻实施并进行监督;(14)参与行业生产、经营许可证发放的有关工作,参与资质审查;(15)参与相关产品市场的建设,指导、帮助企业改善经营管理;(16)发展行业和社会公益事业等;(17)承担政府部门委托的其他任务。归纳整理一下,可分成三类职能。第一类是为会员企业提供服务的职能,包括(3)(4)(5)(7)(15)等项目;第二类是为全行业提供服务的职能,包括(6)(10)(11)(14)(16)等项目;第三类是协助政府加强行业管理的职能,包括(1)(2)(8)(9)(12)(13)(17)等项目。地方政府出于经济社会发展的实际需要,对地方性行业协会和商会的职能会补充一些其他要求或对上述项目有所删改。如温州市政府对行业协会和商会的职能定位有 18 项,并不是简单套用了上述行业协会的职能定位,而是做了大量的删改和补充。具体参见阳盛益和郁建兴(2007)的调研文章。

　　由上可见,关于行业协会究竟要履行哪些职能,众说纷纭,没有定论。行业协会职能不明确严重制约了行业协会与商会组织的发展,也制约其应有效用的发挥。专家学者和实践人士希望国家层面能出台行业协会商会方面的正式制度和法律规范,以规范和促进行业协会商会组织的健康发展及效能发挥。2015 年 7 月 9 日《劳动报》消息称,行业协会商会立法工作已列入立法规划①。2016 年《行业协会商会综合监管办法》出台,行业协会商会组织步入了一个规范化的发展轨道。

---

① 　具体内容详见由马思华编辑发表于 2015 年 7 月 9 日《劳动报》上的文章《行业协会商会法已列入立法规划》,电子报网址:http://gov. eastday. com/ldb/node13/node18/u1ai239266. html.

三、行业协会与集群治理研究

集群治理在最初被认为是集群企业为促进创新进程而进行的集体行动(吉尔兴,2000),也被理解为以集群内交易方式来定义的集群企业间关系[恩赖特(Enright),2000],还被界定为一个地区产业结构及企业之间如何互动[布朗(Brown),2000]等。从这些不同的定义上看,集群治理似乎显得难以捉摸。为便于理解,我们可以从他们所反映的共性上来看,即以上学者均认为集群治理这个概念反映的是对集群内组织间关系的治理。因此,有学者将其简单地界定为协调集群企业之间契约关系的机制之一(李世杰,2013)。

集群治理是一个很复杂的问题,既包括国际和国内管制,也包括公共、私有和社会治理等多种形式[格里芬(Gereffi)、费尔南德斯-斯塔克(Fernandez-Stark),2011;马耶尔(Mayer)、格里芬,2010]。于是,格里芬和李(Lee)(2016)曾在上述研究的基础上,将水平治理和垂直治理作为范围维度,将公共治理、私有治理和社会治理作为另一个参与者维度对集群治理类型进行过研究。他们将水平治理界定为基于本地的经济协调及集群企业与集群内外机构之间的社会关系;认为垂直治理是与价值链联系在一起的,即由一系列来自不同国家(地区)的买者和供应商连接而成,每方都会为最终产品增加价值。在交叉两个维度之后,笔者认为可以从六个方面(详见表 2-2)来深入剖析和理解集群治理问题。

表 2-2　基于范围和参与人的集群治理类型

参与人	范围	
	水平治理	垂直治理
私人治理	集体效率(比如行业协会、产业合作社)	全球价值链领导企业治理(比如全球买家自愿的行为准则)
社会治理	当地民间团体压力(比如工人、工会、服务市民/工人/环境保护的非政府组织、性别平等倡议)	全球民间团体对领导企业和主要供应商的压力(比如公平劳工协会)和多重利益相关者倡议(比如道德贸易行动)
公共治理	本地、区域和国家政府管制(比如劳动法和环境立法)	国际组织(比如国际劳工组织和世界贸易组织)和国际贸易协定(比如北美自由贸易协定和非洲增长与机遇法案)

资料来源:根据格里芬和李(2016)的研究成果整理。

受格里芬和李(2016)研究的启示,笔者从治理主体的角度回顾了集群治理相关文献,发现集群治理主要包括自主治理、政府治理、龙头治理和协会治理等四种治理类型。而研究的核心问题则包括治理机制、治理效率和适用情境等。鉴于此,以下将分别对四种治理类型就上述相关核心问题予以阐述。

首先,自主治理主要是指集群企业根据当地的社会规范来协调和处理企业间的竞争、合作及其他相互关系的一种治理方式。自主型治理的主体是集群内的所有企业。治理的机制是社区规范机制,集群企业主要遵循规则、道德与声誉等来规范行为。自主型治理没有特定的治理结构,治理效率取决于集群企业的参与、交流及社区规范的约束力。自主治理的适用条件主要有三个:(1)集群内不存在所谓的领导企业或者认可度高的"权威"企业,集群企业的地位相当;(2)集群企业之间具有一定的互惠和依赖关系;(3)集群企业之间具有一定的信任基础。此类治理的典型例子是马歇尔式集群,如美国硅谷、128公路,以及中国台湾新竹集成电路产业集群等。

其次,政府治理是指以政府及其所属职能机构和部门为主体对产业集群所实施的系列治理活动。在集群企业数量多,并且企业之间相互独立性强,彼此之间没有明显依赖关系的情形,或者是集群的形成与发展对政府有相当程度依赖性的情形下,政府治理常常扮演着重要角色。尤其是当这样的集群尚处于形成初期阶段,政府治理就显得更加重要。比较典型的例子是目前国内一些处于形成初期的高新技术产业集群。地方政府治理的机制是地方规制,具体包括地方性行政法规、行业战略规划、产业发展政策等。其治理效率取决于地方规制的有效性。

再次,龙头治理指的是以集群内的龙头企业为主体的集群治理类型。在一些集群中,某个企业或少数企业规模很大,掌握着该行业的核心技术和关键性资源,它们把重心放在核心技术研发、核心产品生产及总装等领域,而把外围的零配件和辅助性工序分解并外包给集群内其他相关企业进行配套生产。这些企业在集群里扮演"龙头"的角色。正是因为龙头企业掌握着核心技术和关键资源,它们成了地方行业领域内的"权威",在集群内往往有很大的影响力和号召力,能够对其他集群企业起到示范和引导作用。并且,由于垂直型分包体系的存在,集群企业之间形成了层级性契约或交易联系,通过契约和交易可以起到规范和约束集群企业行为及相互间关系的作用。因此,龙头企业的治理机制实际上就是以权威、契约和交易等为载体的经济层级机制。这种治理类型特别适合于多层分包体系的垂直型产业集群或至少存在较为普遍的垂直分工协作的集群。譬如,日本丰田汽车集群、重庆摩托车集群和温州低压电器集群等。不同的是,集群内龙头企业有多有少,只有一个占绝对优势地位的龙头企业的治理模式被称为单龙头治理。例如丰田汽车集群就是典型的单龙头治理。集群中大量的中小企业围绕单个核心企业来组织生产,众企业与核心企业之间形成上下游合作关系,对核心企业具有绝对的依赖性。另一种是多龙头治理,即集群中存在着两个或两个以上地位相当的龙头企业的治理类型。典型的例子是温州低压电器集群,大量的集群企业围绕正泰和德力西两家企业形成层级性的分工与协作体系。

最后,协会治理指的是以行业协会或行业商会为主体的集群治理类型。余秀江(2006)根据治理机制执行方式,认为行业协会治理是除正式治理和非正式治理之外的第三种治理机制。因此,行业协会治理也被认为是介于正式的"硬治理"和非正式的"软治理"之间的治理类型。田虹等(2013)则将行业协会治理与政府治理一同视为正式治理机制。尽管协会治理在类型归属上有分歧,但毋庸置疑它是集群治理中一种不可或缺的治理机制。在意大利的集群治理中,行业协会扮演着治理中心的角色,协会在知识信息传播、集群企业行为规范、国外市场合作开发、规范市场及集群营销等方面发挥着重要的治理作用。理论上讲,在企业数量较多且企业之间相互独立性较强的产业集群中行业协会或商会治理就很有必要,其适用性较为广泛。在现实经济中,我们可以看到很多集群中均有行业协会或商会治理的身影,如绍兴纺织集群、温州鞋业集群、海盐紧固件集群等。行业协会的治理机制是基于信息不对称的委托代理机制(黄江华,2005;杨树旺,2008)。在行业协会中存在企业与协会之间、大企业与小企业之间、政府与协会之间的多重委托代理关系。虽然政府会对行业协会有基本要求和控制,但现在的行业协会商会已经能够得到政府的放权,在产业治理中发挥积极性作用。行业协会商会本身也逐渐取得了成长和发展。因此,一个显而易见的结论是像行业协会这样的民间社团可以充分利用政府职能转变的机会积极参与公共治理,这对我国行业协会商会来说是一条非常现实的发展路径。

综上,为更清晰地了解不同的产业集群治理机制,笔者将产业集群治理中常见的自主治理、政府治理、龙头治理和协会治理等四种治理类型按治理主体、治理适用性、治理机制及集群范例等要素整理成了表2-3。

表 2-3　产业集群治理类型及治理机制

序号	治理类型	治理主体	治理适用性	治理机制	集群范例
1	自主治理	集群企业	集群内无"权威";企业间平等互惠;有一定信任基础	社区规范:规则、道德、声誉等	美国硅谷、美国 128 公路、中国台湾新竹集成电路集群等
2	政府治理	地方政府	集群企业众多且彼此独立性较强;水平型集群;产业集群形成初期	地方规制:政策、规划、行政法规等	处于形成初期的高新技术集群是典型例子
3	龙头治理	龙头企业	基于产品价值链的垂直分工与协作型集群;单个或少数几个企业拥有关键性资源和核心能力	经济层级:权威、契约、交易等	日本丰田汽车产业集群、重庆摩托车集群等、温州低压电器集群
4	协会治理	行业协会	集群成员众多;彼此独立性较强	委托代理	绍兴纺织集群、温州鞋业集群、海盐紧固件集群等

资料来源:笔者根据魏江和周泯非(2009)、杨树旺(2008)及杨慧(2007)等研究成果整理。

第三节　集体行动相关理论

一、集体行动概念界定

回顾集体行动相关文献,发现学界对集体行动(collective action)的概念给出直接界定的并不是很多。特别是近些年的研究,似乎都默认集体行动已是一个为人所知的成熟概念而不做界定,还有部分研究则是引用以往相对认可度较高学者的界定。笔者对这些认可度相对较高的研究进行总结后发现,集体行动一般被认为是那些展示集体意图[塔菲尔(Tajfel)、图尔纳(Turner),1986;左默仁、伊耶,2009],旨在提高集体地位的行为[赖特(Wright)、泰勒(Taylor)、穆加达姆(Moghaddam),1990],无论是单独采取还是与群体一同采取,都算是集体行动(赖特,2009)。以上关于集体行动的一般性界定,可以从以下三个方面来理解。第一,行动人可以是群体的全部或部分。一种情形是群体中每个成员都参加,全员参与的行动;另一种情形是只有群体当中的部分成员参加,但他们代表的是整个群体的意图,在这种情形下即使只有部分成员采取的行动也属于集体行动的性质。当然,从数学意义上的包含关系来说,部分成员也包括个体成员的情形。但作为集体行动来说,这里所指的部分成员显然至少要包括两个或两个以上成员[桑德勒(Sandler),1992],而不包括只有单个个体成员参加的情形。第二,集体意图和集体利益是判定集体行动的必要条件。虽然,集体利益并不一定能导致集体行动的发生,但它是判定一项行动是否属于集体行动的必要条件。从已有集体行动界定来看,只有当行为的目的是提高集体地位或实现集体利益[马歇尔(Marshall),1998]而非个体地位或个体私利,并且这种集体地位提升或集体利益实现并非个体一厢情愿而是群体的共同意思表示[梅仁-迪克(Meinzen-Dick)、格雷戈里奥(Gregorio),2004]时,这样的团体行为才能算作集体行动。从这一点上讲,现有集体行动的界定是有较大包容性的。第三,成员的行为可以是同时发生的,也可以不是同时发生的。同时发生的行为包括像游行和集会等这些公共活动形式,而不同时发生的行为包括像网络上的请愿签字等这种各个成员独自完成的活动形式。也就是说,集体行动并不要求成员的行为在时间上和空间上完全保持一致,而是可以一致,也可以在不同时间和空间各自实施。

集体行动有一些相近的概念,最为常见的是"集体行为"和"团体行为"两个。事实上,一些学者也曾经借用这两个概念来理解集体行动概念。因此,笔者认为有必要在此一并对这两个相近概念做些陈述和辨析。

(一)集体行为的概念界定及其与集体行动概念的辨析

1.集体行为的概念界定及其特点

集体行为的英文术语为 collective behavior,在较为早期的相关研究中能够频繁地看到这个术语。回顾早期相关文献,集体行为一般被认为是那些受到具有一定普遍意义的因素刺激(戴维,1988)或者因参与者之间的相互刺激(巴克,1984)而自发产生的(戴维,1988;米尔格拉姆,1969)、无组织的(戴维,1988;米尔格拉姆,1969;吴忠民,2003)、不稳定的(戴维,1988)或者说是不可预测的(米尔格拉姆,1969)行为。从上述概念界定中,我们可以概括出集体行为的几个特征。第一,自发性或无组织性。这或许是我们回顾集体行为相关界定之后认为最为突出的一个特点,表明行为实施者之间并不一定存在既有关系,也不存在着明显的组织者和组织活动。第二,不可预测性或反常规性。由于行为本身是自发的,没有既定的行为计划和方案,这就使得行为的发生和发展过程具有偶然性,甚至采取打破常规的形式(吴忠民,2003)或表现出打破常规式的发展轨迹,难以对其过程和结果进行可靠的预测。第三,多个参与人。虽然概念中没有提到多个行为主体,但是从戴维(1988)和巴克(1984)的描述中可以推测出参与人众多的特点。如戴维(1988)提到集体行为是行为主体受具有一定普遍意义的刺激而产生,暗含了受此刺激影响的个体数量较多的意思。巴克(1984)提到集体行为受参与者相互刺激而产生,也暗含了行为主体一般数量众多的意思。

尽管已有很多学者强调了集体行为的无组织性,也有学者认为集体行为还可以是有组织的。譬如,林秉贤(1985)在将集体行为的类型分为制度化行为与反制度化行为的基础上,提出集体行为也可以是有组织性的活动。他指出大部分的集体行为是在人们有共同了解与期望之后发生的,所以人们的行为是有规则的团体活动。当然,确实有许多活动没有被人们所共同了解或没有被公认,如激烈暴动、商业恐慌、战争的"歇斯底里"状态或社会不安定等情况,这些都属于无组织的集体行为。这种集体行为是自然发生的、不按照以往已经确立的标准或规则而行动。他把前一种行为称为制度化行为,把后一种行为称为反制度化行为。如果按林秉贤(1985)的观点来理解集体行为的话,反制度化集体行为具有无组织性和不可预测性,而制度化集体行为则是有组织的、符合常规的或可以预测的。

2.集体行动与集体行为

从集体行动和集体行为两个概念的英文术语、界定和特点分析上看,两者似乎不完全一致。但我们认为两者在实质上是相同的,没有本质性区别。首先,就自发性或无组织性而言,既存在自发性的集体行为,也存在有组织的集体行为。集体行动也是如此,既存在自组织的集体行动,也有无组织的集体行动。特别是在我国现阶段的制度安排和组织激励条件下自组织集体行动越来越难以形成,而无组织的集体行动则时常出现(周雪光,2015)。所以,尽管基于集体行为的概念衍生出了无组织性特点,而基于集体行动的概念未涉及这一特点,但实际上两者在这方面并无明显差异。其次,就参与人来说,集体行为一般有多个参与人,在集体行动中也是如此。两者对于参与人的行为在时间和空间上的要求都只做了宽泛的陈述,并没有严格的限制和明确的要求,也不存在明显的差异。再次,很多该领域内的著名学者在其研究中常常是将两者混合使用,可见在学者们思维中有个潜在观念是两者实质上一样的。譬如,赖特等(1990)在提出集体行动认定条件的时候,用的词是 collective behavior。周雪光(2015)研究无组织的利益与集体行动时也频繁地使用了"集体行为"这个词。因此,实质上讲两者是相同的,研究中没有必要对它们进行区分,可以效仿知名学者们的惯常做法,将其混合使用,在本书中统一用"集体行动"。

（二）团体行为的概念界定及其与集体行动概念的辨析

在英文文献中,学者们使用的是 inter-group behavior,从字面上看是群际行为的意思,而国内学者将其译为团体行为(吴梅、张忠勇,2005),并认为可将其理解为以团体成员身份做出的统一行为(艾森克,2000)。从概念本身出发,可得到两点认识。第一,团体行为属于有组织的行为,即在行为发生之前存在着一个既有的团体组织,成员之间有着固有的联系。它不像集体行动和集体行为那样既存在有组织的行为也存在无组织的行为。从这一点讲,团体行为相对于前两者来说更为严格。第二,行为背后含有集体意思表示。由于成员所做出的行为具有统一性,也就是说所有成员所采取的行为是一致的,这在某种程度上意味着行为背后代表着集体意图。这一点与集体行动概念是相通的。从以上分析易知,团体行为与集体行动有一定细微区别,但还不至于完全割裂。从研究的角度,两者完全可以相互借鉴。这或许就是为什么有学者的研究中直接将"团体"等同于"集体",认为集体行动就是团体行为(吴梅、张忠勇,2005)的原因所在。

我们认真细致地分析和比较了集体行动、集体行为和团体行为等三个概念,试图对它们之间的共性和区别做出阐述。之所以要这么做,是因为我们在回顾已往文献时发现存在一些不同的术语称谓,我们认为有必要对其进行比较。但分析结果并没有发现三者之间有非常显著的本质性区别。相反,我们认为三者的共性多于差异,在研究中完全可以相互借鉴已有成果。这或许可以算作上述比较分析的收获。

二、集体行动类型划分

集体行动的类型研究对于我们理解集体行动的动因、机制和策略具有极为重要的意义。目前集体行动研究领域内的某些争议,部分原因就在于没有对集体行动进行具体的类型区分,以至于模糊了讨论的界限,从而出现了意见的分歧。因此,笔者认为梳理一下集体行动的类型对后续研究的推进是有利的。

通过回顾以往的研究,笔者认为可以分别从行动主体、行动诉求、行动方式及多维交叉等四个方面将集体行动的类型学研究梳理成四大"流派"。

（一）基于行动主体的类型学研究

行动主体指的是集体行动的主要参与人。在集体行动的研究中,有专门研究农民的,如失地农民、小农户、农民工等的集体行动,也有专门研究工人的,包括下岗工人的集体行动,还有专门研究高校群体、社区群体、企业集群等的集体行动。而基于行动主体的集体行动分类研究指的就是根据参与人的身份、地位、年龄、职业及个性等方面一个或若干个特征对集体行动所进行的分类。最具典型的研究包括社会学家刘能(2004)对中国都市集体行动所做的类型学框架。他依据中国都市集体行动参考人的构成特征,将都市集体行动(或称社会运动)分成五类:第一类为精英主导的集体行动,所指的精英包括知识分子和大学生两种;第二类为一般性公民主导的社会运动,这里的一般性公民是指普通的市民大众;第三类为少数群体主导的集体行动,这里的少数群体包括有困难的工人和农民、被人忽视的老人与孩子、患有艾滋病的人群及其他一些少数弱势群体等;第四类为宗教教派活动或类教派活动,指的是具备某些共性特征的特定人群以信仰和仪式为基础所开展的集体行动;第五类为有政治色彩的恐怖主义活动,一般的都市恐怖主义活动都带有某种政治目的性,也就是说这种集体行动的参与人往往都是具有潜在政治诉求的群体。

（二）基于行动诉求的类型学研究

集体行动中所诉求的目标或利益是多种多样的。这种多样性可以从多个角度去理解:有些集体行动的目标是去争取一些新增的利益,而有些集体行动的目标则是去维护现有利益;有些集体行动是为了自身的利益,而有些集体行动则是为了他人的利益;有些集体行动的目标是主动寻求自我发现利益的满足,而有些集体行动的目标则是寻求被动张力的释放。由此可见,不同的集体行动中,参与人的诉求目标也是不尽相同的。而基于行动诉求的类型学指的就是根据行动参与人所诉求的利益或目标的性质和特点对集体行动所进行的分类研究。其中,最具代表性的当属蒂莉(Tilly)(1975)所区分的集体行动的三种类型。他依据参与者的诉求特征,把集体行动分为竞争型、反应型和先发型三种。其中,竞争型集体行动的目标是争取竞争对手的资源、权力和利益;反应型集体行动的目标是防御自身的资源、权力和利益受到威胁或侵害,以集体抗争的方式捍卫自身的现有利益;先发型集体行动的目标是对参与人已经意识到但尚未得到的资源、权力和利益提出控制或所有诉求。

除此之外,还包括其他一些相同类型的研究。比如,周利敏(2011)研究了灾区灾民和志愿者的集体行动,并将集体行动的类型划分成利他性和利己性两种。顾名思义,利他性集体行动的目标是给他人带来利益,而利己性集体行动的目标是考虑自己的利益。冯宁宁(2015)在研究网络环境保护当中的集体行动时,将其划分成遵守型和主动型两种。前者是一种相对被动的张力释放,而后者则是一种主动寻找利益满足的过程。如果我们把前文中的行动诉求利益与集体行动类型进行一下小结,可得表2-4。

表 2-4 集体行动类型与利益诉求

集体行动类型		利益诉求		
研究人员及方法	类型划分	新增/现有	自身/他人	主动/被动
蒂莉(1975)三分法	竞争型	新增	自身	主动
	反应型	现有	自身	被动
	先发型	新增	自身	主动
周利敏(2011)两分法	利他型	新增或现有	他人	主动或被动
	利己型	新增或现有	自身	主动或被动
冯宁宁(2015)两分法	遵守型	新增或现有	自身或他人	被动
	主动型	新增或现有	自身或他人	主动

除了以上研究人员的分法,若我们采用前文对集体行动诉求利益的理解,即根据诉求利益是新增的还是既有的、诉求利益是自身的还是他人的,以及利益诉求是主动的还是被动的三个维度,在理论上可以从这个角度将集体行动划分成立体的20个子类,其中两维度利益诉求交叉可得12类,如图2-3所示。三维利益诉求交叉可得其他8类,即主动新增利他型、主动新增利己型、主动既有利他型、主动既有利己型、被动新增利他型、被动新增利己型、被动既有利他型和被动既有利己型等。

(三)基于行动方式的类型学研究

基于行动方式的分类指的是根据集体行动的斗争形式和组织性等方面的特征对集体行动所进行的类型划分。其中,最具典型的是西德尼·塔罗(2005)的斗争形式的三分法,即包括暴力型、常规型和破坏型三类。国内学者王国勤(2014)则根据组织维度,将集体行动分成正式组织的集体行动、无组织的集体行动、准组织形态的集体行动及弱组织形态的集体行动四类。虽然,以上两位学者分类的依据有所不同,但细观分类的结果,我们

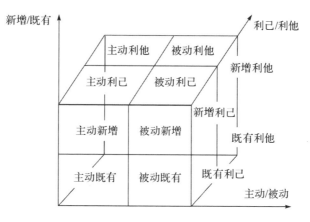

图 2-3　基于行动利益诉求维度交叉的集体行动类型划分

会发现他们划分出来的集体行动类型之间具有一定的联系性。比如,弱组织形态的集体行动往往由于控制性较差,最终在斗争形式上会表现出一定的暴力性或破坏性。而塔罗所称的常规型集体行动通常是以理性方式进行合理化诉求,行动的组织性和受控性较强,比较符合王国勤研究中的正式组织形态或准组织形态的集体行动。

（四）基于多维交叉的类型学研究

相比于上述的三种分类而言,多维交叉的运用更为广泛。这里的多维交叉有两层含义:第一层含义指的是上述行动主体、行动诉求和行动方式三者进行维度交叉,从而得到一些具体的集体行动类型。当然比较常见的是两维度交叉。首先,行动诉求与行动方式两维交叉。崔晶(2013)在研究中国式邻避抗争时对抗争行动的类型划分就可归于此类。其次,行动主体与行动诉求两维交叉。譬如,汪建华(2013)在研究珠江三角洲新工人集体行动时对于集体行动的类型学划分就可归于此类。他先是按照行动主体分成老一代和新生代两类主体,再按行动诉求分成底线诉求和新增诉求两种,维度交叉之后便可得到相应的四类具体的集体行动。

第二层含义指的是对上述三者之外的其他多个维度交叉而进行的集体行动分类,这些类型无法简单地归结到前文所述的三种类型学研究中,也只能列于此。譬如,刘小朦(2013)在中国城市群众集体行动的研究中就使用了政治信仰、组织化和理性三个维度交叉的方式对集体行动进行类型划分,最终得到八种具体的行动类型。并且,他认为在农民的集体行动中,主要在组织化和理性两个维度上比较显著,可以只根据这两个维度的强弱将农民集体行动分成强组织－强理性、强组织－弱理性、弱组织－强理性及弱组织－弱理性等四类。

三、集体行动的影响因素研究回顾

从学科的角度来讲,经过众多学者的关注和研究,集体行动已然成了心理学、社会学、经济学、管理学和政治学等多个学科共同探讨的主题。在回顾集体行动影响因素的相关研究中,我们发现一些学者使用了"源动力"或"驱动力"之类的词语。笔者认为,像驱动力、驱动因素、源动力等这些说法与影响因素的说法两者之间既有区别也有联系。从区别上讲,两者在以下两个方面存在差异:首先,一般而言的驱动力指的是集体行动的推动或促进因素,具有特定的方向性。而影响因素既可以是单向的,也可能是双向的,即在不同的情形下,对集体行动或有推动作用,或有阻碍作用。其次,驱动力往往指那些起主要推动作用的重要因素,而影响因素则相对要广泛,它包含不同影响程度的诸多因素。基于以上两点,可以看出集体行动的影响因素包含了驱动力或源动力的相关研究。因此,笔者把上述这些研究都囊括到集体行动影响因素的综述之中。经过整理之后,将分别从利益集团理论、理性选择理论、意识形态理论、社会资本理论和政治机会研究等视角对集体行动的影响因素进行梳理。

(一)利益集团理论视角下的影响因素

出于历史的原因,利益集团(interest groups)还有很多其他的称谓,比如派别(group)、压力集团(pressure groups)和院外集团(lobbying groups)等(李寿祺,1988)。这些称谓都非常形象,派别一词主要是用以表示那些为谋求私利而不惜损害他人利益的团体;压力集团一词是用以表示那些对国会议员或行政官员施加压力的团体;院外集团是用以表示那些通过游说活动对政府施加压力或实施影响,从而影响立法和政策的团体。院外集团和压力集团两者从内涵上讲具有一定的相似性。或许是由于派别、压力集团和院外集团等都带有过于明显的贬义色彩,目前学者们已较少使用,而使用最多的概念就是利益集团。为了对利益集团概念有深入的理解,笔者整理了部分较有代表性的学者的研究及其观点,如表 2-5 所示。

表 2-5 关于利益集团相关概念的部分代表性研究及观点

学者	代表作	观点	备注
詹姆斯·麦迪逊	《联邦党人文集》	为某种共同的感情或利益所驱使而联合起来的一定数量的公民	没有使用利益集团概念而用的是派别一词,并对派别下了定义
戴维·杜鲁门	《政府的进程》	一个持有共同态度并向社会其他集团提出要求的集团	这是认可度相对较高且广泛使用的一个概念界定
罗伯特·达尔	《美国的民主》	任何一群为了争取或维护某种共同的利益或目标而一起行动的人就是一个利益集团	从比较宽泛的角度进行界定,与詹姆斯·麦迪逊的界定比较接近
格雷海姆·威尔逊	《美国的利益集团》	为了寻求或主张代表一种或几种共同利益或信念的公众或团体的组织	核心内涵与罗伯特·达尔和詹姆斯·麦迪逊的界定接近
王沪宁	《比较政治分析》	在政治共同体中具有特殊利益的团体	相当于对杜鲁门(1951)所提出的政治性利益集团概念所做的界定
燕继荣	《现代政治分析原理》	有特定利益要求和社会政治主张的人们,为维护自己的利益和主张,有组织地影响政府决策和行为的政治性团体	认为压力集团就是利益集团,并从压力集团的角度做出界定。严格地讲,这也属于一个狭义层次上的界定

资料来源:根据汉密尔顿(1997)、杜鲁门(1951、1989)、李寿祺(1988)、威尔逊(1981)、王沪宁(1987)和燕继荣(2004)等研究成果整理。

首先,利益集团之所以能够形成是因为这些集团成员之间存在着共同利益。然而,这种利益并不能自动实现,它必须依赖集团内成员采取一定的行动才可能变为现实。而且,这种行动往往是具有一致性的行为,而不能是发散的或者是冲突的行为。换句话说,就是需要其成员采取相对一致的集体行动才能奏效。因此,可以说共同利益的存在使个体更容易形成集体行动的共性诉求。换句话说,利益集团的形成基础与集体行动的组织基础具有明显的相似性。因此,单从这一点上来说,利益集团成员间的共同利益越多就越容易形成集体行动,利益集团成员间的共同利益越明显就越容易形成集体行动。

　　其次,利益集团理论视角下的集体行动假设个体追求利益最大化。仅有共同利益并不能完全推动集体行动的发生,其中还需要追加一个条件,即利益集团中的成员个体追求个体利益最大化。在这种条件下,个体会积极主动地采取利益追逐行为,再加上集团个体成员间广泛的共同利益,他们这种追逐利益的行为就很容易形成具有一致性的集体行动。简单地讲,传统利益集团理论研究认为,理性的集团成员在存在普遍共同利益的条件下为追求自身利益的最大化而愿意采取或参与一致性的集体行动,从而实现共同利益和个体利益。

　　但是,利益集团理论对集体行动的解释有一个致命的缺陷,即忽略了共同利益的非排他性特点,以及由此引发的"搭便车"问题。这种共同利益往往具有非排他性的公共物品性质,具有广泛的溢出效应。也就是说,那些没有付出努力的集团成员照样可以获得行动后的既得利益。在这种情况下,这些"搭便车"的成员成了利益最大化的大赢家,因为他们不用支付任何行动成本就能得到同样的利益。相比之下,那些采取或参与行动的成员反而就"吃亏"了。因此,理性的集团成员的最佳选择是不参与或采取集体行动。在这种情况下,如果放任这种行为的存续,那么最终将没有一个成员愿意在集体行动中出力。"不作为"成了个体理性的最佳策略,从而使得集团成员的个体理性最终导致集体非理性,致使集体行动陷入困境而无法形成。为了克服上述困境或弥补利益集团理论对集体行动解释上的不足,就产生了其他一些理论视角,其中理性选择理论、意识形态理论和社会资本理论等都做出了很大的贡献。

　　(二)理性选择理论视角下的影响因素

　　奥尔森是理性选择理论的代表性人物。他指出理性的追求自身利益最大化的个体并不总是会采取行动去实现他们的共同利益或集团利益(奥尔森,1995)。一方面是因为前文中所述及的"搭便车",另一方面是因为这种共同利益或集团利益对于每个个体的价值是不同的,那些受益相对微小的个体就会缺乏行动的积极性。在以上两种情形下,为更好地促成个体参与集体行动,理性选择理论认为需要辅之以两种手段,即强制性执行和选择性激励。

　　首先,强制性手段指的是行动相关各方进行互相沟通并达成强制执行协议(奥尔森,2005),使某种一致性行为得到强制性执行或实施的情况,从而实现各方利益的最大化。在这种情形下,集体理性的实现过程被视为一个强迫的过程。而这种带有强制性的执行协议最终是否能够得到实施还取决于各方沟通行为组织者的权威性和执行力,即组织者的权威性越高,并且其执行力越强,则通过强制执行方式实现个体参与集体行动的可能性就越高。

其次,选择性激励具有丰富的内涵。其一,激励的选择性指的是只针对一部分个体或群体所采取的激励措施,旨在使受到激励的个体或群体与其他个体或群体的收益产生区别。其二,激励具有正向和负向两个方面。正向的激励一般是通过奖励性质的措施诱使其行为的发生,使其参与到集体行动中来,承担部分行动的成本,享受行动的成果。而负向的激励一般是通过惩罚性的措施迫使其行为的发生。其三,激励的具体手段。激励的手段最初指的是经济手段,但由此引发了两个难题。一个是事先激励还是事后激励的难题,事先激励有可能会导致部分个体拿了好处不干活,而事后激励则又可能会因行动失败无法兑现激励措施而导致个体不积极干活。另一个是激励程度的难题,即在多大程度上实施激励,过小可能会激励不到位,过大又可能会导致行动成本过高。逐渐地,研究人员意识到经济手段并不是唯一的激励手段。除了经济因素之外,人们还会追求声望、尊敬、友谊以及其他社会和心理目标(奥尔森,1995)。也就是说,除了经济手段之外,我们还可以寻求到很多的社会激励手段,从而解决单一经济激励情形下的难题。后来,有学者认为奥尔森的选择性激励比较强调的是外部激励,而对另一种可能存在的内部激励缺乏讨论。鉴于此,他们进一步把选择性激励细分成外在选择性激励和内在选择性激励两部分,以利于更加深入地进行研究(赵鼎新,2006)。

(三)意识形态理论视角下的影响因素

以奥尔森等学者为主要代表的理性选择理论又被称为"利益论",但它对集体行动的解释也存在着很多局限性,对于很多困境无法解释,这就需要寻求其他理论视角的补充。以涂尔干等学者为主要代表的意识形态理论便是其中之一。如果将理性选择理论称为"利益论"的话,那么意识形态理论可被称为"观念论"或"意识论"。在制度经济学看来,集体行动的形成虽然有赖于集体利益和理性选择,但缺少不了意识形态的作用。意识形态是促使个体理性向集体理性转化,并最终实现集体利益的工具(谢江平,2011)。这种理论视角下的研究有一个共性的认知,即意识形态是集体行动的决定性因素[范·史迪基伦堡(van Stekelenburg)、克兰德尔曼斯(Klandermans)、范·戴克(van Dijk),2009],集体行动产生的基础是集体意识而不是理性或者利益(罗强强,2010;刘爱玉,2005)。集体意识对于集

体行动的作用已经得到了相当多学者的重视和认同(冯建华、周林刚,
2008)。而这里所称的集体意识一般指的是集体当中的每个成员所具有信
仰和情感总和(涂尔干,2005)。基于这一基本认识,大量学者的研究可归
类于此。已有学者根据具体研究情况,识别出了包括集体认同[吉格尔
(Giguere)、拉隆达(Lalonde),2010;西蒙(Simon)、克兰德尔曼斯,2001;左
默仁等,2008]、效能信心[姚阳,2013;左默仁等,2008;芬克尔(Finkel)等,
1989;孔茨(Koontz),2005]、群体情感[陶施(Tausch)等,2011]和道德信
念[左默仁、帕斯梅斯、斯皮尔斯、贝塔克(Bettache),2011]等多个具体影
响因素。

　　为进一步理解集体意识,学者们在研究中对其进行了不同侧面的剖
析。首先,集体意识可以理解为一种文化观念或文化传统(李静君,2008;
佟新,2006),一般是指生活在同一文化环境中的人们由于长期的文化熏陶
从而对特定的事或物形成相对统一的认识,相对就容易采取一致性行动。
而要具体到抗争性集体行动,这种集体意识就进一步具体化为集体抗争意
识。已有多项研究表明,集体抗争意识的发展水平对集体行动的形成起着
关键性作用[马仕政,2006;麦克亚当(McAdam),1982],而这种集体抗争
意识发展的过程也被称为意识解放或认知解放的过程。其次,在集体行动
"搭便车"问题上,意识形态理论认为价值观念[达韦斯(Dawes)、奥贝尔
(Orbell)、克拉格特(Kragt),1986]、道德规范、伦理准则[哈丁(Hardin),
1982]及社会习俗[伦杰(Runge),1984]等可以有效地抑制个体在集体行
动中的"搭便车"现象。在他们看来,基于计算的利益得失或利益最大化,
个体会因此而采取"搭便车"行为,但受约于上述的道德规范和伦理准则
等,个体往往会主动摒弃"搭便车"的念想,从而有效地解决了理性选择理
论学者面临的集体行动困境。再次,一些学者还对集体意识的来源问题进
行了讨论。一种广为学者所接受的观点是建构主义的观点,即集体意识不
是既有的,而是在实践过程中被建构出来的,并且它不是一成不变的,而是
会不断变化的[达韦斯、奥贝尔、克拉格特,1986;斯诺(Snow)等,1986]。
或者说,集体意识的形成是一个动态演进的过程,是个体在博弈中形成的
均衡状态(柳海涛、黄建诗,2017)。

　　(四)社会资本理论视角下的影响因素

　　意识形态理论从集体意识的角度对集体行动的形成做出了解释,并在
一定程度上解决了理性选择理论所面临的集体行动激励困扰。然而,学者
们发现意识形态理论的解释力度是有限的。由此便有了社会资本理论视

角下的集体行动研究。一方面,社会资本理论采用广义的经济人假设,从而有别于理性选择理论;另一方面,从社会资本理论来看,集体意识虽然能够促成集体行动,使之成为可能,但这并不意味着集体意识是充分的,即仅有集体意识还是不够的,需要具备社会资本的条件才能真正促使集体行动的发生。

那么,社会资本是什么呢? 学者们对它的理解有较大的差异,笔者将比较有代表性的观点整理了一下,主要包括以下几个方面(如表 2-6 所示)。

表 2-6　社会资本的代表性观点

代表性研究	核心观点	解释与说明
布尔迪厄(Bourdieu) (1986)	社会网络	把社会资本看作获取资源的一种网络
赖哈皮特(Nahapiet)、戈沙尔(Ghoshal)(1997)	社会资源	把社会资本看作现实资源和潜在资源的总和
联合国开发计划署(UNDP)(2003)	社会规则	把社会资本看作社会各个组成部分之间以及人与人之间相互关系中存在的一种社会规则
帕特南(Putnam)(1993; 2000)	社会网络、价值规范、信任	把社会资本看作联系个体之间关系的社会网络以及在此基础上形成的价值规范与信任

资料来源:根据相关文献整理。

社会资本理论比较强调个体与个体之间的关系,并且非常关注存在于这种关系网络当中的声誉、地位、信任与规则等因素对个体行为的影响。这些社会资本理论中的重要因素能有效地促进集体行动的形成。并且,一般而言,这种资本存量越高,集体行动的参与人也就越多。当然,不同类型的社会资本对集体行动的具体影响逻辑不尽相同[卡尔(Call)、贾格尔(Jagger),2017]。不仅如此,社会资本的形成过程同样会对集体行动产生影响。沟通与交流往往被认为是产生社会资本的重要形式,沟通与交流的过程也被认为是社会资本形成的过程。特别是面对面的交流与沟通相对更容易导致双方或多方进行合作以提供公共物品[奥斯特罗姆(Ostrom)、沃克(Walker),1997]。其内在的逻辑是沟通与交流可以增进双方或多方之间的信任(奥斯特罗姆,1998),从而提升相互合作的意愿和信心。集体行动作为一种多方参与人的高级合作形式,更需要当面沟通与交流。因此,在这一点上,的确不仅社会资本存量有助于集体行动的产生,而且社会资本的形成过程同样有助于促成集体行动。

(五)政治机会研究视角下的影响因素

回顾集体行动的相关研究,我们还发现有一类相对独特的观点,笔者将其称之为政治机会研究视角下的集体行动影响因素。相对较早的研究者包括蒂莉(1978)和麦克亚当(1982)等,他们认为政治机会对集体行动具有重要的影响,集体行动的时机选择和效果主要取决于可利用的政治机会。特别是塔罗(Tarrow)(1994)的研究,把政治机会在集体行动中形成、发展及成功与否的地位提升到了起决定性作用的位置,直截了当地表达了政治机会才是关键性因素,而人们愤恨的程度以及资源的数量并不是决定性因素的观点。

然而,在学者们的最初研究当中,虽然提出了政治机会对集体行动的显著影响,但他们并未能就其内涵与外延做出明确的界定。所以,以往的研究中,往往把有利的环境因素都视为政治机会。直到麦克亚当(1996)研究的出现才较为全面地阐述了政治机会的具体表现形式,主要包括以下四个方面:制度化的政治体制是否开放;支撑政体的各个精英层是否稳定;精英联盟是否出现;国家进行镇压的能力和决心。

从近些年的研究来看,有学者认为政治机会视角对于探索中国农民的集体行动具有很大的启发,并对政治机会的相关研究进行了应用与发展。如童志锋(2013)借鉴政治机会的研究,探讨了农民的环境集体行动,在厘清这一基本概念内涵的基础上,提出依法治国话语的强化、媒体逐渐开放及分化的行政体系是农村集体行动的影响因素。当然,关于政治机会对集体行动的影响程度也有不同的声音。如王晴锋(2010)的研究剖析了剥夺、资源动员和政治机会三者对农民工集体行动的影响。其实证结果表明剥夺和资源动员两者对农民工集体行动有不同程度的影响,而政治机会对其并无显著影响。

综合以上对于集体行动相关理论的研究,笔者分别将研究视角、代表性研究、核心观点及近期相关研究示例等重要内容简要归纳了一下,如表2-7所示。

表 2-7　集体行动的研究视角及主要观点回顾

研究视角	代表性人物	核心观点
利益集团	戴维·杜鲁门；罗伯特·达尔；格雷海姆·威尔逊	利益集团成员所具有的共同利益是集体行动的重要基础；个体对利益最大化的追求是参与行动的动力
理性选择	奥尔森	对个体采取选择性激励措施，包括正向激励和负面激励，通过改变差别待遇促成集体行动
意识形态	涂尔干	集体意识可以促成集体行动，并且能有效克服"搭便车"问题
社会资本	布尔迪厄；帕特南	社会网络、声誉、地位、信任与规范等
政治机会	麦克亚当；塔罗	有利的政治环境条件是集体行动的主要动因

第四节　行业协会与企业集体行动交叉研究现状

一、企业集体行动研究现状

在现有集体行动研究文献当中，以企业为对象，在企业层面上开展的研究总体数量上十分有限。笔者梳理了一下已有的相关研究，发现企业集体行动现有文献主要关注影响因素和行动困境两个方面。

（一）企业集体行动影响因素研究

通过整理，以影响因素为主要研究内容的相关文献所提出的观点主要可用表 2-8 来集中呈现。笔者认为，有关企业集体行动影响因素的研究呈现出三个方面的特点。

表 2-8　企业集体行动影响因素研究主要观点

研究人	研究视角	研究对象	研究方法	研究发现
郑小勇（2009）	多重理论视角	集群企业	因子分析和回归分析	外生事件属性、企业反抗意识、外部资源支持、集体认同程度及行动组织水平等五个方面因素

续表

研究人	研究视角	研究对象	研究方法	研究发现
胡小江 (2010)	博弈理论视角	中小型集群企业	迭演博弈模型	集体行动成果溢出、惩罚成本、"搭便车"被发现的可能性、选择激励
吕国范、易明 (2013)	综合性视角	集群企业	案例分析	领导型企业、社会资本、公共服务机构、集群代理机构、地方政府行为、团体讨论和个体声音
彭晶 (2013)	综合性视角	集群企业	案例分析	领导型企业、信任水平、行业协会、公共服务机构、政府行为、团体讨论和个体声音
阿杰 （Adger） (2003)	社会资本理论	社区组织	案例分析	信任、声誉、规则和互利行为等影响着集体行动从而使得组织有弹性
斯皮金科 (2015)	共生交易视角	企业和政府等组织	事件序列方法（ESA）	关系能力、知识能力和动员能力等会影响参与者的欲望和机会，从而互动合作
安格拉 （Angela）、库珀 （Cooper） (2016)	综合性视角①	贝类生产企业	案例研究	产业标准和惯例嵌入、合适的人际关系、合作技术诀窍等对集体行动有塑造作用

资料来源：根据上述相关研究文献整理。

　　第一，从研究对象上来看，均以集群企业为对象。郑小勇（2009）的研究选择了浙江温州、绍兴和义乌等地多个不同产业类型的集群企业作为调研对象进行统计分析；吕国范和易明（2013）以武汉光电子产业集群内企业为对象进行案例研究；彭晶（2013）则以武汉光电子产业集群和温州打火机集群两类集群企业为对象。可见，集群企业是目前研究企业集体行动的主要对象。之所以如此，是因为产业集群的地理邻近性和产业相似性特征决定了集体行动在集群企业中相对较为常见。

---

① 安格拉和库珀（2016）研究嵌入性和社会资本对苏格兰贝类生产者参与集体行动的影响中均采用了宽泛的综合性视角，并且他们认为这对于发现其他备择解释来说是很重要的。

第二,从研究视角上看,以多重理论视角或综合性视角为主。郑小勇(2009)的研究是在麦克亚当(1982)影响因素研究基础上开展的,实际上综合了理性选择理论、社会资本理论及意识形态理论等多个理论视角。而吕国范和易明(2013)及彭晶(2013)的研究均在朗格(Lange,2004)研究基础上进行,虽然文中没有明确说明,但从因素分析的行文过程中可见属于综合性而非某个单一具体理论视角。事实上,集群企业集体行动的影响因素研究仍可判定为研究的起步阶段,采用多元理论视角、案例与实证相结合的方法是可取的。

第三,从研究不足上看,缺乏在集体行动分类的基础上开展影响因素的研究。除郑小勇(2009)研究是针对特定的外生性集体行动而进行的因素检验,其他研究对影响因素的讨论均是相对于广义上一般性的集体行动而言的,没有在集体行动分类的基础上,再对不同类型集群企业集体行动的具体影响因素进行探讨。

(二)企业集体行动困境研究

在有关影响因素的研究中,研究人员可以单方面从有利于激发企业集体行动的角度出发去构建因素集合(一类),也可以单方面从不利于企业集体行动开展的角度去构建(二类),还可以综合以上两个方面双向构建(三类)。也就是说,影响因素既包含了积极因素也包含了消极因素。而有关于企业集体行动困境的研究则主要是从阻碍集体行动发起和稳步推进的角度而言,重点在于发现障碍因素并寻求解决方案。因此,那些单方面从不利于企业集体行动角度所做的二类影响因素研究类似于困境研究,但又不完全一样。因为,就二类研究而言,其重点是识别出影响因素并分析影响程度,较少或不涉及其背后的逻辑及解决方案。而笔者此处所讲的集体行动困境研究的重点恰恰在于讨论障碍因素背后的逻辑、结合集体行动发生机制探讨解决困境和消除障碍的方案。两者在侧重点上略有差异。

现有关于企业集体行动困境的研究均是围绕某类具体集体行动而展开的,并且研究对象分散,并非聚焦集群企业。以上两点与企业集体行动影响因素的研究明显不同。譬如,胡海青和朱家德(2011)研究的是产学合作培养人才的企业的集体行动困境,分析出成本分担和利益补偿机制的缺失、企业社会责任意识低下是导致困境的主因,并针对于此提出国家适时积极介入、引入利益机制及培养和提升企业社会责任意识等三方面的脱困方案。又如,陈共荣等(2014)研究的是慈善捐赠集体行动困境,分析称个体理性导致集体非理性是致使慈善捐赠集体行动陷入困境的主因,并指出引入基于企业性质和政治关联的选择性激励措施作为脱困方案。再如,胡小江(2014)研究的是共性技术研发集体行动,分析出共性技术的公共物品性质、企业行为的隐匿性和个体行为的极弱性是导致此类集体行动困境的主因,并从治理结构(三方治理或双边治理)及基于研发不同阶段的供给组织结构两方面提出脱困方案。

　　对比分析以上几项研究,可以发现此类研究的共性之处和差异所在。共性之处在于这些研究实际上是深入分析了企业"搭便车"的深层次原因,回答了企业为什么会选择"搭便车"并致使集体行动陷入困境的背后逻辑,并从打断这一逻辑的角度提出脱困方案。所不同的是,每种类型企业集体行动中,这种背后的深层次主因("搭便车"的逻辑)以及基于主因所设计的脱困方案或许是不一样的,需要具体类型具体分析。由此可见,未来针对各种不同类型企业集体行动的困境研究还有广阔空间。

二、行业协会与企业集体行动的关系研究现状

　　根据现有文献,可将行业协会与集体行动的关系描述为以下两种:一是将行业协会作为集体行动的表现形式;二是将行业协会视作集体行动的组织者与推动者。首先,集群中的行业协会是集群企业集体行动的表现形式之一。集群企业获取资源的重要途径之一就是集体行动,而成立行业协会或商会属于此类集体行动形式之一(李新春,2000)。邦巴尔迪尼(Bombardini)和特雷比(Trebbi)(2012)的研究进一步指出,那些产品之间具有高替代性的产业相对更容易采取商会形式游说以获取资源,而那些产品差异大的产业则更多地采取个体游说而非商会式的集体行动。其次,也有部分研究探讨了行业协会作为组织者与推动者促进集体行动的作用机制。行业协会作为一种组织化"私序",在组织和推进企业集体行动中具有特殊的作用(胡峰、王晓萍,2012)。在具体的作用机制研究方面,已有学者提出了不同的观点。其中,黄少卿和余晖(2005)认为是协会的声誉机制、有效运作经历、低组织成本;林琼慧(2008)认为是协会的信任与互惠规范、非正式制度与社会网络、激励监督机制;徐建牛和孙沛东(2009)认为是协会的互动和沟通机制、激励惩罚机制、声誉积累机制。

　　然而,以往对行业协会集体行动机制的研究,大多是从行业协会的内部治理和外部治理的角度出发进行探讨。后续研究若一直遵循既有研究框架和思路,可能会出现两种不利局面。其一,新的发现越来越难。随着相关研究数量的不断增加,新的发现却鲜有增加,得出的结论会变得大同

小异,重合程度将越来越高。其二,深入推进研究的空间将会越来越受限。已有研究框架经过十余年的发展,已经相对成熟。一般而言,在这种情形下循着既有思路继续推进的空间会越来越小。因此,如果未来的研究能尝试性地将不同类型集体行动的影响因素研究与行业协会的治理有机结合起来,从而探讨协会对不同集体行动类型的具体影响机理,将会为该领域开拓广阔空间。

第五节　本章简要述评

本章主要阐述了四部分内容:行业协会的概念与类型、行业协会治理研究、集体行动相关理论以及行业协会与企业集体行动交叉研究现状等。

首先,对行业协会的有关概念、性质、特点、类型以及行业协会与商会的关系等进行了综述。从性质上而言,行业协会属于非营利性组织、社会中介性组织和行业管理性组织的融合体;从特点上而言,行业协会具有正规性、民间性、非营利性、自律性、自愿性、公益性、中介性、服务性和公权性等所形成的"6+2+1"结构的 9 项特征;从类型上而言,行业协会可以从行业类别、生成途径和区域范围等三个维度进行单独或交叉划分;从概念辨析上而言,行业协会与商会在组织性质、入会原则和经费来源等方面具有共性,而在生成途径、会长来源和主管部门等方面具有差异。这一部分的内容对于认识行业协会的基本面是很有帮助的。

其次,对行业协会治理研究的相关文献做了梳理。笔者回顾文献后发现,行业协会治理研究主要分为内部治理和外部治理两部分。所以,以此为据对其分别进行了梳理。在行业协会内部治理方面,综述了行业协会内部治理概念、内部治理结构、内部治理机制和内部制度建设等内容。在行业协会外部治理方面,行业协会外部治理也被称为行业协会参与治理,它与行业协会的职能息息相关,阐明了行业协会外部治理主要是围绕行业协会职能或功能而展开,具体综述了相关的"八项职能""三大定位"和"两大功能"等研究基础。

再次,对集体行动相关理论进行了梳理。在概念界定与辨析方面,回顾了多位学者对集体行动的界定,并从集体行动参与人、集体行动认定条件、参与人行动时间等方面对概念进行了剖析;回顾了集体行为概念,并阐述了集体行动与集体行为的关系;回顾了团体行为概念,并阐述了集体行动与团体行为的关系。在类型划分方面,分别基于行动主体的类型学研

究、基于行动诉求的类型学研究、基于行动方式的类型学研究和基于多维
交叉的类型学研究等角度回顾并分析了集体行动类型划分。在集体行动
影响因素方面，分别从利益集团理论、理性选择理论、意识形态理论、社会
资本理论和政治机会理论等视角回顾了集体行动影响因素研究现状。这
些为后续集群企业集体行动影响因素分析奠定了理论基础。

最后，对行业协会与企业集体行动的交叉研究进行了梳理。这一章的
意义有两个。第一，本项研究主要关注企业层次上的集体行动问题。因
此，有关企业集体行动的研究现状与研究基础对本研究来说具有更为直接
的理论意义，回顾这些文献也就显得尤其重要。第二，本章前三节当中对
行业协会基本概念、行业协会治理研究和集体行动研究分别进行了梳理，
但没有涉及两个领域的交叉研究现状。因此，在前三节内容之外，需要有
第四节内容将行业协会与集体行动两者结合起来，对两者交叉研究状况进
行回顾。于是，出于这两个方面的考虑，笔者在第四节当中先是对企业集
体行动研究做简要回顾，而后综述了行业协会与企业集体行动的交叉研
究，一方面使综述内容与本项研究更加紧密，另一方面呼应前面几节综述
内容使综述内容的整体性更强。

第三章　总体构思逻辑与研究模型设计

关于集群企业的集体行动,可根据其诉求利益及直接诱因的差异划分成外生性集体行动和内生性集体行动等两类细分行动。两者之间的差异可能会使行业协会从中所发挥的影响机制不尽相同。在这种情况下,要完成行业协会对集群企业集体行动影响机制的探索,我们就需要在外生性集体行动和内生性集体行动两个细分层面上分别比较,进而讨论具体的行业协会影响机制。但这并不意味着,这是两项完全割裂的独立研究。事实上,它们是一个完整研究当中的两个重要组成部分,缺一不可,既具有相对独立性,又具有密不可分性。如果将行业协会对集群企业集体行动的影响机制研究视为一个总课题,那么行业协会对集群企业外生性集体行动的影响机制研究和行业协会对集群企业内生性集体行动的影响机制研究便是其中两个必不可少的子课题。然后,每个子课题又都按照影响因素案例研究、行业协会影响机制理论构建、行业协会影响机制实证分析和多主体治理体系研究等四个循序推进的子研究而展开,从而形成了"124"结构的分解过程和"421"结构的支撑逻辑。这在第一章关于研究思路的相应小节中也有涉及,只是阐述角度不同。为进一步明晰整个研究的内在逻辑关系,特在此再换个角度理顺一下。

基于以上所述分解过程和支撑逻辑可知,在具体开展细分类型集群企业集体行动研究之前,需要从研究的总体层面对一些共性的问题进行必要阐述并做出说明和解释。这些共性的问题包括以下四个方面。第一,集群企业集体行动影响因素的分析逻辑。简单地讲,就是对如何开展集群企业集体行动前置因素研究的问题做出一个总体说明,为后面开展外生性集体行动和内生性集体行动的具体因素研究做铺垫。第二,集群企业集体行动作为变量如何处理的问题。通过借鉴学者们已有研究成果,对集体行动变量的一般性处理方法和本研究拟采用的处理方法做出总体性说明,为后续具体研究中外生性集体行动变量和内生性集体行动变量的处理做铺垫。第三,行业协会在企业集体行动中的角色。旨在对行业协会在企业集体行动中可能扮演的角色和一般所起的作用进行简要阐述,为后续研究中分析行业协会在外生性集体行动中的具体作用和行业协会在内生性集体行动中的具体作用做铺垫。第四,总体研究模型。旨在从整个研究的总体层面提出概念模型,并对总体概念模型的设计进行简要说明,为后续研究中行业协会对集群企业外生性集体行动影响机制模型构建和行业协会对集群企业内生性集体行动影响机制模型构建做铺垫。以下将对上述四个共性问题分别进行具体阐述和详细说明。

第一节　集群企业集体行动影响因素的分析逻辑

集群企业集体行动影响因素的提出及指标设计的基本逻辑是拟采用部分探索性案例研究影响集群企业集体行动的因素,即先基于多元理论视角,结合集群企业外生性集体行动和内生性集体行动的内涵与特点,从理论上分别演绎和推导外生性集体行动的影响因素和内生性集体行动的影响因素作为预设。然后在预设基础上分别选择相应的代表性案例进行因素探索,对预设因素起到纠正和内容维度上的深化作用,也可能会涌出新的因素,从而对预设因素起到补充作用。影响因素案例研究的结果同时将为实证部分的变量测量奠定基础。尽管对部分成熟变量的测量会参考以往研究的指标设计,但案例研究结果将是多数变量测量指标设计的重要参考依据之一。

我们认为通过理论演绎或推导出可能的影响因素作为预设是可行的,也是合理的。这主要是基于以下两点原因,这两点原因也是我们开展集群企业集体行动影响因素研究的两个潜在前提条件。第一,集群企业的集体行动与社会学领域研究的民众集体行动有共性。虽然本书研究的对象是集群企业,而社会学研究的对象为自然人,但它们极具相似性。首先,就个体与群体的关系而言,企业之于集群的角色犹如个人之于团体的角色,此乃相似处之一。其次,就行动决策而言,集群企业的决策最终还是由企业中的人所做出的,特别是在企业中拥有较大决策权的一个或若干个人。因此,企业在决策是否参与集体行动时的表现与个人的决策过程具有相当的相似性。所以,可以认为社会学家在研究民众参与集体行动影响因素时所运用的理论视角和分析思路同样适用于我们研究集群企业集体行动的影响因素。第二,以往集体行动影响因素研究所形成的理论流派作为理论视角来说具有一定的普适性,可用于演绎集群企业集体行动的影响因素。虽然,研究集体行动的多数是社会学家和心理学家,他们基于社会心理学展开,其研究层次和理论视角都与本研究有明显不同,但从前文综述中可知,经过学者们长期不懈的努力之后,集体行动影响因素研究已然形成了一些较为经典的理论流派。各流派所凝练的核心思想具有一定的普适性。而我们关于集群企业集体行动(无论是外生性集体行动还是内生性集体行动)影响因素的研究都以这些经典理论流派为视角,基于各理论流派的核心思想演绎和推导集群企业集体行动影响因素具有可行性和合理性。有了这两个前提就可以提出集群企业集体行动的影响因素,并开展随后的研究工作。

当然,如果我们对于集群企业集体行动的研究只是简单地重复以往学者的研究,那是没有意义的。并且,实际上我们也无法这样去做。因为,集群企业集体行动有其自身的特点,从细分类型集体行动的角度讲,集群企业外生性集体行动与集群企业内生性集体行动差异很大。简单地将那些影响因素套用到集群企业集体行动上来,显然不具合理性。我们应该结合研究对象的属性或特征以及集体行动细分类型的差异性来综合考虑影响因素的问题。具体到本书而言,就是要把一般性集体行动影响因素研究理论视角、产业集群和集群企业特有属性以及外生性集体行动或内生性集体行动的差异性特征等多个方面综合起来考虑。为此,笔者勾勒了集群企业集体行动影响因素的演绎与凝练过程,如图3-1所示。

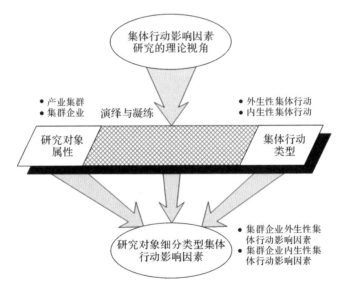

图3-1　集群企业集体行动影响因素分析逻辑框架

如图 3-1 所示,一方面,研究对象(集群企业)与集体行动类型(外生性或内生性集体行动)两者就像拉起一道网,从适用性的角度对集体行动影响因素研究理论视角下的演绎过程和结果产生影响;另一方面,根据研究的不同需要,研究对象(集群企业)与集体行动类型(外生性或内生性集体行动)两者本身的特定属性或特征也是细分类型集群企业集体行动影响因素提炼所要考虑的方面之一。通过以上所述基本分析思路分别提炼出集群企业外生性集体行动或内生性集体行动的影响因素组合,作为相应的外生性集体行动影响因素案例研究理论预设和内生性集体行动影响因素案例研究理论预设。具体的应用,我们将在后续的第四章和第五章相应的内容中详细阐述。在此仅简要予以说明,并以此作为一个过渡性的铺垫。

第二节　集群企业集体行动作为变量的处理逻辑

集群企业集体行动是本研究的靶标,在实证中被视为因变量。但由于这是一个行为变量,有一定特殊性。我们认为在分别开展外生性集体行动和内生性集体行动研究之前,有必要对集体行动概念在后续实证分析中的处理做些总体上的说明。

实证分析中对于集体行动变量的处理最突出的问题就是其测量问题。如果直接用行动的发生与否来测量,那么每个集群企业的测量结果只有是和否两种可能。如此一来,集体行动的测量就属于逻辑变量。这种做法的优点在于非常简单易于操作,缺点在于只有当行为发生时才能观测到,而没发生时观测不到其真实状态。也就是说,在这种情形下,我们可以认识行动发生时各因素对集体行动的影响程度,但无法在行动还未发生的情况下了解集群企业的真实状态及预测其采取或参与行动的可能性。那么,在以往有关集体行动的研究中,学者们是如何应对和处理这个问题的呢?既然我们知道集体行动是一种高级的合作行为,那我们就不妨从一般的合作行为说起。

研究合作行为的学者们发现合作意愿的强烈程度就是影响合作行为稳定性的一个非常重要的因素(李瑞涵、赵强,2002)。也就是说,合作意愿越强烈,合作行为的稳定性就越强。因此,可以用合作意愿来预测个体之间的合作行为。事实上,以往很多研究合作行为的学者也是这么做的。比如,陈希敏(2006)在金融界为争论农村信用合作社改革究竟应当坚持合作制还是股份制的背景下开展一项相关研究,为给农村信用社改革提供依据,对经济落后地区农户的金融合作意愿进行了实证分析。考虑到合作行为测量的难度,他在文章中就用合作意愿来进行测量。其隐含的一个前提假设就是合作意愿在一定程度上代表合作行为,并且合作意愿越强合作可能性越大。除此之外,还有许多学者对于研究个体的合作行为或是研究个体参与行为时均以合作意愿或参与意愿作为测量指标进行研究(曹建民,2005;黎东升,2006)。

把上述的逻辑应用到集体行动中来,也可以用集体行动意愿来表征集体行动。类似地,参与人的行动意愿(参与意愿)越强烈,集体行动的稳定性就越强,采取或参与行动的可能性就越大。除了工具性的意义以外,集体行动意愿对于我们理解集体行动还有更深层次的意义。其一,只有真正出自个体自己意愿的参与行为才是真正的自主性参与,而没有参与意愿的参与行为则很可能是迫于各种外界"压力"而采取的,其结果往往是假参与、不积极和不作为。其二,没有参与意愿,即使有参与渠道也没有意义,充其量只是充当了动员的工具。而有了足够强烈的参与意愿,即使没有渠道,个体也会把渠道创造出来或完全自发组织起来。可见,集体行动意愿对于我们更加深入地理解集体行动很有帮助。从以往相关研究的实践来看,已有颇多学者是这样做的,如汪华(2015)对农民工集体维权行为的研究,梁宏(2013)对新生代农民工集体行动的研究,以及国外斯图尔特(Stewart)、德鲁根迪克(Droogendyk)(2016)等人的多项研究均属于此类逻辑,都将集体行动意愿作为集体行动变量的替代来处理。

鉴于此,本书在实证分析中也将采用集群企业参与集体行动的意愿(简称为集群企业集体行动意愿)作为集群企业集体行动的替代性变量来处理。并且,用不同的分值来分别表示集体行动意愿的强弱程度。总体而言,这样的操作有先例可循,具有一定的合法性。当然,具体到外生性集体行动和内生性集体行动行等细分集体行动的变量处理,我们会在后续相应的章节中再述。

第三节 行业协会在企业集体行动中扮演的角色

关于行业协会与企业群体性合作行为或集体行动的关系,本书认为可以先从行业协会的角色分析角度切入,对行业协会从中可能扮演的几种主要角色进行剖析。之后,再进一步看应该如何来架构行业协会的作用机制模型。

一、行业协会应该是一个不可或缺的协调者

行业协会作为协调者所起的作用就是沟通与协调。正如徐国念等(2001)所指出的那样,行业协会是企业与企业之间以及企业与政府(机构)之间的桥梁和纽带。这其中就包含了两层意思:其一,行业协会可以促进企业与企业之间的沟通与交流,促进相互之间的了解与信任,从而促成合作行为,采取一致性行动。特别值得注意的是,集群里的企业不可能全部是协会的会员,一般而言行业协会对于会员的约束力相对而言是较强的,然而集体行动的参与者不可能仅限于会员。因为集体行动所诉求的利益具有公共产品的性质,涉及的往往是集群里所有企业的利益,如果只要求会员参与,那么就相当于默许了非会员的"搭便车"行为,这对于会员的利益实际上是一种无形的损害。因此,协调非会员企业的行为才是真正的难点所在。其二,行业协会可以协调企业之间可能存在的利益冲突,消除其参与合作或一致性行动的疑虑,从而保证合作行为能够有效达成。同时,行业协会还可以协调企业与政府之间的关系。

二、行业协会应该是一个能力超凡的组织者

张宇燕(1994)指出,有一个极具魅力的组织者是集体行动形成的重要条件之一。而行业协会对于集群企业的集体行动来说就应该扮演这样一个组织者角色。

集体行动的组织就是要尝试把个体对行动的理解与组织者对行动的理解联结在一起,实现两种解释的相互一致且相互补充。更为重要的是,在这一时期,要实现具体的行动目标和行动方法的合法化。根据亚当斯(Adams)的观点,集体行动最终能否实现与组织者的组织水平有莫大的关系。本书认为行业协会作为组织者,其组织水平主要取决于集群企业对协会的信任程度和行业协会的动员强度。

(一)对行业协会的信任

集体行动涉及很多的信任问题,不同的群体或个人,甚至包括政府官员在内,他们都是作为不同利益主体而存在的,不同的只是追求利益的形态和内容有所差异而已(黄少安,1999)。信任在多个不同利益主体之间的合作中自然是很重要的,它包括了个体对另一个体的信任,也包括了个体对于组织者的信任等。奥尔森曾经提出个体参与集体行动的一个阻碍就是担心利益被独占,付出成本却得不到相应回报。所以个体对于组织者的

信任在集体行动中尤其重要。而这种信任的来源是多方面的,与组织者的信誉、实力、社会资本及组织能力(包括号召力)等都有关系。

(二)行业协会的动员强度

王天敏(2005)把企业群体性事件的特征简要地概括为现实矛盾与历史问题的交织,多数人的不满因少数人的鼓动而爆发。如果没有动员,那么即使有委屈和不满,集体行动也往往是难以实行的[金(King),2008;詹金斯(Jenkins),1983]。尽管企业集体行动与群体性事件不是完全一致的概念,但少数人(通常是积极分子)的动员对于形成企业的一致性行为的力量是不可估量的,其作用也功不可没。在社会运动中,动员结构一般包括正式组织和人际关系。相应地,在企业集体行动中,动员结构一般表现为行业协会及部分积极分子实施的正式活动(如宣传、呼吁、感召等)及组织间关系,使更多人意识到其共同的利益并为实现共同目标而进行集体行动的过程。成功的动员必须能使那些潜在的参与者在情感和思想认同的基础上真正地参与到行动中来,并做出具体的行为表现(王美琴,2004)。

三、行业协会应该是一个赏罚分明的规制者

行业协会作为市场的规制主体之一,通过建立并执行一套有效的赏罚机制,可以在很大程度上避免机会主义行为,从而保障合作或集体行动的稳定性。根据奥尔森选择性激励理论,集体行动能够发生的动力机制是对集团的每一个成员进行区别对待(奥尔森,1995)。换句话说,就是要对集体行动中表现积极和出色的个体给予有效的激励,对于机会主义者给予有效的惩罚,这样才能够在利益团体内部形成一种良好的氛围。

然而,进行正面的激励是容易的,而进行负面的惩罚却始终是个难题。因为,目前我国的行业协会大多没有实质性的惩罚权。这就意味着,很多情况下企业不作为或者违规行为所受到的惩罚是有限的。因此,一些学者建议要加大行业协会的处罚权,还得积极向政府借力或者向媒体借力,以放大处罚力度或效果(郭芬等,2012)。笔者学习若干成功的行业协会经验之后,意识到行业协会主导下的集体惩罚机制能够发挥很好的作用。

有效的集体惩罚能很好地解决机会主义“搭便车”的问题。集体惩罚还将惩罚低效的行动者以促进集体行动,集体惩罚机制也就成为一种以内生市场选择方式来维护集群企业良好合作的必然机制,从而很有效地限制了机会主义行为(孙国强,2003)。在企业集群中,产业链在经济地理空间上具有集中性的特点,在产业链的不同的环节上存在大量的企业,企业间

的合作信息或不合作信息容易得到传播,使得这些信息的真伪也相对容易判别。因此,这种情形下的集体惩罚就非常有效。机会主义行为明显是与集体行动的准则、价值与目标相背离的行为。如果集群内部任何一家企业采取机会主义行为就会遭到其他企业的集体惩罚,那么就能够有效地维护集群内部企业的稳定合作。

那么,怎么才算是有效的惩罚呢？有效意味着两点:一是其对背叛者的警示与威胁足够大,即它给背叛者造成的损失要大于因背叛而带来的收益,这可以很大程度上抑制企业因逐利而采取机会主义行为的冲动;另一点是它的实施是有效的,即企业一旦成为背叛者就无法逃脱惩罚。这两点共同作用,增大了科尔曼(Coleman)模型中的 P 值,从而增大了信任方的信心。而在产业集群层面上,这种惩罚机制在经济性上的威胁可能会更为有效。首先,集群内大量企业在长期的相互作用过程中,会形成比区域外部更为成熟的惩罚规则;其次,由于区内信息渠道较为发达,信息可以通过多种渠道得以迅速扩散。一旦企业出现背叛行为,其负面消息会很快地扩散到整个集群中。而就单个企业而言,其交易对象多半为集群当地的其他企业,企业的一次机会主义行为可能会为其带来严重的后果,其合作伙伴中的绝大部分很可能不会再信任它。与此同时,由于产业集群拥有一个鲜明特点——社会嵌入性,这使得惩罚非常有力量且不仅仅局限在经济层面上,背叛不仅意味着商业的损失,还意味着将承受社会惩罚[汉弗莱(Humphrey)、施米茨(Schmitz),1998]。

第四节　总体研究模型及其设计思路

从以上集体行动影响因素分析思路及行业协会在企业集体行动中所扮演的角色可以看出,影响因素主要指的是集群企业集体行动的前置因素。这些前置因素可以说是集群企业集体行动的主因,而行业协会一般不作为集体行动的直接主因,却能够通过组织、协调与规制等方面的作用促进或抑制企业集体行动的形成和发展。由此,我们认为行业协会可能会对前置主因与集群企业集体行动的关系有一定影响作用。从变量的角度来理解上述逻辑关系,即如果变量 Y 与变量 X 的关系是变量 M 的函数,则称 M 为调节变量[詹姆斯(James)、布雷特(Brett),1984]。简单地说,就是 Y 与 X 的关系受到第三个变量 M 的影响。这种有调节变量的模型一般可以用图 3-2 来呈现(其中 e 表示误差)。其中,调节变量可以是定性的变量,如性别、种族、类型等这些可以用文字描述而难以量化的变量类型,也可以是定量的变量,如年龄、受教育年限、次数等这些通常用数字表示的变量。调节变量会影响因变量和自变量之间关系的方向(正或负)和强弱程度[鲍龙(Baron)、肯尼(Kenny),1986]。

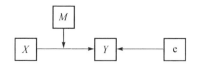

图 3-2　一般调节效应分析模型

具体到本研究,如果我们以集群企业集体行动的前置影响因素作为变量 X,以集群企业集体行动意愿作为变量 Y,把行业协会所扮演的角色和作用视为 M,则可以得到本研究的总体概念模型雏形(见图 3-3)。

图 3-3　本研究的总体概念模型

第二编

集群企业集体行动影响因素案例研究

第四章　外生性集体行动影响因素的案例研究

第一节　引言:研究问题的提出

在对产业集群的研究和观察中,我们发现了一类有趣的现象。我们看到 2015 年海宁经编集群企业为应对巴西反倾销诉讼所采取的集体行动成功了,而 2006 年福建鞋业集群企业在遭遇欧盟反倾销诉讼后未能形成任何应对性集体行动。我们还看到,温州打火机集群企业在欧盟拟出台 CR 法案之际,采取了积极的集体性应对行动,也就是说温州打火机集群企业的集体行动成形了。而与此同时,其他地区打火机集群企业却未能有效地形成集体行动(这一类集群企业集体行动被本书称为外生性集体行动)。由此,便会产生一个疑问,即到底是什么原因或者哪些主因导致了上述现象之间的差异呢?

回顾相关文献之后,我们发现已有一些研究在个体自然人层面探讨过与此类似的抗争性集体行动的影响因素,比如农民工利益抗争性集体行动的影响因素(蔡禾,2009;李超海,2009;王晴峰,2010),以及女性反性别歧视和争取性别平等集体行动的影响因素[拉德克(Radke)、霍恩西(Hornsey)、巴洛(Barlow),2016]等。而对于集群企业层面类似的外生性集体行动的影响因素是缺乏探索的,也就是说,集群企业外生性集体行动的前因仍然是有待探索和回答的问题。

为探索和回答上述问题,笔者认为首先应对外生性集体行动的概念进行剖析,从认知外生性集体行动类型的内涵入手,分析集群企业外生性集体行动的特点。在上述认知基础上,笔者遵循在第三章中提出的集群企业集体行动影响因素的基本分析逻辑,将外生性集体行动类型特点与集体行动影响因素研究理论视角相结合,演绎和推导出集群企业外生性集体行动的影响因素框架。以此框架为理论预设,开展案例研究对前因进行补充、纠偏或深化,最终探索出外生性集体行动的前置影响因素组合,为后续的理论分析、定量研究和实证检验奠定基础。

第二节　集群企业外生性集体行动概念界定

如前文所述,蒂莉(1975)在区分集体行动的形式上把集体行动划分为"竞争型"(competitive)、"反应型"(reactive)和"先发型"(proactive)三种类型。其中,"反应型"集体行动指的是受到威胁的群体反抗另一个群体(比如公共官员)要占有其资源或利益时所发生的一种群体性行为。受到威胁的群体在这种情况下所采取的集体行动是在其受到群体外部的侵犯时才发生的,来自群体外部的这种侵犯性事件或行为是导致该集体行动的前提。

我们这里所讲的外生性集体行动就是类似于蒂莉的"反应型"集体行动。所以,概括地讲,外生性集体行动是指群体外部所发生的事件或行为对群体内成员的利益产生了制约或削弱等不利影响而引发群体成员的集体性应对行为。而集群企业外生性集体行动是将上述概念界定中所指的群体特定化为产业集群,即特指集群外部发生的某个(某些)事件对集群企业产生了不利影响而引发集群企业的集体性应对行为。导致这种集群企业集体行动的外部事件或行为概称为外生性事件。外生性集体行动与外生性事件是本章中极其关键且相互关联的概念,在下文中笔者将分别对两者进行深入剖析。

第三节　集群企业外生性集体行动的特征分析

为更好地理解外生性集体行动的概念,笔者尝试对其特性进行描述。具体而言,外生性的集体行动通常具有以下几个特点。

一、外生性集体行动的诱因具有外部性

诱因的外部性是指此类集体行动的驱动力来自群体外部发生的事件,集体行动是由外部事件的刺激所直接激发的。所以,从时间上来讲,是先有外部事件后有集体行动。在逻辑上,两者具有一定的因果关系。换句话说,如果没有特定外部事件的发生,也就不会有此特定的应对性集体行动存在。

二、外生性集体行动的目标具有补偿性

外生性集体行动是因某特定的外部事件而生，其原因是外部事件破坏或改变了团体内部原有利益的平衡。所以，由此引发的集体行动的目标无非有两个：一是消除外部事件，从而恢复以往的群体内部平衡；二是期望群体内部平衡被外部事件打破或改变之后获得一些补偿，从而实现新的平衡。总体而言，其行动目标均是因为原有利益受到侵害或抑制而寻求的一种具有补偿性质的诉求。

三、外生性集体行动的手段具有冲突性

由于外生事件会打破或改变群体内部原有的平衡，会造成群体内部成员不同程度上的利益损失，并使其有一种被"剥夺感"，因此，团体成员对此反应往往是比较激烈的，所采取的手段也具有一定的冲击性或暴力性，一般会采取集体诉讼、游行集会、静坐与罢工等形式。正因为这种集体行动手段的冲突性，所以更加凸显出调解的艰巨性和重要性。一方面，对这种冲突性行动的调解是困难而艰巨的，冲突双方利益目标的调和具有相当的复杂性；另一方面，调解行为又是极其重要的，因为不加调解或调解不善，这种集体行动一旦失去控制将会对社会稳定造成较大的危害。所以，往往需要加强有效的调解，缓解行动的冲击力或使其处于可控状态。

由上文可知，此处所讲的外生性事件并不是泛指群体外部发生的任何事件或行为，而是特指具有某些特殊属性的外生事件。笔者认为，外生性事件通常具有以下几个特点。

（一）外生性事件具有针对性

这里需要注意的是如何理解针对性。首先，它并不是指这种事件是针对某个特定的企业或个体组织的。如果是针对个体组织的事件，那么就会因缺乏"普遍性"而难以触发集体行动。其次，外生事件也几乎很少是针对所有企业或组织的，除非是一些具有完全普适性的法律法规、制度、活动等。一般来说，所谓的针对性更多的是指针对某一类型、某一区域或某一行业的部分企业或组织所组成的群体。也就是说，外生性事件的针对性至少要体现出一定的普遍性特征。

（二）外生性事件具有伤害性

事件的发生会对某一类型企业群体的发展状态产生不利的影响，对其

现有的利益或可预期的未来利益造成损害或抑制。也可以说,外生事件在某种程度上成了某些企业群体发展的障碍。欧盟的CR法案就是一个典型的例子。新法案规定除了豪华型打火机之外,其他所有的打火机都必须有安全锁装置,而玩具型打火机则全部禁止进入欧盟市场销售。这对我国温州的大多数打火机企业是一个致命性的打击。温州大量的打火机企业生产的均为价格低廉型或者玩具型打火机,原本在欧盟市场销售很旺。而新法案如此一来,玩具型打火机不能再到欧盟市场卖了,低廉型打火机如果配备成本不菲的安全装置势必大幅提升销售价格,其结果也就会导致温州打火机失去价格优势而在欧洲卖不动了。这对于上述两类温州打火机企业的现有利益和可预期利益都将造成巨大的损失,其伤害性不言而喻。

(三)外生性事件具有不公性

笔者发现导致集体行动的外生事件除了具有伤害性之外,往往具有一定程度的不公性特征。也就是说,如果外生事件产生的伤害性是一种相对合情、合理或合法的举措,无明显的不公平与不公正现象,那么它引起群体愤慨、不平和抗议的可能性就相对很小,或者即便有,其水平也较低或不足以引发集体性行动。相反,如果这种伤害性缺乏应有的公平与公正,效果则完全不同。由于这种不公性的存在,其利益相关者往往难以接受。因此,很多外生事件在实施过程中往往会带有一些强制或压迫的特征,对目标群体或受众产生一定的压迫性,使其服从或遵照执行。

鉴于以上分析,笔者认为外生性事件可以界定为对某一或某些企业群体的既有利益或可预期利益具有伤害性并且具有一定不公性的外部事件。

下面我们引用一个实例来深入体会这种外生性集体行动的含义。2004年安徽省发生的农民集体上访行动便是一起比较典型的外生性集体行动。

事情发生在安徽省六安市裕安区平桥乡的某村庄,该村庄分为甲乙两队,其位置靠近市区。众所皆知,土地是农民的重要生产资料,农民朋友对于土地都看得很重。但随着城市化进程的加快,该村农民也面临着与大多数位于市区周围的农民的同样处境,即土地将被征用。根据该地拆迁办的规定,甲队的土地(离市区更近),尤其是村民的宅基地,将首先被征用,乙队紧随其后。大多数村民认为此次拆迁具有强制的性质,而且没有得到合理的补偿,导致自己的利益受到了损害。拆迁办对村民的补偿是依据市政府2002年的官方文件来执行的,明显存在滞后性。而且回迁房的价格是按照现在的市场价,村民获得的补偿不足以支付昂贵的商品房价格。新的赔偿文件已经出台,政府有意隐瞒。在这个事件的整个过程中明显有对村民的利益的剥夺,即政府和开发商对村民的利益的剥夺。政府为了加快拆迁的速度,出台了一项政策,即提前搬家有奖励,搬得越早得到的奖励越多。村民强烈感到利益受损,大家要求组织起来到合肥上访,期望上级有关人员解决问题,维护自己的利益。村民知道国家的政策是禁止再征用土地,而且知道赔偿的标准已经改变。只不过村民没有官方文件,具体详情不清楚,也就是说村民的知情权也不例外地被剥夺了。①

应用前文所述及的外生性事件和外生性集体行动来分析本案例。首先,就外生性事件而言:第一,针对性。本案例中的征地事件针对的是安徽省六安市裕安区平桥乡某村庄的两队村民。第二,伤害性。征地的过程中带有一定程度的强制性,村民们没有得到合理的补偿,自身的利益受到了损失。第三,不公性。在有关农村征地的赔偿标准和规定已经更新的情况下,村民的知情权却被剥夺了。也就是说,村民们在此次征地事件中按规定本应该合理合规地得到多一点赔偿,从而弥补一些损失,而实际情况是村民只得到较为不利的少量赔偿,可见此事件具有明显的不公性。其次,从外生性集体行动的角度看:第一,诱因的外部性。村民最后组织起来到合肥集体上访,这是一次集体行动,而这次行动的诱因是外部的征地事件。简单地讲,没有征地事件,也就不存在此次集体行动。第二,目标的补偿性。此次集体行动的目标是争取自己受损的利益,得到合理的补偿,减少由于征地事件而遭受的损失。如果其行动最后成功了,所得的收益本质上讲还是具有补偿性质的。第三,手段的冲突性。本案例中村民们发起的集体行动手段是集体上访,从社会学研究的文献中可知这是一种冲突性或暴力性的行动手段,需要密切关注并加强调解,以免失控而造成不可预测的社会危害。

李一平(2005)在其发表于《中共中央党校学报》上的文章中对于此类因土地征用和房屋拆迁与安置等问题所导致的集体上访、静坐和示威、聚众闹事等农民集体维权行动也有详尽的论述,并对个中的机理进行分析。

---

① 这段文字材料来自严汇发表于 2006 年第 3 期《江西行政学院学报》上的文章《关于拆迁过程集体维权行动的透视》(第 58—60 页)。文章描述了发生在安徽省六安市裕安区平桥乡一个村民维权的集体行动,并用了奥尔森的集体行动理论进行分析。有兴趣的读者可以进一步阅读。

事实上,这一类的外生性事件是社会中频发的现象,是社会学研究人员普遍关注的现象之一。

第四节　集群企业外生性集体行动影响因素的理论预设

在第二章中,笔者对集体行动影响因素做出回顾,这奠定了外生性集体行动影响因素分析的理论基础。同时,在第三章中,笔者对集群企业外生性集体行动影响因素分析的基本思路和逻辑(参见图 3-1)做了阐述。以上两部分已有内容为外生性集体行动影响因素的提出做好了前期铺垫,而本节的主要任务是基于以上两个条件,具体阐述基于传统集体行动理论而衍生出集群企业外生性集体行动影响因素的初步设想。

第一,从利益集团理论来看,集群企业之间具有天然的共同利益。因为产业集群是由具有产业相似性及地理邻近性的一群企业所组成的(龙小宁等,2015)。这就使得这些集群企业比较容易在产业领域或者在地理区域上存在某些共同的利益。所以,从这个角度讲,集群企业天然拥有集体行动的利益基础。这也充分说明了研究集群企业集体行动的意义和价值。而从集群的层次上看,笔者认为有两个属性与集群企业集体行动关系密切。首先是集群的类型。不同类型的产业集群会导致共同利益的性质差异和利益集团的紧密程度不同,从而影响集体行动的发展。根据分类标准的不同,可以划分出很多类型的集群。如王珺(2002)根据集群形成的驱动力来源将集群分成内源型集群和外源型集群;陆岸萍(2003)根据产业的科技含量将集群分为传统型集群和科技型集群等。笔者则从产业链的角度将产业集群分成垂直型集群和水平型集群。其中,垂直型集群指的是集群内部企业之间存在较为完善而明显的供应链网络关系。近年来有学者将这种集群网络与供应链网络耦合形成的产业集群称为链式集群(蔡彬清、陈国宏,2012)。而水平型集群则是指集群内的企业大多处于产业链的同一个层次或环节,相互之间没有明显的供应链网络关系存在。对应于链式集群的称谓,也可将这一类型的集群称为非链式集群。我们认为这种链式或非链式的集群类型会导致不同性质的共同利益,也会影响集群企业组成的利益集团的紧密程度,从而影响集体行动。因此,集群类型对集群企业集体行动的影响是需要探讨的重要因素之一。其次是集群的规模。集群规模会左右共同利益的形成以及个体集群企业对待共同利益的态度,从而影响集体行动的发展。奥尔森(1995)、奥斯特罗姆(2000)及波蒂特(2013)

等学者的大量研究表明,群体的规模与集体行动之间存在着密切的关系。从理论上讲,集群的规模与集群企业的集体行动也应该有很大的关联性。因此,集群规模可作为集群企业集体行动影响因素之一而进行深入探讨。

第二,从理性选择理论来看,集体行动的形成与发展很大程度上取决于组织者与(或)协调者的组织协调水平,即是否具有权威性以及能力是否强大等。在产业集群中,集体行动的组织与协调一般会由有影响力的龙头企业或者行业协会来担当。特别是在有地方性行业协会存在的集群当中,组织者与(或)协调者的角色通常都是由行业协会承担。所以,我们认为理性选择理论对集群企业集体行动影响因素研究来说主要就集中体现在行业协会层面。而集群企业集体行动的形成与发展很大程度上受行业协会治理水平的影响。而这里所谓的行业协会治理水平可以从行业协会运营水平(权威性和能力)与行业协会功能诉求(服务与协调)两维度交叉来理解。两者交叉之后便可得到图 4-1。由图 4-1 可知,行业协会治理水平具体可从服务权威性、协调权威性、服务能力和协调能力等四个方面来考察。当然,也可以简要地概括成服务与协调的权威性以及服务与协调的能力等两项。需要注意的是,根据图 3-3 关于本研究的总体概念模型设计可知,行业协会治理水平属于调节变量而非自变量因素。

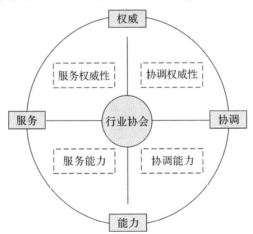

图 4-1 行业协会组织水平维与功能诉求维交叉四分模型

第三,从意识形态理论来看,集体行动可以由个体的意识解放水平和集体意识来解释。结合笔者的研究,主要在企业层次上进行应用。为了避免简单重复以往意识形态理论的研究,笔者认为企业层次的变量应该且完全可以结合外生性集体的特点选取或提出关键性的因素。因此,具体到外生性集体行动,笔者认为前文所述这种意识解放水平很大程度上就体现为个体集群企业对外生性事件的反抗意识发展水平。也就是说,集群企业的反抗意识对于外生性集体行动来说相对具有显著的针对性和代表性。

第四,从社会资本理论来看,集群企业的社会网络关系及其依附于此的社会资源与集群企业集体行动关系紧密。而对于外生性集体行动而言,相对更具有针对性和独特性的就是基于社会网络关系或依附于社会网络关系而滋生的来自其他个体、组织、机构或群体的资源或支持。我们将这一因素统称为"外部支持"。由于外生性事件具有明显的不公性和压迫性,易于引发涉案集群企业之外的其他具有"正义感"的第三方个体、组织或群体的不满,从而以舆论、信息、资金或其他形式的资源等形式给予显性的或者隐性的支持。而这种外部支持是集群内生需求相对难以激发的。因此,笔者认为外部支持与外生性事件及外生性集体行动具有更加独特而紧密的联系,从而提出将外部支持作为社会资本理论视角下集群企业外生性集体行动影响因素的观察变量之一。

第五,就政治机会研究来讲,我们无法简单地讲政治机会是否也是集群企业外生性集体行动的影响因素。因为,政治机会结构理论本身就是一个极具包容性的理论,并因此而广受评论者的批评(张晓杰等,2013)。当然,在相关变量的设计上同样也具有相当的灵活性。学者往往根据自身研究的需要对政治机会进行不同的解读和变量设计,笔者也将效仿这一做法。因为,如果我们只从制度的开放性和政治制度的稳定性等剖面来看政治机会,就不太好理解它们与集群企业集体行动的关系。而在我们的观察当中,如果从政策、法律和法规角度来看政治机会的影响就要清晰和容易理解得多。也就是说,政策、法律和法规对行动诉求的禁止程度和应允程度等对集群企业的集体行动关系更为直接和显而易见。并且,这些要素属于正式制度环境的性质,具有强制性的特征。从这一点上讲,它对集体行动无论是对外生性集体行动还是内生性集体行动的形成都有影响。但具体到外生性集体行动而言,由于其具有冲突性的特点,手段具有冲击力或暴力性。因此,其行为及手段是否为法律法规和游戏规则所许可就显得特别重要。因此,我们提出"制度许可"的概念,并认为它可作为政治机会结构理论视角下外生性集体行动的影响因素来进一步观察和研究。

上述的内容可以用表4-1简要予以呈现。

表 4-1　基于以往理论衍生出的集群企业外生性集体行动影响因素

相关理论	应用层次	外生性集体行动	变量层次	简要说明
利益集团	产业集群	集群规模、集群类型	自变量	类型的划分专指垂直型与水平型
理性选择	行业协会	权威与能力；服务与协调	调节变量	这是基于行业协会的地位与职能两维划分结果
意识形态	集群企业	反抗意识	自变量	指对外生事件的反抗意识发展水平
社会资本	集群企业	外部支持	自变量	外部既有产业集群之外的意思，也有集群企业之外的意思
政治机会	制度环境	制度许可	自变量	制度一般指正式制度，也包括政府态度

最后，还需要考虑的一个因素就是外生性事件本身对集群企业集体行动的影响。它是外生性集体行动的主要诱因。因此，外生性事件的一些特征或属性对于此类集体行动的形成势必是我们需要考虑的一个重要因素。我们将这一因素命名为外生事件。

综合以上内容可知，外生事件、反抗意识、外部支持、制度许可、集群规模、集群类型及行业协会等均会对集群企业外生性集体行动产生影响。但是，从变量的层次上讲，它们有所区别。根据图 3-3 所示的总体概念模型设计可知，行业协会治理是本项研究中的调节变量，而其他均为自变量。也就是说，从变量的角度来讲，本研究所谓的外生性集体行动影响因素主要是针对自变量而言，具体包括外生事件、反抗意识、外部支持、制度许可、集群类型和集群规模等六个要素。

由上可知，本研究是从多元理论视角来审视集群企业外生性集体行动影响因素的。事实上，我们认为基于多元理论视角识别影响因素组合的做法具有一定合理性，主要是基于以下两个原因。第一，从理论视角的相互关系上看，具有一定互补性。它们都是围绕集体行动是如何形成与发展的这一核心问题而展开，无非有些是侧重于从诱因或驱动力等角度来阐述和解释，而有些则侧重于从解决和克服"搭便车"等角度来探讨。从前文关于集体行动影响因素回顾一节中可以清楚地看到这样一个现象，即单个理论视角下对集体行动的解释力是非常有限的，而不同理论视角下的研究实际上是为解释集体行动提供了一种补充性的思路。并且，为加强解释力，不同理论之间有相互渗透的趋势,这些说明它们之间并不是冲突对立的,而是可以融合的。第二,就以往相关研究的实践来看,也是切实可行的。比较典型的研究是亚当斯(1982)提出的"四因素组合"。四因素实际上就是一个多元理论综合视角下的因素组合。它既包括了政治机会结构理论视角下的政治机会,也有意识形态理论视角下的抗议意识,还有社会资本理论视角下的其他群体反应①等。而本研究则是借鉴了该领域以往多元理论视角下影响因素分析的经验,提出了集群企业外生性集体行动的"六因素组合"。

至于上述这些从理论上假设的"六因素组合"是否符合集群外生性集体行动实践、是否覆盖了所有关键性影响因素以及各因素具体内容维度体现为哪些方面等问题则有待于通过部分探索性案例研究进一步深入探索、深化补充和去伪存真。

第五节　案例研究方法与设计

一、案例研究方法定位

案例研究作为一种质性研究方法,现已广泛地应用于社会学、管理学、人类学、政治学及心理学等诸多学科领域。已有大量相关案例研究文献表明,案例研究方法特别适用于回答"是什么""为什么"及"怎么样"(或"如何")等问题[殷(Yin),2009;西蒙斯(Simons),2009;邢小强等,2015;张一力、张敏,2015;吴炯,2016]。而本部分的主要任务是探索外生性集体行动的关键性影响因素究竟是什么的问题。从这个角度讲,案例研究方法与研究问题具有良好的匹配度。

案例研究有很多类型,如何定位本案例研究的类型是需要明确的先导问题之一。乔治和贝内(2005)认为案例研究主要包括六类,即非理论性个案研究、解释性案例研究、探索性案例研究、理论检验性案例研究、合理性

---

① 根据克兰德尔曼斯(1997)的研究,社会网络对集体行动的影响实际上是说明个体总是会处在一个群体当中的,个体的决策总是会受到相关群体的影响。亚当斯研究中的其他社会群体属于以上所述的相关群体的概念。所以,严格地讲,这一因素应视为社会资本理论视角下的产物。

初探案例研究和积木式案例研究等①。莱维（Levy）（2008）则根据研究目的的不同，将案例研究分为个案研究、假设提出性案例研究、假设检验性案例研究及合理性初探案例研究等四种类型。曹兴等（2010）则简要地将案例研究归结为探索性、描述性和解释性三类。那么，本研究属于哪一类型的案例研究呢？在前文的综述章节中，笔者梳理了集体行动相关理论（特别是集体行动影响因素的相关研究），然后在研究构思与模型设计章节中提出了集群企业集体行动影响因素的分析逻辑，并且基于这两者及本研究对外生性集体行动的理解，尝试性地提出了可能影响集群企业集体行动意愿的若干因素作为后续研究的参考性框架。但是，这些因素是否符合实情、是否合理以及是否具有一定程度上的全面性等问题会困扰和制约后续研究的开展。为此，需要通过初探性的案例研究来解决上述疑问，并由此决定如何开展进一步研究。由此可见，本研究既有探索性的工作，也有合理性初探的工作。因此，从不同类型划分的角度看，本研究的类型归属会有所不同。就以上三种类型划分而言，本研究属于曹兴等（2010）、乔治和贝内（2005）所述的探索性案例，属于莱维（2008）所述的合理性初探案例。

从案例研究方法的设计上讲，外生性集体行动影响因素的案例研究采用双案例多单元的跨案例嵌套式设计。具体来讲，跨案例指的是本研究将选取海宁经编产业集群企业抱团应诉巴西 PVC 反倾销的集体行动及海盐紧固件产业集群企业抱团应诉欧盟反倾销的集体行动两个案例，并进行跨案例分析。嵌套式案例研究指的是同一案例中拥有多个分析单元（殷，2002）。本研究在双案例的基础上，对每个案例都采用多个分析单元的设计，案例中的多个分析单元遵循复制逻辑，在性质上如同系列实验，可以在更大程度上保障得出的结论更加具有合理性和稳健性。

二、案例研究对象选择

一般而言，案例研究对象选择基于以下两个基本原则。一是案例的典型性或代表性原则［艾森哈特（Eisenhardt），1989］，二是研究的便利性原则［杨（Yan）、格雷（Gray），1994］。正是基于这两个原则，对于外生性集体行

---

① 单从术语上来看，这些类型有点难以理解。根据作者的解释，非理论性个案研究实际上就是对理论没有贡献的描述性案例研究类型；解释性案例研究是运用已有理论对现象进行解释的案例类型；探索性案例研究是识别出新的因果关系的案例类型；理论检验性案例研究是评估某个理论或者竞争性理论的有效性和范围条件的案例类型；合理性初探案例研究是指对新理论的初步探索，它决定着是否有必要进一步开展研究；积木式案例研究则是通过现象识别共同模式或者服务于特殊类型的探索性目的而设置的案例类型。

动的案例研究,笔者选择了海宁经编集群企业集体行动案和海盐紧固件集群企业集体行动案。

　　首先,上述两个案件都属于典型的外生性集体行动。之所以说两者是典型的外生性集体行动主要是基于两点。其一,从吻合度上看,两个案件都属于反倾销集体行动应诉行动。无论是巴西反倾销事件还是欧盟反倾销事件,都是由集群外部行为主体所引发的,并且对相关集群企业产生了不利影响,从而导致集群企业采取集体性应对行为。这与本研究对于外生性集体行动的界定完全吻合。其二,从影响力上看,第一个是巴西对华PVC反倾销案,它是海宁经编行业遭遇的大型案件之一,对海宁整个经编行业的影响与2010年欧盟对华高弹力丝反倾销案相当。第二个是欧盟对华紧固件反倾销案,嘉兴地区涉案企业多达90余家,这个案件曾被国家商务部列为大要案,足见其影响力之大。

　　其次,这两个案例的数据可获得性及研究的便利性程度相对较高。其一,从地理区域上,这两个案例所涉及的集群企业都在浙江,距离不是太远,且调研人员对该区域的社会文化也比较了解,有利于调研过程中的沟通与交流,以便于获取研究所需资料。其二,这两个案件由于其在当地行业内具有一定的影响力,当年《嘉兴日报》和《浙江日报》等主流媒体上都有相关的报道,有一定的公共渠道信息可供参考。尽管这些报道大同小异,且都是面上信息,所能获取的信息量不大,但至少能够使研究人员在开展实地调研之前,通过这些二手资料适当地了解上述两个案件的基本情况。相比于那些无法在主流媒体上找到任何信息的案例来说还是有相对的数据可获得性和研究便利性优势的。

三、案例研究数据采集

　　首先,二手数据的采集。二手资料作为案例研究的辅助性数据来源,主要是通过网络数据库获取。其中,海宁经编集群企业集体应对巴西反倾销案例研究的数据采集源主要包括《嘉兴日报》《中国纺织报》、浙江省商务厅网站和海宁市人民政府网站等。海盐紧固件集群企业集体应对欧盟反倾销案例研究的数据采集源主要包括《浙江日报》《嘉兴日报》等。通过这种方式累计获取海宁经编案直接相关的二手数据资料3914个字,累计获取海盐紧固件案直接相关的二手数据资料4603字,共计8517字。

　　其次,一手数据的采集。由于我们研究的是集群企业采取或参与集体行动的影响因素,需要采集的主要是集群企业层次上的数据。现有二手资料中大多涉及的是相关案件的面上信息，只能为案例研究提供部分数据，而无法完全满足研究所需。因此，一手资料的获取就显得非常重要。在此，我们主要将深度访谈作为一手数据采集方法。为了有效地开展调研，我们在正式访谈之前，做了以下三个方面的工作。第一，根据文献综述和理论分析所得的参考性框架拟定访谈提纲，列出访谈要了解的主要问题，并对提问语句进行口语化修订，使问句不至于太书面化或过于生硬。第二，通过网络或数据库搜索相关案例的二手资料，在访谈前认真阅读并记住一些基本信息，做到了解整个案件的基本情况，以便于在不同案件的访谈中提问与交流更有针对性和具体化。第三，拟定具体的调研计划和进度安排。在外生性集体行动的调研中，我们按计划从行业协会与集群企业两个层次收集相关信息。行业协会层面分别调研了海宁经编行业协会和海盐紧固件同业商会。在集群企业层面具体调研了 YLS 新材料、MS 新材料、HH 标准件和 SSM 紧固件等。数据采集的基本情况汇总如表 4-2 所示。

表 4-2　外生性集体行动影响因素案例研究数据采集基本情况

编号	单位名称	访谈对象	访谈时长	集群名称
JB1	浙江省经编行业协会	秘书	120 分钟	海宁经编
JB2	浙江 YLS 新材料有限公司	总经办主任	70 分钟	海宁经编
JB3	浙江 MS 达新材料有限公司	经理	90 分钟	海宁经编
JG1	海盐县紧固件同业商会	秘书长	80 分钟	海盐紧固件
JG2	海盐 HH 标准件公司	总经理	70 分钟	海盐紧固件
JG3	海盐 SSM 紧固件有限公司	总经理	90 分钟	海盐紧固件

四、数据分析方法

(一)多级编码过程

现有案例研究中对于文本分析的主流编码过程主要有三种，第一种是完全开放式的编码过程，主要用于对完全未知理论的探索性案例研究当中。第二种是完全封闭式的编码过程，即预先设定变量，再严格按照设定变量进行编码(于春玲等，2012)。第三种是半封闭式(或半开放式)的编码过程，即按照预设变量进行编码，但也不拒绝基于案例材料的新变量涌现。从上述过程类型上看，本研究在实际操作中执行的是类似于半封闭式编码过程。

首先,对获取的所有案例数据进行一级编码,得到影响集群企业采取或参与集体行动的基础条目库,共计 140 条。其次,在一级编码的基础上,利用 Nvivo8 中的自由节点和树节点编码功能完成二级编码。最后,根据预先设定的外生事件、反抗意识、外部支持、制度许可、集群类型和集群规模等关键因素,将二级编码结果分配到相应的变量中去,对于无法分配到预设变量中去的二级编码则在参考相关文献的基础上通过三级编码的形式形成新的变量。

(二)多级编码策略

首先,关于资料来源的编码策略。我们将两个案例中所有的二手资料来源编码为 D1,将一手资料中的行业协会数据来源编码为 D2,将一手资料中的集群企业数据来源编码为 D3。确定资料来源之后,对案例材料进行归纳整理,可以看到具体的数据来源结构。其次,关于资料内容的编码策略。我们分成两个编码小组,每个小组由两名编码人员组成。两个编码小组对资料内容进行背对背编码,而小组内成员则要充分交流和沟通意见。小组编码完成之后,对两组编码结果进行比对。对于编码有差异的地方,两组成员分别陈述各自原理,再由具备质性研究经验及相关理论知识的专家学者进行辨析并表达意见,在达成一致意见后,按讨论结果进行编码修正。

第六节　案例研究结果与发现

为了使编码能够充分而真实地呈现出数据涌现的结果,我们对编码小组成员进行了相应的培训并与之进行充分的沟通,使编码人员了解本项研究的编码过程和编码策略,并且对研究所涉及的若干关键性概念及其要义有较为透彻的认知和理解。在此基础上,由两个小组分别开展独立的编码工作。为检验两个小组编码结果的一致性程度,本研究在关键概念层次上测算了 $Kappa$ 系数,结果如表 4-3 所示。

根据经验性的判断标准,当 $Kappa$ 系数大于 0.7 时,可认为检验对象的一致性程度较为理想;而当 $Kappa$ 系数小于 0.4 时,则认为检验对象的一致性程度不够理想。笔者首先对整体编码一致性程度进行了检验,结果显示 $Kappa$ 系数为 $0.885(p<0.001)$,渐进标准误差为 0.028。表明编码结果整体一致性程度比较理想。在此基础上,笔者再进一步检验了各个概

念或影响因素层次上的编码一致性程度,具体结果如表 4-3 所示。从表 4-3 呈现的检验结果来看,外生事件($K=0.824,p<0.001$)、反抗意识($K=0.821,p<0.01$)、外部支持($K=0.761,p<0.001$)和制度许可($K=0.780,p<0.001$)、集群规模($K=0.780,p<0.05$)等五个构念或影响因素的 $Kappa$ 系数值大于 0.7 且近似值均达到了统计显著水平,表明两个小组对以上五个构念或影响因素的编码结果取得较为理想的一致性。而集群类型的 $Kappa$ 系数为 0.667,虽然低于 0.7,但与 0.7 比较接近,其一致性程度仍然属于可以接受的范围。

表 4-3　两个小组独立编码结果的一致性检验

序号	三级编码	二级编码	援引示例	K	p
1	外生事件	针对性	"涉及的企业主要就是海宁的,其他地方,周边也有几个,但比较少,只有……"	0.824	0.000
		伤害性	"作为主要涉案区域,嘉兴紧固件产业遭受了重创……对我们企业的影响还是很明显的"		
		不公性	"……应该按照我们市场的原材料成本……人工你算去肯定反倾销不成立的,所以他们就找了个印度企业作为参考,显然是不公平的"		
2	反抗意识	认为应该抗争	"……我们积极性是很高的,没说二话就参与应诉了,我觉得应该争取一下"	0.821	0.001
		想要改变现状	"……我们这个官司肯定要打,不然企业难以生存……刚好协会组织大家一起集体应诉,就参加了"		
3	外部支持	精神与舆论支持	"媒体也在跟踪报道……""毕竟舆论那么多,影响力多大呀……大家都来关注这个事情,有可能这个事情反而会对我们有利"	0.761	0.000
		物质、信息与智力支持	"……法律援助这个很重要,因为企业也不是特别了解法律这方面的问题……"		

续表

序号	三级编码	二级编码	援引示例	K	p
4	制度许可	合法合规性	"当时规定出口 100 万美元以上的企业必须应诉。就是当年出口 100 万美元,如果你不应诉,必须说明情况……"	0.780	0.000
		地方政府许可	"反倾销案中商务部与地方商务主管部门、行业协会、涉案企业'四体联动'……"		
5	集群类型	集群企业分工	"……纵向分工有还是有""……分工不是很明显,很多企业做的东西都差不多"	0.667	0.088
		集群企业合作	"除了像……这种大型企业可以一条龙生产,其他基本都会跟其他企业有多多少少的合作"		
6	集群规模	产品相近企业	"海宁这边比较多的……大家做的东西都差不多,韩国那边也有做,有两家做得还不错的"	0.780	0.016
		经营规模相近企业	"……那里①企业没有海盐多,实际上大企业比海盐多,海盐这边差不多的小企业多""小企业多,导致行业不规范……"		

　　由表 4-3 呈现的数据可知,总体上来讲两个小组编码结果的一致性程度比较高。这说明前期两个小组背对背独立编码的工作颇为理想,这为后期编码比对和差异性调和奠定了较好的基础,减少了工作量并节约了时间。遵照编码策略中述及的方法,研究人员、编码人员和第三方专家对具有异议的条目及其编码进行了阐述、辩护和修订。最后,研究人员得到了关于外生性集体行动关键性影响因素的最终编码结果,如表 4-4 所示。

---

① "那里"指的是被誉为"中国紧固件之乡"的宁波镇海紧固件集群,特别是九龙湖产业集聚带。

表 4-4　外生性集体行动关键性影响因素最终编码结果

| 序号 | 三级编码 | 二级编码 | 案例一条目数/条 | | | 案例二条目数/条 | | | 合计/条 |
			D1	D2	D3	D1	D2	D3	
1	外生事件 (34)	针对性	3	1	2	3		1	10
		伤害性	3		6	3		5	17
		不公性		1	2	2		2	7
2	反抗意识 (17)	认为应该抗争			2	1		1	4
		想要改变现状			4	3		6	13
3	外部支持 (37)	精神与舆论支持		1	2	1			6
		物质信息与智力支持		3	12	5	6	5	31
4	制度许可 (37)	合法合规性		2	2	4	4	2	14
		地方政府许可	1	5	9	3	4		23
5	集群类型 (6)	集群企业分工			2				3
		集群企业合作			1			2	3
6	集群规模 (7)	产品相近企业		1	2			1	4
		经营规模相近企业			4				4
合计			7	14	50	25	15	29	140

注:如前文所述,案例一指的是海宁经编反倾销案,案例二指的是海盐紧固件反倾销案;D1、D2 和 D3 依次分别表示数据来源的差异:二手资料(D1)、行业协会层面的一手资料(D2)和集群企业层面的一手资料(D3)。

第七节　案例研究结果讨论

首先,通过案例研究在变量层面确定了外生性集体行动的关键性影响因素,包括外生事件、反抗意识、外部支持、制度许可、集群类型和集群规模等所构成的"六因素组合"。事实上,在案例研究过程当中,曾一度"涌现"出新的变量,即龙头企业的"示范效应"。对于案例中相关龙头企业的示范作用所产生的影响,起初曾被其中一组编码成员识别成一个新的变量,暂命名为"示范效应",而另一小组则把它编码为既有的"反抗意识"。经多次辩护后一致认为可将其归为"反抗意识"变量。核心理由主要在于:第一,龙头企业在面对反倾销时率先发出抗辩的声音,并且积极出资咨询律师和专家关于应对的措施和策略等,龙头企业对反倾销表现出来的积极抗争态度本身就是反抗意识的一种体现。第二,龙头企业这些举动在一定程度上加大了其他集群企业对反倾销诉讼的不满情绪,从而激起他们"想要改变现状"的欲望。所以,从内在逻辑上讲,龙头企业示范作用归入反抗意识因素较为合理。鉴于上述缘由,我们最终将其归为反抗意识,而没有单列出来。

其次,案例研究发现并明确了作为外生性集体行动影响因素的自变量测量方向。第一,案例验证了"外生事件"从针对性、伤害性和不公性等方面来观察是较为妥帖的,能够突出外生事件对集群企业集体行动意愿的关键影响面。第二,案例研究发现"反抗意识"的考察主要体现为集群企业主观意识上的差异,具体表现在"是否觉得应该抗争"以及"是否想要改变现状"等方面。第三,案例研究发现"外部支持"可归结为两个方向来考察,一个是精神和舆论层面的鼓励和支持,偏向于非物质方面的考量;另一个是物质和智力层面的支持,比如资金、信息和知识等方面的考量。第四,案例研究中的"制度许可"主要体现为合法合规性及地方政府许可两个方面。前者主要是考察法律法规对类似行为的许可情况,后者主要考察作为地方规制者代表的地方政府对类似行为的许可情况。第五,案例发现"集群类型"主要可从集群企业之间的分工程度和合作程度等方面来考察。案例中的集群企业间分工指向的是基于供应链各环节的分工情况,在多大程度或比例上分处于不同的供应链环节之上。案例中的集群企业间合作指向的也是集群企业相互之间基于供应链的合作关系,即在集群范围内企业之间多在程度上有供应链上的合作关系。第六,案例研究还发现"集群规模"对集群企业集体行动意愿有着比较微妙或隐匿的影响。案例中的集群规模特指集群企业对"同类企业"数量的感知。虽然,从表面上看,反倾销应诉集体行动的直接受益人是行动的参与人;但是,除了显性收益之外,反倾销集体行动一旦成功还会具有"隐性溢出效应",即如果反倾销应诉集体行动成功,其他同类集群企业后续在目标市场遭遇反倾销诉讼的概率就会大大下降。也就是说,在一定程度上坐收了集体行动之利,而不用任何行动投入。而我们知道,反倾销集体应诉牵涉投入还是比较多的,这就使得集群企业对参与行动持犹豫态度,对行动意愿产生不利影响。

第五章 内生性集体行动影响因素的案例研究

第一节 引言:研究问题的提出

从第二章关于集体行动相关研究综述中已知集体行动可根据多重划分标准,划分出许多不同类型的细分集体行动。就集群企业集体行动而言,我们注意到也有明显的类别差异。在前一章中已经阐述并研究过的集群企业外生性集体行动是其中的一类。从集体行动的直接诱发因素来源来看,这类所谓的外生性集体行动是由来自集群外部"压力"而引发。除此之外,还存在着另一类集群企业集体行动,比如永康运动休闲车集群企业集体维权行动。永康运动休闲车集群企业在认识到相互抄袭和仿制之害之后采取了集体维权行动,并取得了长期成功。这类集群企业集体行动有别于前者,其直接诱发因素来自集群内部,由集群内部"压力"而引发的集群企业集体行动,或可称为集群企业内生性集体行动。我们注意到,虽然永康运动休闲车集群企业集体维权行动成功了,但在其他地区同样是抄袭与仿制盛行的产业集群中,集群企业却未能有效形成并成功开展类似的集体行动。由此,我们不禁产生另一个类似于第四章中开篇所述的问题,即是什么原因或哪些主因导致了上述现象之间的差异呢?

虽然,在前文中我们已经基于多元理论视角和部分探索性案例对集群企业外生性集体行动的前置因素进行了探索,提出了影响集群企业外生性集体行动意愿的"六因素组合"。然而,正如我们在前文中已经阐述过的那样,集体行动的影响因素会因类型而异。也就是说导致内生性集体行动成功与否的前置因素可能会有别于外生性集体行动的前置主因。因此,关于集群企业内生性集体行动的关键性前置因素是什么或有哪些的问题需要另外重新进行探索和回答。

同样地,为探索和回答上述问题,本章也将基于第三章中所述集群企业集体行动影响因素研究基本逻辑思路,运用和外生性集体行动影响因案例研究相同的分析过程、分析方法和技术手段,对集群企业内生性集体行动的主要前置因素进行研究。即首先从探讨集群企业内生性集体行动的概念、特征及其与外生性集体行动的区别等入手,对集群企业内生性集体行动建立起基本认知。而后,基于多元理论视角和内生性集体行动的特点对内生性集体行动的前置因素进行演绎与推导,初步形成理论预设。最后,运用部分探索性案例研究思路进行案例研究设计、数据采集和分析,并基于案例研究结果对理论预设进行修正、补充和完善。其结果一方面旨在回答本章开篇所提问题,另一方面还在于为后续内生性集体行动主因效应的理论分析和理论构建奠定基础。

第二节 集群企业内生性集体行动的概念解析

一、集群企业内生性集体行动的概念界定

首先,初步理解内生性集体行动。就任何一个普通团体而言,往往会存在着某些共性利益或目标,也会不断地滋生出其他新的共性利益或目标。不同的是,有些共性利益或目标是在团体外部的压力刺激下滋生出来,而有些共性利益或目标则可能是在团体发展过程中内在需要刺激下滋生出来。通过上一章的研究内容,我们已经知道为实现前面一种共性利益或目标所形成的集体行动就是外生性集体行动。那么,为实现后面一种共性利益或目标所形成的集体行动则就是内生性集体行动。简单来讲,集群企业内生性集体行动就是将"团体"概念特定化为集群,将"团体成员"概念特定化为集群企业。

其次,认识集群企业内生性集体行动。产业集群可以看作具备产业相似性和地理邻近性两大特征的企业所组成的群体。正因为集群这个群体具有上述两个特征,在集群的发展过程中往往存在着许多共性利益和共性需要,如共性技术研发、知识产权保护、区域内环境治理、区域内基础设施维护、区域市场建设和品牌构建等。这些实际上是出于集群自身发展的考虑而滋生出来的内在需要,可称之为集群内生性需求。而为了实现这些共性需求所开展的活动往往需要集群企业的共同参与和集体行动,这种由内生性需求所引发的集群企业集体行动就被称为集群企业内生性集体行动。因此,集群企业内生性集体行动的概念可界定为集群企业为解决集群发展过程中滋生出来的内生性普遍需求或共性问题而采取或参与的联合行动。

二、集群企业内生性集体行动的特征分析

为更好地理解内生性集体行动的概念,笔者也尝试对其特性进行了描述。具体而言,内生性的集体行动具有以下几个特点。

(一)内生性集体行动的诱因具有内在性

内生性集体行动的诱因是产业集群的内生性需要,它具有内在性的特点。可以从两个方面来理解内在性,一方面是指这种需要从空间范围来看是源自产业集群内部,而不是集群外部;另一方面是指这种需要是集群发展过程中由集群内组织和机构通过学习或在外部刺激的帮助下主动地自我发现的,是一个潜在需要的自我发现和自我挖掘的过程。

(二)内生性集体行动的目标具有增效性

从增效形式的角度,我们可以从以下两个方面来理解行动目标的增效性。其一,通过采取集体行动的方式消除或缓解集群内滋生或存在的不利因素从而实现增效。比如,集群内知识产权保护方面的集体行动,通过集体防范和打击侵权行为以缓解其不利影响。从短期和个体的角度来看,对某些集群企业短期内的利益反而具有伤害性,但从长期和群体的角度来看,无疑具有明显的增效性。其二,通过采取集体行动的方式补充或强化有利因素从而实现增效,即在原有利益的基础上,主张一些之前没有的权利或利益。比如,集群内的共性技术研发,通过解决集群企业面临的公共技术难题破解发展瓶颈,从长期来看其增效性也是显而易见的。

(三)内生性集体行动的手段具有温和性

从内生性集体行动的概念界定及行动目标可知,集群内生性集体行动旨在提升集群的竞争力,促进集群的可持续发展。这些目标是不可能在短期内实现的,而需要集群内企业之间形成相对稳定的长期合作。因此,作为集体行动的手段必须具有温和性,而非冲突性的或是暴力性的,这样才具备可持续开展的基础。

内生性集体行动是一种普遍存在的集体行动类型,在各种民众团体或组织团体中都广泛存在。为了更好地理解内生性集体行动,下文将引入两个案例来进一步阐述上述观点。

案例1:一个位于黑龙江省东北部的三江平原上的小生产队——二队,归属于黑龙江省农垦总局管辖。20世纪70年代末才开始开垦

建队,现有居民五十多户,聚居在不足一平方公里的村落中。这里以粮食种植为主,没有任何的工业、企业,也没有人外出打工。村中民风淳朴,村民的村庄认同感较强。2002 年,随着全国农村合村并组的浪潮,二队被并入了十连,成为十连的一个村民小组。二队距离十连有七八里的路程,交通状况非常糟糕,只有一条狭窄的土路与之相连。修路是村民的一个夙愿,因为他们已饱尝多年"行路难"之苦。每逢雨季,这条路便泥泞不堪,这不仅给他们的生活带来极大的不便,更是严重影响了他们的农业生产活动。村民认为路之所以这么多年没有修,主要的原因就是没有引起场里领导的重视。因此,这次采用集体上访的方式,就是要使场里的领导意识到问题的严重性与紧迫性。①

案例 1 是一起村民修路的集体行动。首先,从诱因上看,本案例中的集体行动并不是由外部突发事件所直接引发的,而是由村庄内部利益,即改善出行的便利性,所驱使形成的集体行动,具有诱因内部性特征。其次,从目标上看,行动的目的与前文关于外生性集体行动所引用的例子也有所不同,它不是为了维护村庄原来既有权益实现权利重新回归或利益的再平衡,而是为了增进或争取村民群体改善出行的新利益所采取的集体行动。最后,从行动手段上来看,本案例中村民采取了集体上访形式。集体上访总的来说仍然属于温和性手段。所以,上述案例属于内生性集体行动。当然,如果村民不是集体上访,而是以集体出资和分工出力的形式,通过集体努力把道路修起来,从行动手段上也都符合温和性特征。事实上,村民意识到道路差,出行不便,并通过集体行动,共同出资出力铺路架桥的案例在现实生活中是颇为常见的。比如,胡登胜、王瑞琳(2015)文章中提到的湖北省 H 县 W 村修建道路的集体行动和王觅琪(2014)研究中所讲述的江西省宜春市三个自然村集资修路的村民集体行动等都是如此。再比如案例 2,是组织社会学领域的一次内生性集体行动。

案例 2:2004 年 6 月,沃尔玛通过中间采购商,同时向永康市 8 大企业下单采购电动滑板车,数量达 10 多个品种上百万辆。该市企业之间相互低价竞争,致使这个价值数亿元的沃尔玛"大单"搁浅。《浙

---

① 本段文字材料来源于崔永辉和徐超发表于 2006 年第 10 期《社会工作》(第 56—58 页)上的文章《维权背后的农民行动逻辑》。该文描述了村民为了修路而发起的集体行动,并指出了舆论对于村民集体行动的关键性影响。

江日报》7月22日五版以"沃尔玛'大单'不太好接"为题报道该事件后,立即引起了永康市委市政府的高度重视,该市立即组织电动车滑板车企业到温州取经,深入调查分析恶性竞争的成因和研究制定对策。仿冒侵权成风是恶性竞争的根源。永康五金产品总量虽然居全国之首,但由于企业间仿冒成风,整个行业产品雷同,缺少个性。仿冒侵权成风还严重挫伤了企业研发新产品的积极性,造成产业层次低、科技含量低、核心竞争力不强,大家同挤一条"独木桥",你争我夺搞低价竞争;而仿冒侵权成风的原因则是缺少"规矩"。吃尽恶性竞争苦头的永康市130多家企业主最终在行业协会和政府有关部门的组织和协调下,在《维权公约》上签下了自己的名字,一致承诺打击仿冒侵权,遏制不正当竞争;抱团作战,共同对外。①

案例2所述及的集体行动属于典型的集群企业内生性集体行动,比较好地体现出内生性集体行动的三个特征。第一,上述行动开展的直接诱因是集群企业意识到企业之间互相比价、恶性竞争、抄袭成风对谁都没有好处,长此以往只会让形势越来越糟糕,到最后谁也占不了便宜。显然,它属于集群内部因素,同时也是集群企业内在自我需要的发现,体现出了直接诱因的内在性特征。第二,集群企业通过集体行动旨在遏制群内不正当竞争,抵消或缓解群内现有的不利因素,从而达到保护集群和集群企业健康发展的目的。符合上文中关于目标具有增效性的第一种情形。第三,本案例中集体行动所采取的形式是达成《维权公约》,接受相关集群企业、行业协会和政府有关部门等集体监督,自愿遵守公约行事,承担违约相应的责任。在手段上是非冲突非暴力的,具有温和性特征。

三、内生性集体行动 vs 外生性集体行动

内生性集体行动与外生性集体行动是两类特色鲜明且区分明显的集体行动。对比一下,两者主要在以下四个方面有着显著差异。第一,诱发因素有别。外生性集体行动是由外生事件引发,从表面上看外生事件是其直接诱因;而内生性集体行动则是由内生需求所引发,内生需求才是其直接诱因。第二,诱因来源有别。外生性集体行动的诱因来自产业集群之

---

① 资料来源于吕纯儿和章刚正撰写的《永康电动车滑板车企业用维权公约治恶性竞争》,原文刊登于《浙江日报》,浙商网(http://www.zjsr.com)有转载。部分文字略有删改。

外,而内生性集体行动的诱因则来自产业集群之内。第三,目标性质有别。外生性集体行动旨在消除外来的威胁,弥补受损的利益,具有明显的补偿性质;而内生性集体行动则旨在实现新的权利,主张新的利益,具有增益性特征。第四,行动手段有别。外生性集体行动的手段往往具有冲突性或暴力性,会伴随着激烈的碰撞;而内生性集体行动的手段则具有明显的温和性,强调可持续性、长期性和稳定性。以上关于两类集体行动的主要区别可简要地以表 5-1 来概括。

表 5-1　内生性集体行动与外生性集体行动的区别

项目	类　型	
	外生性集体行动	内生性集体行动
诱发因素	外生事件	内生需求
诱因来源	外部性	内部性
行动目标	补偿性	增效性
行动手段	冲突性	温和性

第三节　集群企业内生性集体行动影响因素的理论预设

对于内生性集体行动影响因素的初步构思,我们仍旧首先从以往传统理论出发,再结合内生性集体行动的性质及表征引申出特定的影响因素组合。这样做,一方面是通过理论寻根,使我们的研究与以往理论有一个较好的衔接,做到有继承有发展;另一方面,则是希望在这种继承与发展的基础上延伸出有针对性的具体影响因素,以利于指导和推进后续的案例研究,使案例研究有参考的指引方向。但是,需要在此略做说明的是,我们在第四章关于"外生性集体行动影响因素的提出"一节中采用的也是从以往传统理论出发并结合外生性集体行动的性质及表征进行引申的方式提出外生性集体行动影响因素设想。这两节内容实际上有着重要的联系,甚至部分内容是重合的,因为在影响因素提出的总体思路上两者是相通的。为突出内生性、外生性集体行动影响因素提出思路上的共性,同时避免内容上的重复,我们会将本节内容与前面相应章节内容做简单呼应和对比,以便于更好地理解。

一、利益集团理论对集群企业内生性集体行动影响因素研究的启示

从第二章有关利益集团理论的回顾中可知共同利益是驱使相关主体采取或参与集体行动的驱动因素。并且,第四章关于"外生性集体行动影响因素的提出"这一部分对利益集团理论进行了延伸性思考。通过该延伸性思考我们可知以下两点。第一,利益集团理论在本研究中的应用主要体现在产业集群层面,即可以结合集群层面上的要素或特点来思考由利益集团理论所引申出来的具体影响因素。第二,从集群层面上的要素来讲,集群类型和集群规模被视为集群企业集体行动的具体影响因素,即集群类型和集群规模的不同会导致集群企业共同利益与利益集团的形成及程度差异,从而影响集体行动的形成与发展。并且,第六章的实证分析也进一步证实了集群类型和集群规模对外生性集体行动的影响。我们认为集群层面的这两个要素在内生性集体行动的分析中同样适用。虽然,从变量名称上看,集群类型和集群规模两个变量均没改变,但它们对内生性集体行动的作用逻辑及影响大小却有可能会与其对外生性集体行动的影响而有所差异。因此,在内生性集体行动影响因素的探讨中仍然需要观察和讨论集群类型和集群规模对内生性集体行动可能产生的具体影响。

二、理性选择理论对集群企业内生性集体行动影响因素研究的启示

从前文与此节对应章节的阐述中,我们知道理性选择理论对集群企业集体行动影响因素研究的启示主要体现在行业协会层面,从而提出将行业协会治理作为考察因素。并且,在前文中已然分别从水平和内容两个维度对行业协会治理进行了相应的剖析。由图 3-3 总体概念模型设计已知,行业协会治理是不可或缺的调节性变量。综合以上两点,笔者认为在集群企业内生性集体行动影响因素的研究中,行业协会治理仍然是一个必不可少的且切实可行的观测因素。但鉴于这一因素属于调节性因素,难以通过案例分析的形式进行探索和识别,故在案例研究中不纳入考察。

三、意识形态理论对集群企业内生性集体行动影响因素研究的启示

意识形态理论强调了从个体意识发展和认知状态的角度去理解其采取或参与集体行动的行为。在外生性集体行动影响因素研究中,笔者结合了意识形态理论的思想及外生性行动的特征,提出了将"反抗意识"作为观察因素。因为在外生性行动中,外生事件会形成"压迫感"和"被剥夺感",

参与行动就意味着抗争,所以"反抗意识"是形象且恰当的。而在内生性集体行动中,这一因素就显然不太适合。因为,内生性集体行动具有温和性和持续性特征,需要集群企业之间长期合作及持续性参与。根据这一特点,我们认为"长期导向"作为集群企业意识或认知层面的观察因素更为妥当。因为"长期导向"本身指的就是组织对未来表现出积极的态度,追求长远的利益和目标,并愿意为长期目标而进行持续性投入。

四、社会资本理论对集群企业内生性集体行动影响因素研究的启示

前文中,我们根据外生性集体行动诱发因素的针对性、不公性和伤害性等特点,提出了将"外部支持"作为社会资本理论视角下外生性集体行动影响因素之一进行研究。同时,我们也认识到了在内生性集体行动中,其诱发因素不具备这样的特性,相对而言难以激发涉案企业之外的其他个体、组织或群体的所谓"公愤"或"义愤"及相应的声援或支持欲望。内生性集体行动的诱发因素更像是集群企业的"家务事",而家务事需要家庭成员自己解决。特别是那些核心家庭成员更应该或者愿意采取措施解决或参与这些事务的解决。如果我们把集群看作"家庭"的话,那么相对应该或愿意参与集群公共事务的往往是那些受集群环境影响较大较深的,与其他集群企业、本地其他组织、机构或群体关系密切及联系紧密并受此关系和联系影响较为明显的集群企业。我们将这种类型的集群企业称为"本地嵌入"性强的集群企业。鉴于此,我们提出将"本地嵌入"作为社会资本理论视角下集群企业内生性集体行动的影响因素来进一步观察和研究。

五、政治机会理论对集群企业内生性集体行动影响因素研究的启示

前文中,我们根据外生性集体行动的特点提出了将"制度许可"作为政治机会理论视角下外生性集体行动的影响因素。这也是充分考虑到外生性集体行动具有冲突性和暴力性特点,因此行动的制度禁止逻辑是相对适用的。而就内生性集体行动而言,其目标具有长期性,手段具有温和性,产出具有明显的公益性等特点。其中,很重要的一点是内生性集体行动目标往往是服务于集群长期可持续健康发展的,如集群品牌保护、集群环境治理、集群企业共性技术研发等,此类集体行动是理应受到政府或制度支持和鼓励的行为。所以,制度鼓励逻辑相应地更加贴切。鉴于此,我们提出并认为"政策激励"对于这些内生性集体行动的形成与发展有重要的影响。因此,将"政策激励"作为政治机会理论视角下内生性集体行动的影响因素

来进一步观察和研究。

由以上分析可知,从变量层次上讲,由利益集团理论和理性选择理论所衍生出的内生性集体行动影响因素所要观察和研究的集群规模、集群类型、行业协会治理等三个变量与外生性集体行动中所用变量名称是相同的。而由意识形态理论、社会资本理论和政治机会理论所衍生出的内生性集体行动影响因素所要观察和研究的变量与外生性集体行动中所用变量是不同的。在外生性集体行动中,我们分别提出并采用了反抗意识、外部支持和制度许可等。而在内生性集体行动中,我们提出并拟将采用的是长期导向、本地嵌入和政策激励等三个变量,汇总说明如表 5-2 所示。

表 5-2　基于以往理论衍生出的集群企业内生性集体行动影响因素

理论	应用层次	内生性集体行动	变量层次	简要说明
利益集团	产业集群	集群规模、集群类型	自变量	类型的划分专指垂直型与水平型
理性选择	行业协会	行业协会治理（权威性、能力）	调节变量	这是基于行业协会的地位与职能两维划分结果
意识形态	集群企业	长期导向	自变量	追求长远的利益和目标,并愿意为长期目标而进行持续性投入
社会资本	集群企业	本地嵌入	自变量	经济行为受本地集群环境及其与本地其他集群企业、组织、机构等关系的影响程度
政治机会	制度环境	政策激励	自变量	指政府或政策对行动的支持与激励程度

注:灰色的两栏表示内生性集体行动所考察的变量与外生性集体行动是相同的,在变量层面没有差异。

最后,从直接诱发因素的角度,我们认为作为内生性集体行动诱发因素的内生需求与集群企业采取或参与集体行动与否的决策也具有密切的关系。内生需求自身的一些特定属性或特征对集群企业的刺激程度是有差异的,可在一定程度上影响集群企业的行动意愿。我们将这一因素暂命名为"内生需求"。至此,我们得到了包含自变量和调节变量在内的七个因素。但是,一般意义上研究所指的影响因素均指的是自变量层次上的因素。因此,从这一点上讲,通过上述分析可得作为集群企业内生性集体行动影响因素的"六因素组合",即内生需求、长期导向、本地嵌入、政策激励、集群规模和集群类型,并以此作为后续内生性集体行动案例研究的框架基础。

第四节　案例研究方法与设计

一、案例研究方法定位

关于案例研究方法的定位,我们拟从案例研究方法的适用性、案例研究的类型定位以及案例研究的框架设计等三个方面进行阐述。

首先,案例研究方法在本章研究中的适用性分析。前人已有的大量研究表明,案例研究特别适用于回答"是什么""为什么"及"怎么样"(或"如何")等问题(殷,2009;西蒙斯,2009;邢小强等,2015;张一力、张敏,2015;吴炯,2016)。而本章重点要探讨的就是内生性集体行动的影响因素究竟是什么的问题,属于案例研究方法特别适用的主流领域之一。因此,案例研究方法在此处的应用具有较强的适用性。

其次,案例研究的类型定位分析。案例研究有许多不同的类型,学者们对于类型的划分也有着不同的观点,具体参见乔治和贝内(2005)、莱维(2008)和曹兴等(2010)所做的研究。综观前人的研究,我们发现较为普遍的划分方法是基于案例数量及研究目的两个标准进行若干分类。其一,从案例研究所使用的案例数量角度来分,可分成单案例研究、双案例研究和多案例研究。其中,多案例研究一般指的是使用案例数量在三个及以上的情形。其二,从案例研究的目的角度来分,可分成描述性、解释性和探索性三种类型。其中,描述性案例着重对问题的出现、问题解决过程及结果进行描述,从而揭示出一般性规律或提出理论性命题等。具体的研究包括汤谷良等(2010)对海尔集团 SBU 制度的描述性研究;再如,肖海林和闻学(2006)对华为公司进行研究时提出的在超级竞争条件下企业整体管理的三个基本维度。解释性案例一般用于因果关系型研究,应用案例对因果关系进行解释或者说在一定程度上进行验证。从这一点上讲,一些假设检验性案例及理论验证性案例等都可以视作解释性案例的子类或具体形式。应用此案例方法的研究,包括李华晶和王睿(2011)以北大方正和清华同方等企业为例,解析知识创新系统对大学衍生企业的影响。探索性案例属于一种试验性质的研究,往往在研究之前没有明确的理论假设,而是试图通过案例来发现新事物或新事物之间的关系,或者进一步在此基础上提出理论假设和理论命题。相关研究包括杨志勇和王永贵(2016)以中材集团为对象,发现了母子公司互动对公司知识创造及突破性创新的影响机制;彭华涛和萨多夫斯基(Sadowski,2014)以荷兰埃因霍芬高科技园区为对象,发现了开放式创新网络形成与演化的三种形式及两个决定性影响因素。

那么,究竟如何定位本案例呢?第一,从案例数量的角度看,本案例研究属于双案例或广义上的多案例研究。在研究中,我们将分别以海盐紧固件集群企业抵制低价恶性竞争集体行动和永康运动休闲车集群企业维权公约集体行动为对象开展案例研究。严格地讲,这属于双案例研究;宽泛地讲,这属于广义上的多案例研究。第二,从案例目的的角度看,本案例属于部分探索性案例研究。探索性案例按照探索程度又可细分为完全探索性和部分探索性两个子类。完全探索性案例不仅耗用时间长,而且没有很高的理论造诣的学者是很难驾驭的。正因如此,我们看到的很多探索性案例实际上都属于部分探索性案例研究的范畴。而就本案例来讲,虽然从研究目的上看,我们期望通过案例研究明确集群企业内生性集体行动的关键性影响因素具体有哪些问题。但是,鉴于调研对象时间有限,同时为避免案例研究的盲目性,提高研究人员对案例探索的驾驭性,我们参照了现有管理学和社会学探索性案例研究的既定做法,在开展案例探索之前做了一些理论铺垫,为案例探索奠定了一定理论基础。因此,宽泛地讲,本案例属于探索性案例性质;严格地讲,本案例应属于部分探索性案例。综合以上两点,本案例的类型定位就已然浮现出来,即本案例属于探索性双案例研究,类型定位图如图 5-1 所示。

最后,本章案例研究的框架设计。从案例研究方法的设计上讲,集群企业内生性集体行动影响因素的案例研究将采用双案例多单元的跨案例嵌套式设计。具体来讲,跨案例体现在本研究选取的两个案例上,即选取海盐紧固件集群企业集体抵制低价恶性竞争案和永康运动休闲车集群企业维权公约集体行动案作为两个具体对象,跨两个案例进行分析。嵌套式研究指的是同一案例中拥有多个分析单元(殷,2002)。本项研究在双案例的基础上,在对每个案例的处理上又采用多个分析单元的设计。在海盐紧固件集群企业抵制低价恶性竞争案中设计包含紧固件行业协会和紧固件集群企业在内的两个分析单元;在永康运动休闲车集群企业维权公约集体行动案中也设计了包括电动车协会和电动车集群企业在内的两个分析单元。两个案例中的多个分析单元遵循复制逻辑,在性质上如同系列实验,可以在更大程度上保障得出的结论更加具有合理性和稳健性。

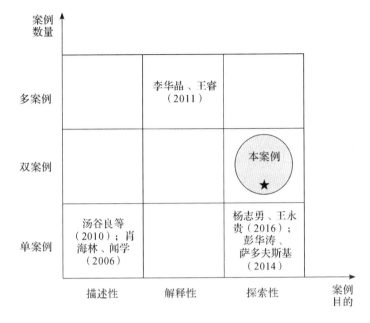

图 5-1　本案例研究的类型定位

二、案例研究对象选择

　　关于案例研究对象选择的两个基本原则：一是案例的典型性或代表性原则（艾森哈特，1989），二是研究的便利性原则（杨、格雷，1994）。本案例研究中的对象选择也主要参照以上两个原则进行选取，最终确定海盐紧固件集群企业抵制低价恶性竞争集体行动和永康运动休闲车集群企业维权公约集体行动两个案例作为集群企业内生性集体行动的案例研究对象。

　　第一，从概念吻合度和业内影响力两个方面来阐述上述两个案例的典型性或代表性。首先，从概念吻合度上看，两个案例与内生性集体行动的特征完全符合，具体表现如下：（1）诱因内部性条件成立。海盐案①的诱因是集群企业通过降低售价的方式来争取订单，以这种方式抢生意的不在少数，在集群内形成一种不良竞争氛围，集体行动由此引发；永康案②的诱因则是为了防止集群企业抄袭或仿制他人畅销产品，塑造良好的创新氛围，集体行动由此引发。两者的诱发因素均源自集群内部。（2）目标增效性条件成立。海盐案的增效性体现在通过集体行动一定程度上抑制低价恶性

---

①　为行文简练，以海盐案表示海盐紧固件集群企业抵制低价恶性竞争的集体行动案例。

②　为行文简练，以永康案表示永康运动休闲车集群企业维权公约的集体行动案例。

竞争的态势而达到增效目的；永康案则是通过防止抄袭与仿制以促进和鼓励集群企业创新而达到增效目的。（3）手段温和性条件成立。海盐案中集群企业集体行动的手段是通过缔结《内部行业行为准则》的方式，以"自我约束＋行业监督"的形式集体抵制低价恶性竞争活动；永康案中集群企业则通过集体缔结《维权公约》的方式开展集体维权行动。总的来说，两者的手段相对于外生性集体行动来说是比较温和的。鉴于以上三个条件成立，我们认为所用案例与所要研究的集群企业内生性集体行动具有较高的吻合度。其次，上述两个案例在业内具有相当的影响力。就海盐案而言，海盐是我国最大的紧固件生产和出口基地之一，而参与此次集体行动的本地集群企业达 100 家之多，涉及面广，在业内广为人知，影响深远。就永康案而言，永康五金产品总量居全国之首，电动车、滑板车是永康的重要产业之一，参与此次集体行动的本地集群企业有 130 余家，在永康甚至周边地区都形成了强大的反响。

第二，从研究便利性的角度讲，上述两个案例均具有较高的可接近性或可获得性。首先，从地域上来说，比较有利于研究人员接触集群企业及行业协会。本案例所涉及的两个地方，海盐和永康均在浙江省内，地理距离不远，有利于往返调研。并且，由于地域上比较邻近，研究人员可以通过同事、朋友、同学等关系更好地接触目标企业，更容易获得企业和机构的支持和帮助，从而获得研究所需的信息和资料。其次，从案头调研来说，有一定的公开渠道可以获取二手资料。海盐案受到了《嘉兴日报》和《浙江在线》等媒体的关注，有相关的报道可提供二手信息；永康案受到了《金华晚报》和《中国商报》等媒体的关注，也为本案例研究提供了一定的二手资料来源，从而增强了资料的可获得性。

三、案例研究数据采集

数据采集既包含一手数据的采集，也包含二手数据的采集。以一手数据为主，以二手数据为辅。

（一）二手数据的采集

二手资料作为本案例研究的辅助性数据来源，其数据主要是通过网络及报纸期刊数据库获取。其中，海盐紧固件集群企业集体抵制低价恶性竞争案的二手数据采集源主要包括《嘉兴日报》《每日商报》《第一财经日报》、浙江在线、中国泵业网和海盐紧固件协会网站等。永康运动休闲车集群企业集体维权案的二手数据采集源主要包括《浙江日报》《永康日报》《金华日报》《金华晚报》《中国商报》、金华新闻网和电动车商情网等。通过这种方式累计获取海盐紧固件案例直接相关的二手数据资料 5249 字,累计获取永康运动休闲车集体维权公约案例直接相关的二手数据资料 10872 字,共计 16121 字。

(二)一手数据的采集

由于我们研究的是集群企业采取或参与集体行动的影响因素,因而需要采集很多集群企业层次上的数据。现有二手资料中大多涉及的是相关案件的面上信息,只能提供案例研究所需的部分数据,无法完全满足研究所需。在这种情形下,一手资料的获取就显得非常必要和重要。在此,我们主要采用深度访谈作为一手数据采集方法。为了有效地开展调研,我们在正式访谈之前,做了以下三个方面的工作:第一,根据文献综述和理论分析所得的内生性集体行动影响因素研究框架拟定访谈提纲,列出访谈要了解的主要问题,并对提问语句进行口语化修订,使问句不至于太书面化或过于生硬。第二,通过网络或数据库获取以上两个案例的二手资料,在访谈前认真阅读并记住一些基本信息,初步掌握整个案件的基本情况,以便在不同案例的访谈中提问更有针对性,交流更为顺畅。第三,拟定具体的调研计划和进度安排。对于内生性集体行动的案例研究,我们会按计划在行业协会与集群企业两个层次上去收集相关信息。在行业协会层面,我们分别调研了位于海盐的浙江省紧固件行业协会和位于永康的浙江省休闲运动车行业协会。在集群企业层面,我们具体调研了海盐 XYY 螺帽有限公司、海盐 MZ 标准件有限公司、海盐 JFF 标准件有限公司等。数据采集的基本情况汇总如表 5-3 所示。

表 5-3 内生性集体行动影响因素案例研究数据采集基本情况

编号	单位名称	访谈对象	访谈时长	集群名称
XXC1	浙江省休闲运动车行业协会	秘书	120 分钟	永康休闲运动车
XXC2	永康 FFT 工贸有限公司	总经理	80 分钟	永康休闲运动车
XXC3	永康 SBT 工贸有限公司	主任	60 分钟	永康休闲运动车
JGJ1	浙江省紧固件行业协会	会长	70 分钟	海盐紧固件
JGJ2	海盐 XYY 螺帽有限公司	总经理	110 分钟	海盐紧固件
JGJ3	海盐 MZ 标准件有限公司	总经理	40 分钟	海盐紧固件
JGJ4	海盐 JFF 标准件有限公司	总经理	50 分钟	海盐紧固件

四、数据分析方法

(一)多级编码过程

现有案例研究对于文本分析的主流编码过程主要有三种:第一种是完全开放式的编码过程,主要用于对完全未知理论的探索性案例研究当中;第二种是完全封闭式的编码过程,即预先设定变量,再严格按照设定变量进行编码(于春玲等,2012);第三种是半封闭式(或半开放式)的编码过程,即按照预设变量进行编码,但也不拒绝基于案例材料的新变量涌现。从上述过程类型上看,本研究属于半封闭式编码过程。

首先,对获取的所有案例数据进行一级编码,得到影响集群企业采取或参与内生性集体行动的基础条目库,共计147个条目数据。其次,在一级编码的基础上,利用Nvivo8中的自由节点和树节点编码功能完成二级编码。最后,根据预先提出的内生需求、长期导向、本地嵌入、政策激励、集群类型和集群规模等预设因素进行尝试性匹配,将二级编码结果分配到相应的变量中。若出现无法分配到预设变量中去的二级编码,则在参考相关文献的基础上,通过三级编码的形式形成新的变量。

(二)多级编码策略

首先,关于资料来源的编码策略。我们将两个案例中所有的二手资料来源编码为D11和D21,将一手资料中的行业协会数据来源编码为D12和D22,将一手资料中的集群企业数据来源编码为D13和D23。确定资料来源之后,对案例材料进行归纳整理,由此可以看到具体的数据来源结构。其次,关于资料内容的编码策略。我们分成两个编码小组,每个小组由两名编码人员组成。两个编码小组对资料内容进行背对背编码,而小组内成员则要充分交流和沟通意见。小组编码完成之后,对两组编码结果进行比对。对于编码有差异的地方,两组成员分别陈述各自原理,再由具备质性研究经验及相关理论知识的专家学者进行辨析并表达意见,在达成一致意见后,按讨论结果进行编码修正。

第五节　案例分析与发现

为了使编码能够充分而真实地呈现出数据涌现的结果,我们对编码小组成员进行了相应的培训,并与之进行充分的沟通,使编码人员充分了解本项研究的编码过程和编码策略,并且对研究所涉及的若干关键性概念及其要义有较为透彻的认知和理解。在此基础上,两个小组分别开展独立的编码工作。为检验两个小组编码结果的一致性程度,本研究在概念层次上测算了 $Kappa$ 系数,结果如表 5-4 所示。

根据经验性的判断标准,当 $Kappa$ 系数大于 0.7 时,可认为检验对象的一致性程度较为理想;而当 $Kappa$ 系数小于 0.4 时,则认为检验对象的一致性程度不够理想;而当 $Kappa$ 系数大于 0.4 而小于 0.7 时,一般认为一致性程度仍然处于可接受范围。笔者首先对整体编码一致性程度进行了检验,结果显示 $Kappa$ 系数为 0.865,$p<0.001$,渐进标准误差 0.030,这表明编码结果整体一致性程度比较理想。在此基础上,笔者进一步检验了各个构念或影响因素层次上的编码一致性程度,具体结果如表 5-4 所示。从表 5-4 呈现的检验结果来看,内生需求($K=0.785$,$p<0.001$)、本地嵌入($K=0.907$,$p<0.001$)、政策激励($K=0.763$,$p<0.01$)及集群规模($K=0.720$,$p<0.05$)等四个理论设想中,提出的概念或影响因素的 $Kappa$ 系数值大于 0.7 且近似值均达到统计显著水平,这表明两个小组对以上四个构念或影响因素的编码结果取得较为理想的一致性。而长期导向($K=0.691$,$p<0.001$)和集群类型($K=0.674$,$p<0.01$)两个因素的 $Kappa$ 系数虽然低于 0.7,但仍然与 0.7 非常接近且显著性程度依然较高,这就表明其一致性程度仍然属于可以接受的范围。

表 5-4　两个小组独立编码结果的一致性检验

序号	三级编码	二级编码	援引示例	K	p
1	内生需求	相关性	"制定内部行业行为准则很有必要,海盐紧固件要凭着不断提升的产品质量来引领市场,而不是通过低价恶性竞争来占领市场。"	0.785	0.000
		迫切性	"……公司参与这些活动的部分原因是,我们认为这些活动是符合公司当前利益的,也是公司发展所需要的……"		

序号	三级编码	二级编码	援引示例	K	p
2	长期导向	长期发展目标	"……我们参与维权公约也是出于长远发展方面的考虑。毕竟不能只顾着眼前的利益。光靠仿冒别人的总之是不行的……"	0.691	0.000
		长期竞争力	"我们在这方面的意识还算比较好了的,就是很少会去仿冒别人,基本上自己创新产品……这样产品才有竞争力……这也是我们认为维权活动的好处之一。"		
		长期绩效与利益	"……仿冒别人的,短期来说,是有点好处的。你不用自己弄,直接仿冒别人的,成本低,但你价格也卖不上去……一直跟在人家屁股后面,长远来看,是没有效益的……"		
3	本地嵌入	本地互动合作	"……我们作为协会的成员,跟协会的关系自然是好的。协会这些年在行业规范、维权这一块还是做了不少工作,我们肯定是要支持的……"	0.907	0.000
		本地资源	"……本地的人才招聘还是可以的,用的人没问题。但有些公司会到别的公司去挖人,这很讨厌。有了这些维权之后好多了。我希望我不来挖你的,你也不要来挖我的……本地资金支持都没什么问题……"		
4	政策激励	物质激励	"……政府非常重视这一块。企业越创新,仿冒的自然就少了……政府希望公司少些仿冒,多些创新,这样才会有相应的政策引导企业去这么做。作为企业,你要响应政府的政策号召呀。"	0.763	0.001
		精神激励	"表现较好的企业要列到协会出的一本册子上,这对宣传企业有一定的帮助。在会上,协会也会对一些表现好的企业进行表彰,这对企业来说也是一件好事……"		

续表

序号	三级编码	二级编码	援引示例	K	p
5	集群类型	集群企业分工	"本地企业所做的产品几乎差不多,没有你说的产业分工,主要是产品比较简单的缘故……所以说要抱团是很困难的……"	0.674	0.002
		集群企业合作	"配套企业跟企业关系都是很好的,有什么新的想法也会跟你说,这对他东西的销售是有好处的呀……所以配套企业之间抱团是很正常的……"		
6	集群规模	产品相似企业	"本地企业生产的产品几乎都差不多……主要是产品比较简单的缘故吧。" "生产同类产品的企业比较多,但也不算太多……"	0.720	0.047
		经营规模相似企业	"中小企业、个体作坊式经营居多……像我们这样的企业估计得有几百家或百来家吧……"		
7	同行反应	示范效应	"龙头企业在新产品开发、维权、行业规划等方面的表率作用还是很明显……看到人家这样做有效果,也想来参加……"	0.769	0.018
		羊群效应	"有些企业通过维权活动已经成功了,其他企业看到你在这么弄,也想加入这个行列。当然,最主要的还是看到了效果。"		

　　值得一提的是,我们在调研和信息编码过程中有了新的发现,这是一件令人兴奋的事。在编码过程中,不同小组的编码人员不止一次发现若干信息无法按原先设想中提出的概念进行编码。我们将这一部分信息单独整理了出来,并对这些信息做出分析,于是有了以下两点发现。

　　第一个发现,也是最为重要的一个,即影响集群企业参与内生性集体行动的新因素。之所以说是新因素,是因为相对于本研究中先前理论分析中所做设想而言的。首先,对单独整理出来的那些信息进行仔细研究,我们注意到在永康运动休闲车企业集体维权案例中,有些集群企业参与集体行动的原因之一是看到了那些有创新产品并通过维权活动成功捍卫自身利益的例子而受到了启发,于是才有了参与集体行动的念头。那些成功的先例对后续企业的加入起到了很好的示范性作用。于是,我们将这一类影响因素编码为"示范效应"。其次,信息显示部分集群企业参与集体行动的原因之一是受身边同行朋友的影响,同行朋友把他们"拉进去"或者说看到某些同行朋友加入了觉得自己也应该加入。这种情形有点类似于从众心态的作用,因此我们将这一类影响因素编码为"羊群效应"。最后,由上述所涌现的"示范效应"和"羊群效应"可得一个共性特点,即这种影响效应的产生都是当地同行企业对"集体行动"的反应性行为,其他集群企业是在先行集群企业反应性行为的影响下而加入或参与的。鉴于此,在"示范效应"和"羊群效应"编码基础上,进一步将两者统一编码为高级的"同行反应"。也就是说,将"同行反应"作为三级编码的结果,而将"示范效应"和"羊群效应"作为其二级编码的结果。对这个"涌现"形成初步分析思路之后,再次请新的编码人员对这些"另类"信息进行重新编码,以观察编码的有效性。结果表明,"同行反应"的 $Kappa$ 系数为 0.769,$p<0.05$,编码人员对涌现信息的编码具有较为理想的一致性,证明以上分析思路具有合理性。

第二个发现,这些信息主要源于永康电动休闲车集体维权案例,但并非孤例。虽然在海盐紧固件集群企业内生性集体行动中,我们没有录得类似的"另类"信息,但这并不表示所获"另类"信息是个孤例。事实上,早在研究集群企业外生性集体行动的过程中,笔者曾经去海宁经编集群开展过实地调研(参见第四章关于外生性集体行动影响因素的案例研究中的描述)。在 SMD 公司采访中,谈及企业是否积极参与当地五水共治时,工作人员表示会看看其他企业的情况,如果其他企业积极参与,自己就会踊跃参与,这实际上就是受"同行反应"的影响。根据前文对内生性集体行动的理解,地方性五水共治集体行动应归属于内生性集体行动的范畴,那么在这个采访中同样可以录得"同行反应"可作为内生性集体行动影响因素之一的证据。只不过,我们当时的采访主要是针对外生性集体行动的,并且当地五水共治集体行动也并非我们关注的典型性案例,故未将此信息在本书中呈现。由此可证,永康运动休闲车集群企业集体维权案例中涌现的结果并非孤本,我们理应予以重视,并将其列入集群企业内生性集体行动的影响因素组合进行分析与实证。

由表 5-4 呈现的数据可知,总体上来讲,两个小组编码结果的一致性程度比较高。这说明前期两个小组背对背独立编码的工作颇为理想,这为后期编码比对和差异性调和奠定了较好的基础,减少了工作量并节约了时间。遵照编码策略中述及的方法,研究人员、编码人员和第三方专家对有异议的条目及其编码进行了阐述、辩护和修订。最后,研究人员得到了关于内生性集体行动关键性影响因素的最终编码结果,如表 5-5 所示。

表 5-5　内生性集体行动关键性影响因素最终编码结果

序号	三级编码	二级编码	案例一条目数			案例二条目数			合计/条
			D11	D12	D13	D21	D22	D23	
1	内生需求 (46)	相关性	2	2	2	5	4	6	21
		迫切性	1	2	3	5	7	7	25
2	长期导向 (32)	长期发展目标	0	2	8	1	1	5	17
		长期竞争力	0	0	4	0	1	2	7
		长期绩效与利益	0	0	4	2	1	1	8
3	本地嵌入 (23)	本地互动合作	0	1	2	0	2	9	14
		本地资源依赖	0	2	5	0	0	2	9
4	政策激励 (16)	物质激励	0	1	2	0	1	4	8
		精神激励	0	0	0	1	4	3	8
5	集群类型 (14)	集群企业分工	0	1	1	0	0	2	11
		集群企业合作	1	0	0	1	0	1	3
6	集群规模 (7)	产品相似企业数量	0	1	1	0	0	2	4
		经营规模相似企业	1	0	0	1	0	1	3
7	同行反应 (9)	示范效应	0	0	0	1	5	0	6
		羊群效应	0	0	0	0	1	2	3
合计			5	12	32	17	32	49	147

注:如前文所述,案例一指的是永康运动休闲车集体维权公约案,案例二指的是海盐紧固件集体抵制低价恶性竞争案。

第六节　案例研究结论与讨论

按照我们在理论回顾与分析基础上对内生性集体行动影响因素所做的理论预设,我们在内生需求、长期导向、本地嵌入、政策激励、集群规模及集群类型等六个方面所构成的基本框架下开展了具有部分探索性质的案例研究。通过对海盐紧固件集群企业签署行业内部行为准则以抵制低价恶性竞争的集体行动案例和永康运动休闲车集群企业集体维权行动案例等两项具有典型代表性的内生性集体行动案例研究,我们得到了以下两个基本认知。

第一,涌现出了"同行反应"概念,初步形成了集群企业内生性集体行动的"五核心影响因素组合"。正如前文对本案例研究的定位中所描述的那样,本案例属于部分探索性研究案例。在数据采集和信息编码过程中,采取半开放性编码的思路,时刻保持对"涌现"信息的高度警惕与关注。因此,案例研究结果有了新的发现。即在条目库的基础上,首先涌现了"示范效应"和"羊群效应"两个二级编码。然后,编码人员和其他相关研究人员对两个二级编码的内容进行了具体分析,发现两者具有一个明显的共性之处,那就是它们都指的是本地同行企业的反应性行为而对其他集群企业采取或参与行动的意愿所造成的影响。鉴于此,最终将以上两个二级编码生成了"同行反应"这样一个三级编码。至此,我们实际上得到了一个包括内生需求、长期导向、本地嵌入、政策激励和同行反应等五个要素在内的集群企业内生性集体行动"五核心影响因素组合"。为什么没把集群规模和集群类型也包含在内,从而构建"七核心影响因素组合"呢? 一方面,是出于对整个研究中前后两篇内容的继承性和发展性方面的考虑。通过第四章关于集群企业外生性集体行动的研究,我们已然以案例加实证相结合的方式论证了集群类型和集群规模对外生性集体行动的影响。同时,在本章中我们通过案例研究发现集群类型和集群规模对内生性集体行动的影响逻辑与两者对外生性集体行动的影响逻辑并无明显差异。为避免重复与赘述,我们认为不应将集群类型和集群规模列为内生性集体行动的核心影响因素。另一方面,这样还可以避免内生性集体行动的影响因素过于分散,导致真正的关键性影响因素不够突出。当然,这并不是说我们不再观测集群类型和集群规模对内生性集体行动的影响了。后续研究中,我们还会就两者对内生性集体行动的具体影响进行必要的理论分析,并将其作为控制变量在实证研究中观测两者的作用,只是不再将其作为自变量来处理了。

第二,涌现出了各个影响因素的二级编码,奠定了变量测量基础。通过编码的结果,我们初步形成了对于每个影响因素作为变量而言的测量方向。就需求感知而言,是集群企业对内生性需求的感知程度,从编码结果可知这一变量可从行动目标与集群企业的相关性以及集群企业对行动目标的迫切性两个方面来体现。就长期导向而言,它主要体现在集群企业对长期发展目标、长期竞争力及长期绩效与利益的追求。就本地嵌入而言,它主要体现在两个方面:一是集群企业与本地其他企业、组织、机构、协会及政府等之间的互动与合作,二是体现为集群企业对本地人才、信息、资金、配套设施及环境等本地资源的"依赖"。就政策激励而言,它指的是公共部门或管理机构对采取或参与行动的集群企业所设置的公共激励性措施,主要体现为补贴或奖励等物质性激励、表彰或荣誉等精神性激励两个方面。就同行反应而言,实际上是其他集群企业对行动的反应性行为所产生的影响,主要体现为先行同行企业的示范性作用(示范效应)和先行同行企业所创造的从众性作用(羊群效应)等两个方面。至于集群类型和集群规模两个因素,均与外生性集体行动影响因素案例研究的结果一致,在此不再赘述。

除了以上两个主要案例研究结论之外,笔者认为还有两点值得进一步讨论。

第一,就"同行反应"的"示范效应"和"羊群效应"而言,什么样的"同行"的反应性行为对其他集群企业参与行动的意愿具有更大的影响力呢?一些集群企业在采取或参与相应内生性集体行动的决策时会把其他同行企业的反应作为参照。虽然,他们所参照的具体对象不尽相同,但我们通过深入分析案例中调研企业所述及的"参照对象",发现具备以下三个条件的"参照对象"所产生的影响力更显著。其一,参照对象是本地集群企业。或许会有人生疑:内生性集体行动的参与者不都是本地集群企业吗? 为什么还要强调本地的概念? 产生这种疑问是很正常的。诚然,内生性集体行动的参与者可以全部是本地集群企业,但也不排除非本地企业的加入。譬如,永康运动休闲车集体维权案例中,就有很多非永康本地的企业参与,如武义和台州等地的相关企业。相对而言,本地集群企业的"本地身份"对于同属于本地的其他集群企业来说更具有参照价值。其二,参照对象的企业规模相当。那些大型集群企业往往是集群内的龙头企业,人们有种普遍认识就是龙头企业理应积极作为和勇于担当。所以,从这个角度来说,大型龙头企业所起的带头示范作用反而会减弱。相反,那些规模相当集群企业的反应却有很好的触动作用。因此,对于一项需要集群企业广泛参与的内生性集体行动来讲,组建不同规模层次的"参照对象"所产生的示范或带动效应会更加广泛,参与行动的集群企业就会越多。其三,参照对象生产经营类似的产品和服务。除了本地属性和企业规模之外,企业生产和经营的产品和服务与焦点企业的相似程度是第三个影响同行反应效应的因素。换句话说,"参照对象"对那些生产或经营着同样或类似产品及服务的其他集群企业所起到的示范和带动效应是最为明显的。

当然,以上三个条件是围绕我们所识别出来的"示范效应"和"羊群效应"而言的。如果不加限制宽泛地讲,同行反应还可能包括"参照对象"对其合作企业、裙带企业及其他关系紧密或往来密切企业所产生的显著影响。但我们没有把这个作为关键特征列在此,主要原因在于这个宽泛的条件实际上与"本地嵌入"的内涵有所重合,从而降低两个因素之间的区分效度。

第二,关于底层三级编码次数的问题。对于同一资料来源,相同观点的编码次数是否可以重复的问题,学者们有不同的看法。从现有案例研究的实践来看,既有单次编码的案例,如苏敬勤和刘静(2014)关于动态能力构建的案例研究;也有多次编码的案例,如苏勇等(2013)关于企业文化与竞争优势的案例研究以及宋华等(2014)关于服务外包治理机制的案例研究等。两者各具优势,单次编码可以更好考察编码内容的普遍性,在资料来源数量十分充裕的情况下使用效果较好;而多次编码则可以更好地考察编码内容的重要性,在资料来源数量不多的情况下使用效果较好。也就是说,研究人员可以就具体案例分析的实情进行适当地选择应用。就本案例而言,资料来源数量不多且资料来源层次不一,我们认为在底层编码时对于相同观点的近似表达采用重复编码的方法相对更好一些,即可通过编码结果一定程度上反映出影响因素的相对重要性。

另外,在案例样本选取上有两方面的不足,在此需要补充说明。第一,本书所选取的案例均为中国案例,而没有涉及国外案例,可能对研究结果的应用范围有影响。本课题案例研究不仅要有公开渠道收集的二手数据资料,而且需要大量来自直接调研的一手数据资料才能完成。因此,如果要选取并研究国外集群企业集体行动案例,需要深入国外相应的产业集群中开展调研。鉴于资源和能力等各个方面的限制,我们很遗憾目前尚无法到国外完成相应的调研任务。缺乏国外案例分析所需的一手数据,暂没有对国外案例做出分析,这或许有可能会对案例研究结果的应用范围产生影响。未来在条件成熟的情况下,可以重点考虑适当补充国外案例数据材料,并对中外案例进行对比研究。第二,案例样本数量方面的不足。根据案例典型性或代表性原则(艾森哈特,1989)、研究的便利性原则(杨、格雷,1994)等常规做法,我们在外生性集体行动中,选择了海宁经编集群企业集体行动案和海盐紧固件集群企业集体行动案等两个案例;而在内生性集体行动中选择了海盐紧固件集群抵制低价恶性竞争的集体行动和永康运动休闲车集群企业维权公约集体行动等两个案例。这属于双案例研究,虽比单案例研究有优势,但相对多案例研究来说,在数量上有些不足。为一定程度上弥补案例数量较少的不足,并且增强案例研究的稳健性,我们在案例研究设计上采取了多单元嵌套模式,即在双案例的基础上,对每个案例的处理都采用多个分析单元的设计,案例中的多个分析单元遵循复制逻辑,这就如同在单个案例中进行了一系列实验,这在一定程度上弥补案例数量不足的缺陷,并保障得出的结论更具有合理性和稳健性。当然,在未来相关的研究中,可以考虑采取多案例研究,增加更多案例并尝试编码技术之外的其他方法进行共性分析。

第三编

行业协会对集群企业集体行动
作用机制的理论构建

第六章 行业协会对外生性集体行动作用机制的理论构建

在第四章,我们以案例研究的形式对外生性集体行动的前置影响因素进行了初步探讨,厘清了外生性集体行动前置主因是什么的问题。但这仍然属于少数典型案例性质的研究,缺乏理论而系统的分析,对于这些前置因素为什么以及如何影响集群企业外生性集体行动的认识是不够透彻的。也就是说,"六因素组合"对集群企业外生性集体行动究竟有什么样的具体影响仍然是个未得到解释的问题,需要就前置因素对集群企业外生性集体行动具体表现为什么样的影响做出理论性分析。

为此,本章将在文献综述部分对相关理论进行回顾的基础上,结合第三章中构思逻辑与研究模型的设计思路以及第四章中外生性集体行动影响因素案例研究的结果,就作为前置因素的"六因素组合"对集群企业外生性集体行动的主因效应进行系统的理论分析。并且,在完成主因效应分析的基础上,讨论行业协会从中可能所起的调节性作用。最终,根据分析结果分别提出相应的理论假设,初步构建起行业协会在集群企业外生性集体行动中的作用机制模型,用以描述集群企业外生性集体行动中行业协会的具体影响机制。

第一节 集群企业外生性集体行动影响因素的作用逻辑

一、外生事件与集群企业外生性集体行动

如前文所述,外生事件通常具有针对性、伤害性和不公性三个特点。因此,在分析外生事件与集群企业集体行动的关系时,笔者也将分别从以上三个方面入手。

(一)外生事件针对性的影响

外生事件不是针对某个具体的企业个体的,而是针对某些企业集体

的。那些只影响某个具体企业个体的外生事件,可称之为企业外生事件。而我们这里所谓的外生事件指的是集群外生事件,是相对于集群企业群体或至少部分集体企业而言具有针对性。也就是说,外生事件是专门指向某些而非某个特定的集群企业。被指向的这些集群企业在某个或某些方面具有显著的共性特征,因此也往往具有更加明显的共同利益。而我们知道,共同利益越明显的团体相对更容易形成集体行动,以增进它们的共同目标或集团目标。外生事件针对性越强,意味着它的指向性就越明确,这种明确的指向性实际上帮助集群企业识别出了具有共同利益而"同病相怜"的群体,并迫使其深刻地意识到自己是这个被指向群体中的一员。指向性越明确,被指向集群企业的这种团体意识就越强,也就越容易形成一致性行动意愿。所以,从这个角度讲,外生事件的针对性越明显,就越容易激发集群企业的集体性应对行为。此外,从相对剥夺理论的角度思考也会得出相似结论。外生事件的针对性使得一部分集群企业被特殊地对待,这种对待有别于其他集群企业或其他区域类似集群企业。当这种特殊对待往往不是优待而是劣待的时候,被针对或指向的这些集群企业就会产生一种相对的被剥夺感。经济或社会等方面相对被剥夺而并不一定是绝对剥夺,这就有可能导致其产生被剥夺感[拜耶慈(Bayertz),1999],并激发其采取或参与应对性行动。因此,从相对剥夺理论来理解外生事件的针对性,也能得到针对性越明显越容易激发相应集群企业集体性应对行为的结论。

(二)外生事件伤害性的影响

外生事件具有伤害性,即它或多或少、或直接或间接地影响到某些个体的利益,对这些个体会造成一定程度的不利影响。蔡禾(2010)及李琼英(2013)对农民工集体行动进行研究发现,权益受损程度对其参与集体行动的意愿有很大的影响,权益受损越严重则其参与集体行动的意愿也越强烈。笔者认为,在集群企业层面也有类似的反应,即外生事件对集群企业利益影响程度小的情形下,企业权益被剥夺感不是很强,从而选择不作为的可能性偏大;而当外生事件的影响程度加大,集群企业的利益受到较为明显的威胁或损失时,企业就会有一种强烈的被剥夺感,从而选择采取反制措施的意愿或可能性就会急剧增强。所以,笔者认为,外生事件对集群企业权益的伤害性越大,越容易导致集群企业的集体性应对行为。

(三)外生事件不公性的影响

一些有关集体行动研究的社会心理学文献表明,个体的不公平感知是

集体行动的决定性因素之一［埃雷梅斯（Ellemers）、巴雷托（Barreto），
2009］。麦克亚当（1982）的研究指出，当群体中的成员意识到自己的处境
是不公平的，并且这种不公平的处境可以通过集体行动得到改变时，群体
成员就容易形成一致性的集体行动。游正林（2006）对国有企业职工集体
上访事件的研究也表明，职工的不公平感会促使其参与集体行动。也就是
说，个体遭遇或感受到的不公平待遇与其参与集体行动的程度有显著的正
向关系（魏万青，2015）。因此，从这个角度来说，外生事件的不公平性容易
导致集群企业形成集体行动。但我们应该注意的是，它的前提是集群企业
要意识到外生事件的不公性。显然，这种意识越清晰、越强烈，则集群企业
参与外生性集体行动的意愿也就越强烈。

伴随着不公性而存在的压迫性也很能说明问题。正如前文所述，外生
事件具有的不公性往往导致外部个体或团体采取压迫性手段，即施加压力
使其服从。它往往指的是居于相对优势的一方在未取得相对劣势一方许
可或认同的情况下，单方面采取某项措施或实施某种行为，使得另一方被
迫地接受或服从。这种外在压力越大越明显，也就越容易使承受压力的一
方产生不满情绪，而不满情绪是集体行动得以产生的重要因素（于建嵘，
2003）。在集群层次上，也有类似的研究指出，来自集群外部的压力在一定
程度上影响着集群内企业的多边合作①，外在压力越大，集群企业就越容
易形成合作，反之则比较困难［达亚辛胡（Dayasindhu），2002］。因此，从这
个角度来说，外生事件的不公性程度越高也就使得集群企业参与外生性集
体行动的意愿更加强烈。

综合以上三点分析可知，外生事件的针对性越明显，则越容易导致集
群企业外生性集体行动的形成；外生事件的伤害性越明显，则越容易导致
集群企业外生性集体行动的形成；不公性越明显，则越容易导致集群企业
外生性集体行动的形成。

基于这些基本认识，我们提出假设 H1。

假设 H1：外生事件的针对性、伤害性和不公性等特征越明显，则集群
企业参与集体行动的意愿越强烈。

二、反抗意识与集群企业外生性集体行动

本书中的反抗意识是指集群企业在面对外在压迫时是否有采取反抗

---

① 主要是指联合的技术升级、联合反贸易制裁、联合进入国际市场等涉及整个行业的合作。

行为以抵抗外来压迫的念想。从这一点上可见,它与外生性行动密切相关。可以说,反抗意识是个体采取或参与抗争性行动的基础,没有这种反抗意识的个体对于来自外在的"压迫"往往表现出"逆来顺受"的态度和不作为的姿态。从社会学已有的抗争性集体行动研究成果来看,反抗意识对集体行动的形成有着重要的作用。卜玉梅(2015)的研究表明,抗争意识是集体性抗争性行动的深层次基础。但是,个体抗争意识是一个极其复杂的课题,它是个体本身的性格特点、认知水平和文化环境等多重因素相互交织的结果,不能简单地认为这种意识是与生俱来,它也不是一成不变的。这种复杂性体现在现实生活中就是我们看到某些个体有明显的反抗意识,而有些个体没有;某些个体反抗意识很强,而有些个体反抗意识微弱。张君(2014)的研究发现,如果民众的抗争意识薄弱的话,他就不愿意采取反抗性行为,而是选择沉默。因此,个体缺乏个体抗争意识,集体缺乏集体抗争意识就会导致反抗性集体行动难以形成。正如冯仕政(2006)所言,集体抗争意识对于抗争性集体行动的形成起到了关键性作用。

由前文对于外生性集体行动的阐述可知,集群企业外生性集体行动是一种类似于这种反抗性的集体行动,集群企业就如同社会学研究中的民众个体。借鉴上述研究成果可知,集群企业的反抗意识对于外生性集体行动的形成具有关键性作用。集群企业缺乏反抗意识或者反抗意识不足都将导致集群企业外生性集体行动无法形成。

基于以上分析,本书提出假设 H2。

假设 H2:集群企业反抗意识对外生性集体行动具有重要的促成作用,反抗意识越强,其参与外生性集体行动的意愿也越强烈。

三、外部支持与集群企业外生性集体行动

资源动员理论者认为,那些处于弱势的群体,他们的不满情绪总是存在的,并且是相对恒定的。但是,由于缺乏资源和存在镇压的威胁,集体抗议行动成为他们最终的选择的可能性极小。要想使他们的集体抗议行动成为可能并最终取得成功,他们必须得到广泛而持续的外界支持[詹金斯、佩罗(Perrow),1977]。如果能得到外界资源的支持,那么,"搭便车"问题就很可能得到克服,大集团的集体行动就能成为可能[奥伯沙尔(Oberschall),1993]。这里所说的"外界资源",既包括物质资源,也包括非物质资源。其中,外部的精英(领导)人物、经费、信息和传媒报道与评论等方面的支持尤其重要。笔者并不赞成奥尔森关于集体行动得不到任何外

界支持的假设。大量研究显示,集体行动都会存在外部援助现象,包括政府机构、非政府组织(NGO)和私营部门[德沃(Devaux)等,2009;埃林(Hellin)等,2009;马尔凯洛娃(Markelova)、梅仁-迪克,2006],尤其非政府组织被认为是最有效率的外部援助机构[辛贾(Sinja)等,2006]。他们利用自身的资源和优势,为潜在的行动参与者提供经济支持、信息服务和技术培训等,从而促进潜在行动者参与并开展集体行动[卡塔库坦(Catacutan)等,2008]。同理,对于外生性集体行动而言,参与者自然希望得到外界的支持,事实上也是可以获得部分外界支持的。一方面,外生事件的压迫性和不公性往往会引发具有"正义感"的外部团体的愤慨而为其鸣不平,或者引发具有类似经历的外部团体的共鸣而对其有所同情,从而给予行动者一定的支持和帮助。这一点在本章关于外生性集体行动影响因素的提出一节中已有阐述。另一方面,外生性集体行动的参与者与外界社会各方面有着千丝万缕的联系。当两者处于合作关系时,他们的集体行动可能得到外界社会支持;当两者处于冲突关系时,他们的集体行动可能会失去外界社会支持。

这里的外界社会支持是一种重要的社会资本。在一般意义上,社会支持是指人们从外部社会中得到的、来自他人的各种帮助(张文宏、阮丹青,1999)。就集群企业外生性集体行动而言,从外界得到的帮助和支持是决定集体行动成功的一个不可缺少的因素。例如,外界对行动者的情感支持可以增加行动者的信心,外界对行动者的舆论支持既可以声援行动者,又可以给行动对象及调解方以社会压力。由此可见,这些社会支持都有助于提高集体行动的成功率。童锋等(2014)以反倾销应诉为例的研究也表明,外部支持度是应诉收益最大化的重要因素之一。从支持的内容上看,主要包括经费支持、信息支持和舆论支持等。

(一)经费支持

外生性集体行动的开展与实施需要一定的经费作保障,经费支持就是前文中所说的"物质支持"的重要体现。在个体行动中,受益者是个体,受益者和受益程度都比较明确,个体为此所承担的成本也由个体独自负担。由于利益的独享性,个体愿意承担由此产生的成本。但在集体行动中,集体行动的利益受益人是不确定的,即参与人可能只是群体中的一部分个体,然而受益的却是群体中的全部个体。在这种情况下,一部分个体就不愿意承担集体行动的成本,而是抱着侥幸心理坐享其成,也就是相关文献中经常提到的"搭便车"。特别是在涉及经费较大的情形下,企业要出力又要出钱,而收益又具有不确定性和公摊性,那么它响应的积极性就会大大下降。也正因为没有足够的经费来源,很多的集体行动最后也就没能如愿进行;反之则不同,有人出钱而自己只需要出力的情况,显然有助于唤起企业的应对热情。

以反倾销诉讼为例,自 2004 年以来,各地根据自身情况已分别通过设立反倾销应诉专项基金或者以直接财政补贴的形式为本地企业积极应对反倾销诉讼提供经费支持。如江苏 2005 年的政策规定,企业应诉反倾销活动所产生的费用可由财政提供支持,最高比例可达到 80%[①];深圳也通过设立反倾销应诉基金的方式对深圳市企业参与反倾销应诉产生的机票、律师费和生活费等给予支持,最高比例也高达实际发生费用的 80%[②]。

(二)信息支持

企业之间的合作行为与信息交流沟通是密切相关的,缺乏必要的信息交流,增加相互交易成本,协同等效应就达不到预期的效果,甚至会导致合作关系的解体。集体行动是企业合作的一种形式,如果存在明显的信息不对称或信息不完全,则"搭便车"的发生概率会大大上升(姚从容,2004)。因此,集群企业高效率合作需要集群内部有高效的信息组织与交流的信息系统。信息化可以促进集群发展,其中一个具体的表现是对集体惩罚机制作用效应的放大与加强作用,它不仅让集群企业合作双方更了解对方,而且会让更多的第三方起"监督"合作过程的作用,从而稳定集群企业的合作关系。概括地讲,外界提供的信息支持包括提供有利于促进集体行动的一切有关信息,还包括建立一个信息沟通平台。集群企业可以通过这个信息平台进行信息交流,从而更好地了解外生事件、其他企业的状况及其他团体的意见等。

(三)舆论支持

外界的舆论支持对于集体行动及集体行动的成功起着很重要的作用。它一方面在于声援集群企业的集体行动,另一方面可以对外生事件的发起者施加压力,从而在一定程度上影响集体行动的结果。公平理论中对于舆论支持的作用已有阐述。笔者认为可以从以下两个方面来理解舆论支持

---

① 数据来源于 2005 年 11 月 08 日《江南晚报》题为《企业应诉国外反倾销 财政支持比例最高 8 成》的报道,网址:http://www.sina.com.cn.

② 数据来源于 2004 年 02 月 16 日《新华网》一篇题为《深圳设反倾销应诉专项基金资助比例为 10%—30%》的报道,网址:http://finance.sina.com.cn.

对外生性集体行动的影响作用。第一,对外生事件的始作俑者形成舆论压力,一定程度上影响了外生性集体行动的结果。"局外人"对不公平的判断及其制止不公平的要求虽然不一定能直接消除不公平,但这是人道主义精神的一种反映,有助于群体建立和形成社会正义感,至少可以增强群体成员的道德是非感,对于制造不公平的人也是一种舆论上和道义上的谴责,从而有利于外生性集体行动目标的实现,在一定程度上有利于激发行动参与者的信心。第二,"局外人"的呼声客观上也对群体中制定规则的那些人或机构形成了一定的压力,促使他们采取一定的措施或修订某些规则以制止不公平,也一定程度上"迫使"当事企业群体行动起来,采取必要的反抗行为。但是,舆论支持的效力是有区别的,这与舆论来源有很大关系。一般而言,大众传媒的舆论支持效力最为显著。因为,大众传播媒介通常情况下都是作为公共部门存在的,信息传播权力也是公共权力的一部分。大众媒体所具有的强烈的社会公共色彩,使它的舆论导向作用更具效力。因此,从这个意义上说,大众传媒的介入及其所给予的舆论上的支持对于促成外生性集体行动有很大的帮助。

鉴于以上分析,本书提出假设 H3。

假设 H3:外界社会对行动的物质(经费)或非物质(舆论或信息)的支持程度对于集群企业外生性集体行动的形成有促进作用,外部支持程度越高,集群企业参与外生性集体行动的意愿越强烈。

四、制度许可与集群企业外生性集体行动

集体行动的形成与发展一方面需要考虑其效率及有效性,另一方面还需要考虑其合法性的问题。最为基本的合法性取决于政治体制与制度环境,而这两者是具有国别差异的,这就使得某些行为在不同的政治体制和制度环境下的合法性也不尽相同。从政治机会结构理论的角度来讲,具有合法性的行动才能持续地开展下去,而合法性不足甚至"违法"的行动则往往难以有效地展开并取得预期的效果。姚胜南(2007)指出,个体行动的选择受制度环境约束条件下收益与成本计算的影响。这说的就是制度环境会影响行动的成本与收益,通过改变成本与收益进而影响个体参与行动的意愿。由此可以看出,制度环境对于个体参与集体行动的意愿有重要的影响,并会最终影响集体行动的形成与发展。

从合法性机制上来讲,正式制度对个体参与集体行动意愿的具体影响的机理是不同的。刘爱玉(2003)的研究认为有认可性逻辑和畏惧性逻辑

两种。前一种是基于对制度的依赖与认可,认为制度安排及其变迁是合理合法的,个体在主观上是接受的,并认为没有必要参与集体行动,甚至认为采取或参与集体行动是不合适的;反之,个体参与采取或参与集体行动的意愿会相对强烈。后一种是则是制度的威慑力使得个体不敢采取或参与集体行动,以免在行动中遭受损失或受到惩罚。

制度本身的合理合法性不属于本研究讨论的重点,本研究只关注既定制度框架对集群企业采取或参与集体行动的影响。笔者认为,制度环境的影响可以从制度禁止程度和制度鼓励程度两个方面来分析。但对于集群企业外生性集体行动而言,它属于一种抗争性集体行动,具有明显的冲突性特征。因此,制度环境的影响主要体现为制度禁止程度的影响。

简单而言,上述制度禁止程度指的是正式制度对此类行为在多大程度上是禁止的,也可称之为容忍程度。从不禁止到条件禁止再到绝对禁止,禁止程度不断加大,这意味着对行为的容忍度不断下降。特别是绝对禁止的行为就像是不能碰的"高压线",相关制度的强制性和威慑性是不容置疑的。这对想要采取或参与此类行动的主体产生了巨大的震慑作用,其内在逻辑与刘爱玉(2003)所述之畏惧性逻辑类同。这一逻辑在集群企业外生性集体行动中有较强的应用价值,因为外生性集体行动属于抗争性质的反应型集体行动,具有较为明显的冲突性特征。只有合法的集体抗争才能为集体行动提供条件(吴同、文军,2010)。集群企业在采取或参与抗争行动之前对制度的禁止程度会表现得比较敏感,对于制度明确绝对禁止的行为,其行动意愿会显著下降。

由此,本书提出假设 H4。

假设 H4:制度许可程度与集群企业参与外生性集体行动意愿呈正相关,即制度许可程度高的情形下集群企业外生性集体行动意愿强,而在制度许可程度低的情形下其行动意愿弱。

五、集群规模与集群企业外生性集体行动

奥尔森(1995)运用经济学的方法从收益与成本的角度分析了群体规模对集体行动的影响,他认为规模太大的群体中理性的个人不会为团体利益而采取行动。但结合其他学者的一些研究来看,群体规模与集体行动之间的关系并不是很确定。比如,斯特林费洛(Stringfellow)等(1997)发现较大规模的组织更利于开展集体营销活动,而马尔凯洛娃和梅仁-迪克(2006)的实证研究却表明二三十人的小规模组织相对更有利于采取集体营销活动。因此,有学者认为,群体规模对集体行动的影响需要结合组织类型或群体类型等其他信息相应而论[斯托克布里奇(Stockbridge)等,2003]。笔者在前人研究基础上,拟从团体概念、协调成本和惩罚效率等三个方面对集群规模与外生性集体行动意愿的关系做出具体分析。

第一,集群规模越大,集群企业的团体概念就越弱。贺雪峰等(2006)的研究表明,小规模的群体具有更为强大的向心力,小规模群体中的成员会显得更加团结。在外生性集体行动中也是如此。产业集群本身就是个比较抽象的团体概念。对很多集群企业来说,集群似乎是一个共生群体,但似乎又说不上是具体的共生关系。在规模越大的集群中,企业对"集群"这个团体概念的认识就会变得愈加模糊,集群内部企业之间的向心力和凝聚力就相对较弱。在这种情形下,集体企业就难以齐心协力地参与外生性集体行动以共同应对外生事件。

第二,集群规模越大,集体行动的组织协调成本越高。在小规模集群中,企业个体数量非常有限,相互之间关系相对比较密切,个体理性诉求目标容易协调统一,组织开展一致性行动的难度相对较小。而在大规模集群中,企业数量多,集群企业之间的关系复杂,个体理性的诉求也更具差异化和多样化,协调统一诉求目标的难度增大,从而致使组织企业参与集体行动所需要的成本就越高,对集体行动的形成来说这是一个障碍。

第三,集群规模越大,对机会主义者的识别与惩罚效率相应会下降。卫龙宝等(2014)指出,小规模群体中机会主义行为出现的可能性较小。这是因为在小规模群体中机会主义行为容易被发现,并容易受到有效的惩罚。因此,这可以很好地杜绝"搭便车"行为的发生。而在大规模的群体中,机会主义行为被识别与认定的难度在加大,并且机会主义者的数量也会急剧增长。在这种情况下,即便能有效识别出机会主义者,但鉴于数量众多,也难以对其实施真正有效的惩罚。这在一定程度上助长了机会主义者的气焰,伤害了集体行动参与人的积极性,从而对外生性集体行动的最终形成产生不利影响。

出于以上三个逻辑,本书提出假设 H5。

假设 H5:集群规模与集群企业外生性集体行动呈反向关系,即集群规模越大,集群企业参与外生性集体行动的意愿越弱;反之,则越强。

六、集群类型与集群企业外生性集体行动

卡洛斯(Callois)和奥伯特(Aubert)(2007)研究表明,组织间的同质性

使它们更容易拥有统一的目标,有助于集体行动的形成。水平型集群企业由于规模相当且生产的产品相似,从表面上看具有较高的同质性,它们之间的共同利益也相对更加集中且显而易见。在这种情形下,外生事件发生之后,如果对集群企业产生刺激,那么它对这些集群企业都能产生直接的刺激,影响面广,且影响的深度也相对比较均等。因此,不考虑其他因素,单从集群类型这一点上来讲,水平型集群企业在面对外生事件时具备更加直观的集体行动基础。而在垂直型集群中,集群企业分布于产业链上的不同位置而非同一水平上。在这种情形下,外生事件发生之后对集群企业产生的刺激差异较大,既有直接刺激也有间接刺激,在刺激程度上也有明显不同。简单地讲,外生事件对不同产业链水平上集群企业的影响需要经历一个传递过程才能逐渐扩散并建立起来。因此,从这一点上讲,外生事件对水平型集群中各集群企业的刺激相对更加直接且快速。

但是,正如上一段文字所述的那样,水平型集群中企业产出的相似性往往导致企业之间竞争多于合作,相互之间几乎没有明显的合作基础,相当于是一个极为松散的企业群体。从翁定军(1999)的研究中,我们已知一个群体是否会采取一致性行动来消除外来压力要视群体的凝聚性而定,群体的凝聚性越高越容易采取一致性行动;反之,一个松散的群体则不太可能会形成一致性行动。由此,笔者认为水平型集群中,集群企业在外力作用下通过参与外生性集体行动而形成一致性行为的难度较大,可能性较小。相反地,在垂直型集群中,广泛存在着产业链上的合作关系,集群企业之间有良好的合作基础,会以一个或若干个领导企业为核心形成一定的向心力,这些集群企业更像是一个“团体”或“利益综合体”。按照翁定军(2000)的逻辑,我们能够推定这种内在向心力或凝聚力相对明显的集群企业群体在面对外来压力时更容易采取一致性行动。换句话来说,也就是垂直型集群中的企业参与外生性集体行动的意愿相对会更加强烈一些,而水平型集群中企业参与外生性集体行动的意愿相对较弱。

当然,垂直型和水平型是从理论上对产业集群的一种理想化的分类,在现实生活中,完全垂直型的集群和完全水平型的集群并不多见,较为常见的只是垂直(水平)程度不同。因此,从现实的角度出发,我们认为那些集群内企业在产业链上的分工与合作程度低,趋向于水平型的集群中,企业采取或参与外生性集体行动的意愿弱;而那些集群内企业在产业链上的分工与合作程度高,趋向于垂直型的集群中,企业采取或参与外生性集体行动的意愿强。

鉴于此,本书提出假设 H6。

假设 H6:越趋向于水平型的集群中企业采取或参与外生性集体行动的意愿越弱;反之,则越强。

第二节　行业协会对集群企业外生性集体行动的作用机制

一、行业协会的调节效应分析

(一)行业协会对外生事件与行动意愿关系的影响

孟庆英(2006)认为,群体性事件的发生会经历一个由量变到质变的过程,此过程正是诱因、流言传导、群众参与三个要素相互依存、相互作用、相互推动的过程,三个要素的互动成为促成群体性事件发生的内在动力。从中我们可以看到,信息传播在群体性行为中是很重要的一环。不同的是,群体性事件通常指的是用不当的方式来表达合法的利益的一种方式,带有贬义,而集体行动却是一个比较中性的提法。群体性事件发生的三个要素给我们的启发是:集群企业越是了解集群外生事件的具体情况,主观上越有可能加入集体行动。事件不能得到有效传播会阻碍集体行动的发生。其一,事件没能有效传播使得很多企业根本不知道,尤其是对于那些与此事件没有直接关联的集群企业更是如此。显然,个体首先要知晓事件,包括事件的起因、发展过程和现状等。唯有先了解事件的基本信息才有可能对此做出反应。其二,由于传播不充分,企业了解事件但不是很清楚或详细地熟悉事件的始末,以及由此产生的潜在影响。对于一知半解的企业而言,处于信息不完全或不充分的状态下往往会影响其对此做出反应。在这种信息不完全的情况下,个体从理性的角度出发即使采取行为,其行为也可能是与集体理性相悖的,即个体理性与集体理性是矛盾的(王雷、项保华,2002)。其三,事件的有效传播有利于企业个体深入认识到事件的性质、事件与企业的关系、对企业利益的影响程度包括现实的影响或潜在的影响,这使得企业在深刻认识的基础上进行理性选择。

集群中的行业协会作为一个行业性及专业性的服务机构,站在集群信息的最前沿,对于外生事件的信息掌握是最为充分的,因此对于外生事件的认识也相对而言比较深刻。集群中的个别龙头企业也因为在集群中的特殊地位而对于外生事件的性质和影响有比较多的了解,然而多数的集群企业是无法做到这一点的。在这种情况下,行业协会利用信息服务的功能,可以为集群中的企业提供相应信息,促进集群企业的集体学习,对企业认识事件的性质以及由此可能对企业产生的影响等起到一定的作用。同时,行业协会对行业负有统计责任,对于行业的发展及外生事件对行业可能产生的影响也是比较清楚的。这样,在促进集群企业认识外生事件对整个集群的影响也很有帮助。由此,笔者认为,行业协会可以通过其信息服务功能促进外生事件相关信息的传播,加深集群企业对外生事件的认知,从而提升其参与外生性集体行动的意愿。事实上,已有基于组织理论的研究表明,信息控制能够有效地提升地方政府的集体行动能力(肖俊奇,2013)。有鉴于此,行业协会凭借自身对外生事件相关信息的控制,也会对外生性集体行动产生积极影响。

基于上述分析,本书提出假设 H7。

假设 H7:行业协会的积极介入对外生事件与集群企业外生性集体行动的关系具有正向调节作用。

(二)行业协会对反抗意识与行动意愿关系的影响

个体的反抗意识的影响因素很多,在讨论集群企业外生性集体行动中的反抗意识时,其实包含两个层面的意思:一是认识到自己目前的处境是不公正的,二是认识到通过采取集体行动可以改变这种不公正的处境。所以反抗意识的水平也就关系到个体对于不公平这一存在事实,以及反抗(集体行动)的重要意义两个方面的认识。而行业协会主要从以下两个方面对集群企业反抗意识及其参与外生性集体行动意愿产生影响。

第一,提高集群企业对不公平感和压迫性的敏感性,降低其耐受度,从而影响其外生性集体行动意愿。公平感是人们对现实生活中公平问题的感受,其性质取决于人对公平问题的判断(邓莉,2002)。美国心理学家亚当斯曾提出一个简单的公式来衡量公平感,即 $Qa/IP = Qa/IP$。其中 Qa 表示个人对他所获报酬的感知;IP 表示个人对他所做的感知;Qa 表示个人对参照对象所获报酬的感知;Ia 表示个人对参照对象投入的感知。一个人只有当对自己投入及投入的比值与参照对象的这个比值相等时,才会有公平感,否则就会产生不公平感。外生事件因为不同程度或直接或间接地影响到企业的利益,因此会打破原来的均衡公平感,或至少会对原有的公平感产生影响。尽管企业和参照对象的投入和产出都是可以具体衡量的,但由于集群企业对于外生事件所产生影响的敏感性和耐受度不同,从而对外生事件造成的不公平性和压迫性的主观意识反应也会有所不同。

敏感性高而耐受度低的集群企业对于自己投入产出比和他人投入产出比的轻微失衡就会有强烈的不公平感和主观意识反应。而敏感性低和耐受度高的集群企业，则只有当比值发生较大波动时才会感觉到不公平，才会有反抗意识。这个时候，如果有外部其他企业对类似事件的反应先例作参考，那么其耐受度就会出现变化。行业协会负有"开展行业和地区经济发展调研"的职能[①]，它对行业内的情况相对而言最为熟悉。因此，如果行业协会积极介入，向集群企业引导性地介绍外部其他企业群体在面对类似事件时的抗争性反应，那么集群企业对压迫性的耐受度就会明显降低，参与外生性集体行动的意愿则会随之显著增强。

第二，提高集群企业对通过抗争性行为可以消除外在压迫的认知和信心，从而使其通过抗争性行动释放反抗意识。一些集群企业即使有较强的反抗意识，但采取或参与外生性集体行动的意愿仍然不是很强烈。其中另一个重要原因是缺乏应对和处理相关事件的经验、知识或能力。而知识和经验与主体的认知能力有莫大的关系（席文启，2004），缺乏必要的经验和知识会使企业对抗争性行为能否消除外在压迫缺乏应有的认知和信心。也就是说，在这种情况下，集群企业实际上是因为不知道该怎么办，所以干脆就消极应对和不作为；或者由于没有相关经验，对结果没有信心；又或者觉得非个体能力所能为，而选择放弃抗争等。此时，行业协会作为一个专业性组织，为集群企业提供相关事件的成功先例，可以很大程度上使集群企业建立起通过抗争性行动是可以消除外在压迫的信心。同时，体现专业性组织的权威性，为集群企业提供处理和应对此类事件的知识和经验，从而使反抗意识能得到释放，行动意愿得到强化。当然，反之则会提高集群企业的耐受度，降低反抗意识释放的可能性，削弱其参与外生性集体行动的意愿。

鉴于以上分析，本书提出假设 H8。

假设 H8：行业协会的积极介入有利于强化反抗意识与外生性集体行动意愿的关系，对两者具有正向调节作用。

（三）行业协会对外部支持与行动意愿关系的影响

有利的外部支持可以提升集群企业参与外生性集体行动的意愿。而行业协会的积极介入可以使外部支持的效用得到更大程度的发挥，从而更

[①]　详见 1999 年国家经贸委印发的《关于培育和发展我国工商领域协会的若干意见》对于协会职能的描述。

有效地激发集群企业参与外生性集体行动的意愿。具体可从以下两个方面来分析。

其一,行业协会有利于保障外部资源、信息和舆论支持的质和量。外部资源对于产业集群的发展起到了越来越重要的作用(吴勤堂,2004)。在集体行动中也是这样,一般而言,外部资源、信息或舆论的支持会更有利于集体行动的开展。而在集群环境下,集群企业获取外部资源的重要途径之一就是行业协会或商会这个平台(李新春,2002)。王珺等(2003)对广东省58个专业镇的研究也表明,行业协会或商会可以为外部资源的融入提供信任的制度基础。从这一点上讲,行业协会的有效运作可以为集群企业外生性集体行动获取所需的外部资源起到保障性作用,使所获资源或支持的质和量更加稳定和可靠。

其二,行业协会所提供的支持服务以及通过协会所能获取的外部资源、信息和舆论支持对集群企业所获外部支持具有补充性作用。这其中包含了两层意思:第一层意思是说行业协会提供的支持和服务具有一定的不可替代性。正如陆冰然和谢思全(2010)所言,行业协会的信息服务涉及专用性人力资本,是商业性信息服务无法完全替代的。这就意味着行业协会的信息服务对于既有的外部资源和支持来说具有不可替代的补充作用。第二层意思是说通过行业协会这个平台可以获得一些集群企业个体所无法获取或获取不足的外部支持,比如舆论支持。广东家具商会通过其传媒中心联了中国家具行业最具实力的20多家行业媒体和大众媒体,大量媒体为信息服务和舆论支持提供了坚实的保障。因此,从这层意义上讲,行业协会的积极介入对既有外部资源和支持也具有重要的补充作用,从而有效地促进集群企业外生性集体行动的形成。

由此,本书提出假设 H9。

假设 H9:行业协会的服务功能对集群企业所获外部支持具有补充性作用,从而有利于促成外生性集体行动,即行业协会的积极介入对外部支持与集群企业外生性集体行动的关系具有正向调节作用。

(四)行业协会对制度许可与行动意愿关系的影响

行业协会对制度许可与集群企业外生性集体行动关系的影响主要体现在两个方面:一是行业协会的积极作为可以起到加强集群企业的制度意识和制度认知的作用,二是行业协会作为地方性行业规制主体对集群企业所发挥的监督、引导和规范作用。

首先,行业协会的积极作为能够加强集群企业的制度意识和制度认知,从而使制度许可对个体集群企业外生性集体行动的影响变得更加显著。我们知道,前文已经阐述过制度许可程度低会制约集群企业参与外生性集体行动的意愿。但无论是其中的遵守逻辑还是畏惧逻辑,最为基础的一环是集群企业应具有制度意识。而行业协会则可以通过宣传、培训、教育与交流等活动提升集群企业的制度意识和规则意识,同时在此基础上深化集群企业对相关制度许可程度的认知和理解。在这种情况下,客观上制度许可程度没有发生改变,但行业协会的介入使得集群企业制度意识和制度认知得到了提升,从而使得既有制度许可程度对集群企业外生性集体行动意愿的影响变得更加显著。

其次,集群里的行业协会作为地方性行业规制主体,对集群企业行为具有监督、引导和规范的作用。行业协会作为一个专业性组织,理应对外生性行动相关的制度(包括法律和法规等)比较了解。在宣传与培训的同时,在相应的制度框架下引导集群企业采取或参与合法的抗争性行为具有重要的作用。换句话说,如果制度环境对某例抗争性行为许可程度低,那么行业协会在此制度框架下对集群企业的引导和监督就会进一步降低其采取或参与此例行为的意愿和可能性。这就是说,在既有制度框架不变的情况下,由于行业协会在制度导引下对集群企业进行引导和监督,因而使其采取或参与外生性集体行动的意愿发生了改变。

由以上分析可得假设 H10。

假设 H10:行业协会的积极介入对制度许可程度与集群企业外生性集体行动意愿具有正向调节作用,从而使得制度许可程度对集群企业外生性集体行动意愿的影响变得更加显著。

(五)行业协会对集群规模与行动意愿关系的影响

集群规模对集群企业外生性集体行动意愿有负面影响。但是,集群内行业协会的存在及其积极作为可以在一定程度上降低集群规模对集群企业外生性集体行动意愿的不利影响。

第一,行业协会作为集群选择性激励的提供者,影响着集群规模与集群企业外生性集体行动的关系。奥尔森(1995)认为,在一般情况下,集团的规模越大,集团成员采取一致性行动的可能性就越小,除非存在着“选择性激励”。而就产业集群而言,集群里的行业协会实际上就是选择性激励的提供者。并且,选择性激励的效果主要是因行业协会的权威性和能力大小而异。一般而言,行业协会的执行能力越强且在行业内的权威性越高,则它对集群企业的激励效果越明显。因此,可以说在规模越大的产业集群中,行业协会的积极介入对集群企业的外生性集体行动形成与发展的意义就越重大,可以在一程度上消除集群规模对集体行动所产生的不利影响,提升集群企业的集体行动意愿。

第二,行业协会作为集群企业外生性行动的领导者,影响着集群规模与集群企业外生性集体行动的关系。拥有超凡魅力的领袖是形成集体行动的重要条件之一(张宇燕,1994)。群体的规模越大,对行动领袖的要求也越高。在集群企业外生性集体行动中,这个魅力超凡的领袖一般是由集群内负有盛名和信誉的龙头企业或者行业协会来担当。特别是行业协会作为自律性的非营利性机构,这些特性以及政府和集群企业赋予它的职权,使得协会自身作为集体行动的组织者比较容易得到集群企业的信任,在这种情况下,它对集群企业的动员力度和幅度就比较大。而动员力度对个体参与集体行动的意愿有显著的刺激作用(金,2008;詹金斯,1983)。由此推断,在规模较大的集群中,行业协会作为领导者的动员效用能够有力削弱集群规模本身对集体行动的不利影响。

由以上分析可得假设 H11。

假设 H11:行业协会对产业集群规模与集群企业外生性集体行动意愿具有反向调节作用,即行业协会在一定程度上削弱了集群规模对外生性集体行动意愿的不利影响。

(六)行业协会对集群类型与行动意愿关系的影响

水平型集群中,集群企业的产出具有明显的相似性,因此共性利益比较突出,也更加显而易见。故而,从利益集团理论的角度来说,水平型集群企业相对于垂直型集群中的企业更具有采取或参与集体行动的共同利益基础。然而,我们实际上观察到的现象却并非如此。水平型集群企业反而更难形成一致性行动意见,其原因有以下两点:其一,企业之间所追求的利益点相似,利益冲突显而易见,企业之间更多地表现为竞争关系而非合作关系,这自然不利于作为高级合作形式的集体行动的形成;其二,利益太过于相似,就容易滋生"搭便车"心理。外生性集体行动的结果具有一定的溢出性,水平型集群企业利益相似度越高,溢出效应就越明显。在这种情况下,集群企业个体出于个体理性选择"搭便车"的心理也越重。而行业协会针对以上两个不利于集体行动的成因,有其相应的治理机制,我们将其概括为"推动机制"和"堵漏机制",两者合并简称为"推堵机制"。

首先,"推动机制"指的是行业协会治理能够推动水平型集群企业之间的合作性行为,从而有利于集体行动形成的机制。水平型集群中的企业之间缺乏坚实和稳定的合作基础,在外生事件这个"外力"的作用下很容易出现各顾各的现象,形同一盘散沙。在这种情形下,集群企业自发形成集体行动这种最高形式的合作,显然难度非常之大。一般而言,在缺乏合作基础和信任基础的情形下,促成合作行为的重要条件之一就是要有一个共同信任的第三方作为媒介。对于水平型集群企业而言,行业协会便是这样一个第三方平台。可以说,一个具有公信力的行业协会可以很大程度上弥补水平型集群企业间信任基础的缺失,搭建起集群企业之间合作的桥梁与纽带,从而"推"动集群企业在"外力"作用下团结起来,形成一股"反作用力"。也就是说,行业协会能够较好地弥补水平型集群企业外生性集体行动形成的短板。而在垂直型集群中,集群企业之间具有完善的供应链关系,相互之间有丰富的合作关系,有良好的合作基础和信任基础,行业协会在这个方面的治理意义显然就要弱于前者。

其次,"堵漏机制"指的是行业协会通过堵住水平型集群企业"搭便车"的漏洞,从而提高其参与集体行动积极性的机制。集群企业间利益越相似,外生性集体行动结果的溢出效应就越显著,这是其容易出现"搭便车"心理的关键所在。此时,若没有行业协会的有效治理,外生性行动就难以形成。而通过前文一些内容我们已然知晓,行业协会在治理集群企业"搭便车"方面发挥着重要的作用。行业协会的选择性激励机制以及集体监督与惩罚机制可以较好地起到"堵"住"搭便车"的漏洞的作用,一定程度上防止"搭便车"行为的发生,尤其是监督能力和执行能力强且在业内具有相当权威性的行业协会发挥的作用更大。

从上述分析可见,行业协会治理的"推动"和"堵漏"机制能够针对水平型集群企业间合作基础缺乏和"搭便车"动机明显不利于外生性集体行动形成的两大主因发挥作用,一定程度上弥补了水平型集群企业外生性集体行动形成的短板,从而提升水平型集群企业参与外生性集体行动的意愿。

基于此可得出假设 H12。

假设 H12:行业协会的积极介入对于水平型集群企业外生性集体行动意愿的提升具有更加显著的影响。

二、行业协会的作用机制模型

行业协会在集群企业外生性集体行动中的作用机制可以这样来描述:当集群外部发生某个或某些影响集群企业利益的事件或行为(简称为外生事件)时,集群企业会不会因此组织起来,为共同的利益和目标而统一行动

（集体行动），除了受外生事件的影响之外，还受到反抗意识、外部支持、制度许可、集群规模、偏集群类型等多个层面因素的影响。而在这些因素影响集群企业参与外生性集体行动决策的过程中，行业协会起到了调节性的作用，即行业协会的积极介入和有效作为会在一定程度上加强或削弱上述因素对集群企业外生性集体行动意愿的影响，从而最终影响集群企业集体行动。

根据第三章中已经阐述的总体概念模型设计（参见图 3-3），结合本章对集群企业外生性集体行动影响因素的分析及行业协会从中所起调节效应的分析，可得行业协会对集群企业外生性集体行动的作用机制模型。为更直观地呈现上述机制，在此以图 6-1 来具体刻画。

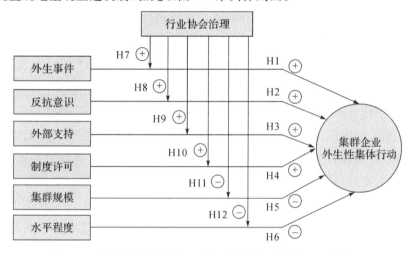

图 6-1　行业协会对集群企业外生性集体行动的作用机制模型

第七章　行业协会对内生性集体行动
作用机制的理论构建

在第五章中，我们以案例研究的形式对集群企业内生性集体行动的前置影响因素进行了初步探讨，得到了集群企业内生性集体行动特有的"五核心因素"，厘清了集群企业内生性集体行动前置主因是什么的问题。这仍然属于典型案例性质的研究，对于这些前置因素为什么以及如何影响集群企业内生性集体行动的认识是不够透彻的。特别是关于"五核心因素"对集群企业内生性集体行动究竟有什么样的具体影响仍然没有解释清楚。这需要就前置因素对集群企业内生性集体行动具体表现为什么样的影响做出理论性分析。

为此，本章将在文献综述部分对相关理论做出回顾的基础上，结合第三章中的构思逻辑与研究模型的设计思路以及第四章中内生性集体行动影响因素案例研究的结果，就作为前置因素的"五核心因素"对集群企业内生性集体行动的主因效应进行系统的理论分析。并且，在完成主因效应分析的基础上，讨论行业协会从中可能所起的调节性作用。最终，根据分析结果分别提出相应的理论假设和命题，初步构建起行业协会在集群企业内生性集体行动中的作用机制模型，用以描述集群企业内生性集体行动中行业协会的具体影响机制。

第一节　集群企业内生性集体行动影响因素的作用逻辑

一、内生需求与集群企业内生性集体行动

理性选择理论认为，对公共物品的需求才是导致集体行动的原动力（曾鹏、罗观翠，2006）。其基本逻辑是公共物品无法完全通过个体的努力实现，而需要多个相关参与人的共同努力才行。从这一点上讲，要想满足对公共物品的需求就必须有集体行动，但现实中经常会出现"需求不足"或

"需求不旺"的尴尬局面。我们认为主要是两个原因所致：第一个原因是内生需求不被企业所感知或者需求感知困难。企业并没有意识到这种需求的存在，对于这种需求的实现和满足所产生的价值和意义并不十分清楚，从而表现出"无需求"的状态。需求没被感知自然就无法使个体企业积极主动地采取或参与相关的集体行动。第二个原因是需求感知不足。尽管个体企业对内生性公共物品的需求有感知，但如果感知程度低，仍然很容易选择放弃而不是参与集体行动。个中原因还得从上述基本逻辑说起。一方面，个体企业会意识到获得这种内生性公共物品并非自己努力就能完全如愿的，而需要多个其他参与人的努力。这就牵扯个体之间行动成本的分摊问题，因而往往难以有效地达成共识。并且，还牵扯到承诺兑现的信任问题。于是，一些对内生性公共物品的需求不是很强烈的个体就很容易放弃。另一方面，个体企业也很明白内生性公共物品的公共属性，那些对公共物品需求不是很强烈的个体，实质上意味着他从公共物品中所获的利益很小、不够直接或不够显著。在这种情形下，理性个体基于成本与收益的计算，就会主动放弃需求，放弃参与行动；而只有那些对内生性公共物品的需求相对强烈、受益显著或直接的个体才会对参与集体行动表现出相对积极和主动的态度。

那么，如何解决这种需求感知困境呢？如何让集群企业对集群公共物品（如共性技术、公共环境、集群品牌等）产生需求呢？换句话说，怎样才能让集群企业感知到这些需求，并且使这种需求感知足够强烈？笔者认为可以从以下两点来理解。第一，集群公共物品的可被感知性。从集群公共物品的角度讲，这种可被感知性取决于两个方面因素，一是公共物品本身的价值和重要性，对集群整体及集群企业来说，价值越高且越重要的公共物品是其可被感知性的物质基础。二是集群公共物品知识和信息的展露。有关集群公共物品的价值和意义的知识和信息是否能充分展露在集群企业的感知范畴之内，这些公共物品的存在和供给信息是否能为集群企业充分接触。若是，则表明集群公共物品的可被感知性强，容易使集群企业产生需求。第二，从需求感知主体的角度讲，集群企业的需求敏感性很重要。一般而言，企业对于那些与自身利益和发展密切相关的产品和服务表现出较强的需求敏感性，特别是对于那些当前发展急需的产品和服务会表现出更强的需求敏感性。也就是说，从感知主体而言，公共物品与集群企业利益和发展的相关性及公共物品对集群企业实现利益和发展的紧迫性是集群企业需求敏感性的决定性因素。

　　首先,相关性指的是公共物品与个体企业利益和发展的关联性程度。鲍恩(Bowen)、班索尔(Bansal)和斯拉文斯基(Slawinski)(2018)对 12 家矿沙公司联合采取的集体行动研究表明,它们对小规模的环境治理问题,如尾矿池和水处理,很容易形成合作关系,开展合作性集体行动;而对大规模环境治理问题,如温室气体排放等,却难以形成有效合作性行为。究其原因不难发现,像尾矿池和水处理这样的环境治理与这些矿沙企业的关联度很高,即相关性强;而温室气体排放与它们及很多其他企业都没有太大关系,即相关性相对较弱。可见本书所称的相关性对企业参与集体行动的影响很大。并且,在集群内生性集体行动中,不同的集群企业与不同类型的内生性公共物品的关系紧密程度是不一样的。以集群环境治理集体行动中的污水治理为例,污水流经沿途两侧的集群企业与污水治理的关系紧密程度就明显要高于其他集群企业。相对而言,集群企业对污水治理需求感知更加容易和明显,也就更愿意参与治理行动。其次,迫切性指的是集群企业希望得到内生性公共物品利益的时间紧张程度。具体而言,有两种情形。一种情形是相关性密切的个体随时间推移或关键性事件而表现出迫切性。如污水流经两侧的企业平时对污水虽然有感知需求,但都保持观望和若无其事的态度。可是,如果其中某个企业近期将迎来一个重要的考察团,而这个考察团对企业周边环境又特别关注,那么这个企业就会对污水治理行动表现出积极和主动的姿态。另一种情形是相关性程度相对较弱的集群企业由于关键性事件的发生而突然对内生性公共物品的利益有了渴求,从而对参与集体行动表现出积极和主动的姿态。综上,按相关性和迫切性可知需求感知的四种状态:木讷状态(低相关性,低迫切性)、慢热状态(高相关性,低迫切性)、火热状态(高相关性,高迫切性)和应急状态(低相关性,高迫切性),以及可能的演变路径,如图 7-1 所示。

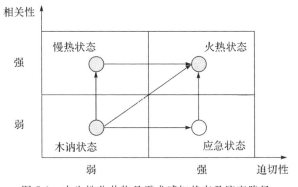

图 7-1　内生性公共物品需求感知状态及演变路径

总而言之,就某个特定集群企业而言,对内生性公共物品所体现出来的利益相关性和需求迫切性越强,则意味着其需求感知越强烈。那么,特定集群企业参与内生性集体行动的意愿也就越强。因此,可得假设 H13。

假设 H13:集群企业对内生性公共物品的需求感知越强烈,参与内生性集体行动的意愿也越高。

二、长期导向与集群企业内生性集体行动

长期导向是霍夫施泰德(Hofstede)(1991,2001)等人在调研亚太地区国家和地区时发现并提出的一个文化维度,现已广泛应用于组织研究。从组织文化的角度讲,长期导向可以理解为组织对未来的态度[约翰逊(Johnson)、马丁(Martin)、赛尼(Saini),2011],对长期利益和目标的价值观(赛尼、马丁,2009)和对具有长期意义并需要持续投入的行为的倾向[伦普金(Lumpkin)、布里格姆(Brigham)、莫斯(Moss),2010]。简单地讲,拥有长期导向文化特征的组织会积极关注未来的发展,对未来保持积极和乐观的态度;关注长期利益的获得和长期目标的实现,对组织长期竞争优势的形成与获得比较重视;关注那些具有长远影响和长期意义的决策与行为,并愿意为其进行持续性的投入。

与长期导向相对的概念是短期导向,这一对概念经常同时出现。为更好地区分两个概念,进一步理解长期导向,笔者对以上两个概念做如下比较,详见表 7-1。

表 7-1　长期导向与短期导向的比较

项目	长期导向	短期导向
时间观念	更多关注未来	更多关注当下
利益观念	更多关注长期收益	更多关注近期收益
行为观念	更多采取持续性行为措施	更多采取暂时性行为措施
交易观念	采用关系交易来最大化利益	采用市场交易来最大化利益
发展观念	动态发展地看待事物	用静态观点看待事物

首先,从利益和目标的期限上来看,内生性集体行动所追求的目标往往具有长期性特点,所产生的利益往往具有远期性特点,与长期导向集群企业的利益观念吻合。比如,集群环境治理方面的内生性集体行动,需要有一个长期的治理目标。显然,从长远来看,环境治理对集群内企业来说是有益的,但在短期内难以体现出来。所以,短期导向的集群企业往往难

以看到这种潜在的利益,而那些具有长期导向的集群企业出于对未来发展的考虑而往往更愿意采取战略性的行动。再如,集群知识产权保护方面的内生性集体行动,旨在保护集群企业的创新收益,促进集群企业创新的积极性。一般而言,那些具有长期导向的集群企业往往更愿意开展创新活动,以保持企业的持续竞争优势。因此,他们相对更加希望有相应的知识产权保护举措,也更加愿意并有动力参与此类集体行动。

其次,从行为和投入的时间上来看,内生性集体行动往往需要集群企业持续性的投入和参与,比较吻合具有长期导向集群企业的时间观念和行为观念。这种持续性特征一方面与内生性集体行动的利益和目标有关,长远的利益和目标要求集群企业的投入和参与也要有一定的持续性才能够实现;另一方面,这种持续性特征还与内生性集体行动的手段有关。温和而非冲突性行动手段也意味着集体行动的利益是渐进式的,而非一蹴而就的。这两个方面都比较符合长期导向集群企业的行为观念。换句话说,那些具有长期导向的集群企业相对更能够接受,也更愿意参与这种需要持续投入的行动。

鉴于以上分析可见,长期导向对集群企业参与内生性集体行动的意愿和动力有重要的影响。具有长期导向的集群企业更愿意参与内生性集体行动。由此,可得假设 H14。

假设 H14:集群企业的长期导向越显著,参与内生性集体行动的意愿就越强。

三、本地嵌入与集群企业内生性集体行动

本地嵌入也被称为地方根植性。跨国公司、产业转移、产业集群等领域的研究中都有涉及本地嵌入的概念。李玉蓉和莫微微(2014)指出,跨国公司的本地嵌入是其与本地政府、企业及其他机构建立的正式和非正式联系,在本地结网和扎根,并对本地经济和社会发展产生一定影响的行为。黄坡良(2011)认为,产业转移中的本地嵌入是指转移企业在转入某一区域后通过建立本地生产网络与地方发生各种经济、社会和文化上的联系。周虹等(2006)认为,集群企业的本地嵌入是指企业经济行为嵌入地方社会、文化和政治关系中。从以上对于本地嵌入的界定来看,可得两点认识:其一,本地嵌入与"网络"或"关系"等概念有关,强调的是个体之间、个体与群体及个体与环境之间的联系;其二,本地嵌入与"地方""当地"或"本地"这些地理区位概念有关,即上述这些联系是以特定的地理区位作为载体或平

台的,离开这个载体或平台则在某种程度上意味着失去这些联系及其产生的效果。综合以上两者,可以将本地嵌入理解为一种强调企业与本地范围内其他组织以及产业发展基本要素环境紧密联系的现象。基于此,我们将集群企业的本地嵌入界定为集群企业的行为和发展广泛受到它与本地其他组织机构的关系以及本地产业发展基本要素环境影响的程度。

　　具体而言,它与本地其他组织机构的关系指的是集群企业与本地上下游企业、地方政府、当地金融机构和中介机构等所形成的合作、互动与依赖关系。而概念界定中的产业发展基本要素环境主要指的是集群企业的行为和发展与本地的人才、技术、资金、市场、信息及政策等之间的紧密关系。研究一下国内外的产业集群会发现,很多集群企业都能找到特有的地方根植性。比如,美国的硅谷集群、中国温州的服装集群以及中国绍兴的纺织印染集群等。在这些集群中,硅谷企业、服装企业、纺织印染企业之所以能诞生并发展起来,很大程度上是因为它们在美国硅谷、中国温州和中国绍兴。它们的生存和发展与其所在地方有着千丝万缕的联系,因此这些集群企业的行为会具有明显的地方性特征。还有一些产业集群在地方根植性方面表现得极其明显,如钦州坭兴陶文化产业集群和江西景德镇陶瓷产业集群等,由于陶瓷历史文化、工艺技术和土质特征等地方特有产业发展要素,这些集群企业大多具有极深的地方根植性。

　　当然,并不是所有产业集群中的企业都具有显著的本地嵌入或地方根植性。这句话包含了两层意思:第一层意思,不同类型产业集群,其集群企业的本地嵌入(地方根植性)是不同的。周虹等(2006)的研究曾将集群分成依靠本地资金技术等发展起来的内源型集群和利用国外资金技术发展起来的外源型集群两种,并发现内源型集群中的企业具有较强的地方根植性,而外源型集群中的企业地方根植性较弱;第二层意思,在同一集群内,不同集群企业的本地嵌入(地方根植性)也存在着程度上的差异。也就是说,即使是在内源型集群中,集群企业的本地嵌入程度也是不同的,只不过相对于外源型集群来说,具有明显本地嵌入的集群企业比例相对要高一些而已。而在外源型集群中,同样可以找到本地嵌入显著的集群企业,只不过这种集群企业的比例相对要低很多。

　　基于社会资本的有关社会运动研究文献指出,强关系非常有利于召集成员采取一致性行动[古尔德(Gould),2003]。这一结论从侧面反映出那些本地嵌入程度强的集群企业更有可能参与产业集群内生性的集体行动。下面将分两方面进一步阐述为什么本地嵌入有利于强化集群企业参与内生性集体行动的意愿。

第一,本地嵌入会滋生出本地情感和本地身份认同。那些本地嵌入明显的集群企业对地方产业发展要素给其创造的条件和影响的认知是比较明确的。集群企业存续和发展的时间越长,本地化情感也就会越强烈,企业会表现出不愿意离开本地而转移至外地的心理,对外加在企业身上的地方烙印接受和认同的程度也会变得越来越高。因此,这些集群企业主观上相对更加愿意参与和支持地方上集群内的一些活动,包括对集群企业具有共性利益的内生性集体行动,甚至是一些公益性行动。同时,这种本地化情感和本地身份认同还会使集群企业在同等条件下更加喜欢与本地企业合作。这就使得集群企业的集体行动有很好的合作倾向作为基础,在内生性需求面前,更容易形成合作和集体行动。

第二,从集群层面上讲,本地嵌入有利集群企业形成集体认同。由上一条可知,本地嵌入有利于促进集群企业对本地身份的认同,那么一个本地嵌入越显著的产业集群,接受和认同本地身份的集群企业就会越多。这在一定程度上有利于集群企业因本地身份认同而形成基于地方(本地)的群体(或集体)认同。已有研究表明,个体对群体的认同感越强,越有可能持有群体的观点和采取对群体有利的行动(王彦斌,2006)。当这种认同感比较强烈时,个体就会产生群体内偏好和集体行动[迪莫卡(Dimmocka)、格诺维(Grovea)、埃克伦达(Eklunda),2005]。从这一点上讲,内源型集群由于地方根植性较显著,更有利于内生性集体行动的形成。

基于以上分析,笔者提出假设 H15。

假设 H15:集群企业的本地嵌入越明显,参与内生性集体行动的意愿就越强。

四、政策激励与集群企业内生性集体行动

公共政策理论的相关研究中,政府及政策与民众群体性事件的关系是一个热门的话题。但是,研究的焦点较多关注地方政府对民众利益的侵害而引发的群体性事件(王精忠,2007;袁金辉,2010),或者说是民众的利益受到政策性损害而导致利益受损群体发起的集体行动(昌业云,2009)。前文中,从我们对于外生性集体行动的界定和特征分析可知,上述这种群体性事件或集体行动属于外生性集体行动。在这种类型的集体行动中,地方政府或政策被视为外生性集体行动的直接诱发因素。然而,地方政府或政策与群体性事件或集体行动还有另外一种类型上的关系,即地方政府或政

策作为引导因素或激励因素而存在。王德福(2011)的调查研究发现,农村里正在形成一种"政策激励型"群体性行为,即农民的这种集体性的利益表达行为是受有关政策的激励而形成的。在这种关系中,政策对相关群体而言具有增益性或增效性作用,而非损害性,由此对群体性事件或集体行动起到一定程度上的激励和引导作用。当然,集体行动的性质也不像前一种类型那样是以地方政府或政策为标靶的抗争性行动。

在集群内生性集体行动中,地方政府及其他规制者的政策则可视为一种"选择性激励",其目的就在于鼓励集群企业参与到某项具体的行动中去。比如,集群内的共性技术研发,光靠政府或公共研发机构是难以做好的,需要集群内的领先企业、富有实力的中型企业,甚至是具有创造力和创新性的小企业共同参与才能够真正解决集群发展中的共性技术需求及瓶颈问题。在这一过程中,集体行动的目标是解决集群企业的共性技术需求及瓶颈,属于典型的集群内生性集体行动。与外生性集体行动相似的是,这样一项内生性集体行动同样会有很多想"搭便车"的集群企业,想要低成本甚至零成本地享受共性技术的溢出效应。显然,这种想法的集群企业多了自然对于行动的开展及目标的实现是极为不利的。此时,政策激励的增益性就需要明显地体现出来。也就是说,"搭便车"的集群企业可以低成本或零成本地受益于内生性集体行动的成果,但无法享受激励性政策的利益。"小河刀具"的实践活动已经表明,地方政府的政策支持和引导对于集群企业参与集群内联合技术开发、技术共享及新市场开拓等内生性集体行动有明显的促进作用(唐中理,2013)。因此,笔者认为,只要激励性政策具体明确、针对性强,而非模棱两可,对集群企业参与内生性集体行动的意愿而言,就具有一定的刺激和提升作用。即使存在着"搭便车者",激励性政策的这种激发作用依然能够体现出来。

鉴于此,笔者提出假设 H16。

假设 H16:集群企业所感受到的政策激励越显著,参与内生性集体行动的意愿也越强。

五、同行反应与集群企业内生性集体行动

同行反应在这里指的是行业内的从业者或企业对某项活动所做出的反应性行为。这种反应性行为可能是积极的,也可能是消极的。不管是哪一种类型,先做出反应性行为的从业者或企业会对尚未做出反应的行业内个体产生一定的影响。根据前文中案例研究的结果,这种影响可以概括为

两种效应,即"示范效应"和"羊群效应"。也就是说,要分析同行反应与集群企业内生性集体行动的关系,也可以从这两种效应的角度入手。

首先,从示范效应的角度讲,同行的反应会影响集群企业参与内生性集体行动的意愿,其内在作用逻辑是启发或学习。在以往有关集体行动的研究中,已有学者注意到了示范效应的存在。任伟鹏(2011)以出租车集体性停运事件为例的集体行动研究发现了明显的示范效应,这可以从后来陆续在广东潮州和海南三亚等地发生的同类事件中得到验证。后发事件中的参与者们会从前一事件中得到启发,从而采取类似的方式和措施来解决问题。李艳(2012)以南海本田集体性事件为例的集体行动研究也得到了相似的结论。她发现,新生代劳动者会通过学习先例加深对此类行动的认识,并从中得到启发,改进和提升他们的集体行动策略。虽然以上两项研究均针对的是先发与后发集体行动之间的示范效应,与本书研究对象有所区别,但这并不妨碍我们对集体行动中示范效应的理解和借鉴。事实上,从以上两项研究中我们可以得到两点:第一,示范效应的内在作用机制是学习与启发。先发者对于后发者的示范作用以及作用大小取决于后发者的学习能力,只有通过学习才能从中得到启发,并通过效仿或借鉴等方式体现在其自身的反应性行动当中。第二,示范效应并不意味着完全照搬照抄先行者。以照搬先行者的模式采取行动只是示范效应得以体现的方式之一,但并非总是如此。后发者有可能会在学习的基础上根据受到的启发而对其参与过程、参与方式、参与时机等一个或若干个方面做出些许调整,这都是很正常的。

借鉴到内生性集体行动当中,我们发现存在着同样的示范效应,其内在作用机制同样可以用学习与启发来解释。譬如,在永康运动休闲车集群企业集体维权活动当中,有些集群企业起初参与集体行动的意愿并不强烈。其中一个原因是不太相信活动会有明显的效果,唯恐活动仅仅是一纸空文而已。但当一些企业通过集体维权的形式着实保护了自己的创新产品之后,有着同样处境的集群企业普遍受到了启发,并在一定程度上效仿先行同行企业的做法,积极参与到集体行动中来。这部分集群企业参与集体行动意愿的提升很显然有先行同行企业示范效应的功劳。

其次,从羊群效应的角度讲,同行的反应也会影响集群企业参与内生性集体行动的意愿,其内在作用逻辑是从众或求同。在以往的研究中,有些会将羊群效应、示范效应以及传染效应等一些概念交叉使用,认为这些概念尽管用词不同但意思极为相近[曼斯基(Manski),2000]。笔者也非常认同这一点,也正因如此才把羊群效应和示范效应一同作为"同行反应"概念下两个相互关联的二级编码。因此,曼斯基(2000)的文章刚好为案例研究中的涌现结果以及编码的合理性提供了理论上的支持。但同时,笔者认为,在羊群效应中作为先行者的同行企业对后发集群企业的影响机制略有别于示范效应。在已有的集体行动研究文献中,学者们也已经关注到了羊群效应的存在。譬如黄岭峻和张文雯(2015)对一项农民工有组织的集体行动的研究表明,个体在其他农民工行为的带动下会降低参与集体行动的恐惧感,因为他们会认为参与者人数众多就不会有大问题,从而提升参与集体行动的意愿。可见,农民工参与集体行动的部分原因可用从众心理作解释。再如,赵崴斐(2013)的一项关于网络集体行为的研究也表明,个体网民参与集体行动的原因可能仅仅是群体中"多数"网民做了这样的决定或采取了这样的行为,个体会表现出与"多数"保持一致的心理和倾向。可见,网民参与集体行动的部分原因也可用从"众"或求"同"心理倾向作解释。类似的研究还包括梅西(Macy)、马韦尔(Marwell)和奥利弗(Oliver)(1993)的集体行动研究著作等。基于上述已有研究成果易知,正是个体的"从众"或"求同"倾向,使其表现出"跟着走"的羊群效应。鉴于此,我们将"从众"或"求同"理解为内生性集体行动中羊群效应的内在作用逻辑。

那么,为什么集群企业在内生性集体行动中会秉持这样一种逻辑呢?我们认为主要原因有以下三个方面。第一,个体一般情况下会自然地相信群体的选择是对的,除非是个体非常擅长或熟悉的领域,不然都会不自觉地跟随群体的意见和所做的选择。在集群企业内生性集体行动中,很多效果如果具有不确定性,个体企业不能轻易下明确结论。在这种情形下,个体集群企业很自然地就跟着走了。第二,个体会认为即使群体性行动是错的,也不会受到严厉的惩罚。撇开其他原因不谈,单就参与企业的数量而言,已有参与者越多,则个体企业就越可能加入集体行动中来。因为此时的个体会想,即使行动有不到之处也会"罚不责众",从而避免承担严重后果,因此相对来说就更敢于跟着走。第三,群体中的个体担心或害怕被孤立的感觉。集群企业内生性集体行动往往指向有利于集群可持续发展或长期竞争力的美好目标和期望。可以说,一定程度上会创造出集群和企业双赢的局面。因此,不参与的集群企业可能会有一种自我孤立或被孤立的感觉。在这种情形下,个体集群企业主观上相对更愿意跟着走,而避免陷入这种没有太大必要或太大意义的孤立感或被孤立感。在海宁调研的时候,我们谈到集群企业共同参与地方性五水共治的意愿时,企业表示"如果大家都这么做,那我们肯定也会的"。这个来自实地调研的信息表明,企业愿意跟着走,以跟随形式参与进来,而不会主动落下。这可以有力地佐证上述观点及内生性集体行动中羊群效应的存在。

基于以上的讨论与分析,笔者提出假设 H17。

假设 H17:集群企业所感知到的同行反应越积极,参与内生性集体行动的意愿也就越强。

六、集群因素与集群企业内生性集体行动

前文关于为什么是"五核心因素"而不是"七核心因素"的讨论中已经指出,同时通过外生性集体行动的研究也发现,集群规模与集群类型两个集群层面因素对外生性集体行动的影响逻辑具有一定的普适性,即两者的作用逻辑同样适用于解释他们对内生性集体行动意愿的影响。鉴于此,此处将不再探讨两者的作用逻辑,而是进一步通过对比方法探讨两者对外生性集体行动和内生性集体行动的影响程度问题,并提出相应的推论。

(一)集群规模与集群企业内生性集体行动

笔者认为,集群规模与内生性集体行动的关系也呈现出反向关系,即集群规模越大,越不利于内生性集体行动的形成。其中的逻辑与前文相应部分所述相似,在此不再赘述。鉴于此,本部分不再就此提出新的假设,在调节效应的分析中也不再对此进行另外的探讨。同时,在实证分析中也相应地将集群规模作为控制变量进行处理。

虽然集群规模对内生性集体行动和外生性集体行动的影响逻辑相似,但是如果我们对比一下,两者有些细微差异。单纯地从规模的角度来讲,规模对集群企业外生性集体行动意愿的削弱程度要略低于它对集群企业内生性集体行动的影响。为什么这么说呢?

首先,陈抗(2015)对团队凝聚力的研究表明,外在压力有助于提升团队的凝聚力,外在压力越大则团队的凝聚力会相应变得越强。其次,陈建军等(2013)在企业层次上的研究也发现类似的结论,即当外部竞争压力加大时,区域内的企业会形成一种"抱团效应"来抵消部分外来的压力。也就是说,在给定其他条件不变的情况下,外来压力可以促进群体的凝聚和向心力。笔者将群体中的个体之间或子群之间变得较之以往更加强调共性及更为团结的现象称为"求同效应"。虽然规模大了,集体的概念和意识就会变得淡漠,从而削弱了集体认同和一致性行为的概率。当个体在面对外来压力时,他们的集体意识和集体情感就会随之被激发出来,压力越大,激

发出的集体意识和集体情感就会越强。这个过程被涂尔干(2000)称为"情感唤起",它对集体行动的形成至关重要。情感唤起越明显,则"求同效应"越显著。由上可知,这种"求同效应"有利于集群企业形成一致性意见或行动,而内生需求条件下没有这种效应。相反,内生需求往往会因群体内的个体之间或子群之间存在差异,而难以形成一致性意见或行为。笔者将此称为"存异效应"。因此,从这个意义上讲,集群规模对集群企业外生性集体行动意愿的弱化效应会低于其对集群企业内生性集体行动意愿的弱化效应。

鉴于此,我们可得推论1。

推论1:集群规模对集群企业内生性集体行动意愿有负面影响,集群规模越大越不利于激发集群企业参与内生性集体行动的意愿。并且,相对于外生性集体行动而言,集群规模对集群企业内生性集体行动意愿的负面影响程度或弱化效应要更加明显。

(二)集群类型与集群企业内生性集体行动

在外生性集体行动的章节中,笔者已经阐述了集群类型对集群企业外生性集体行动意愿的影响。对于内生性集体行动而言,集群类型所产生的影响也比较相似。也就是说,笔者认为,一般而言,越趋向于水平型的产业集群,其集群企业参与内生性集体行动的意愿会越低,集体行动越难以形成;而越趋向于垂直型的产业集群,其集群企业参与内生性集体行动的意愿相对较强,集体行动相对更容易形成。个中逻辑与前文中关于集群类型与外生性集体行动的相应章节所阐述的类似,在此也不再赘述。因此,也就没有必要再就此提出假设。同时,在调节效应的分析中也略过行业协会对集群类型与内生性集体行动的调节作用,并在实证分析的相关章节中将集群类型作为控制变量来处理。

但是,比较一下集群类型分别对内生性集体行动和外生性集体行动的影响,仍然可以发现一个有趣的现象。正如前文所述,在外来压力面前,群体内的个体之间或者子群之间会出现"求同效应";而在内生需求面前,群体内的个体之间或者子群之间会出现"存异效应"。类似地,根据前文相应章节对集群类型与外生性集体行动关系的阐述易知,相对于水平型集群来说,垂直型集群内企业之间更容易形成"求同效应",进而更容易形成集体行动;而水平型集群强调竞争多于合作,容易出现"存异效应",不利于形成集体行动。至此,可得一个关于集群企业集体行动意愿强弱的四分模型,如图7-2所示。

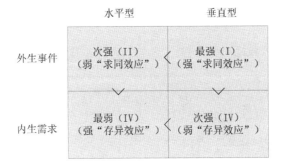

图 7-2　集群企业集体行动意愿强弱四分模型

　　不考虑其他因素的影响，单纯从集群类型的角度来讨论。第一，就集体行动的性质而言，外生事件会导致集群企业的"求同效应"。所以，无论是垂直型集群还是水平型集群，集群企业参与外生性集体行动的意愿要强于其参与内生性集体行动的意愿。

　　第二，就具体的外生性集体行动而言，垂直型集群内企业参与外生性集体行动的意愿要强于水平型集群。在垂直型集群中企业之间具有良好的合作基础和历史的若干个子群，如图 7-3 左边图中以 A1、A2 和 A3 为核心所形成的三个子群，子群内个体之间的利益和情感都进行了捆绑，本身就是一个求同的结果。各个子群之间或有或没有直接的链带，但由于垂直型集群内细致的产业分工和丰富的供应合作关系，子群之间一般很少是完全独立的。比如，A1 子群与 A3 子群之间经由 b5 可建立联系；A1 子群与 A2 子群之间经由 b3 可建立联系。A2 子群与 A3 子群没有短距离的链接，但经由 b5-A1-b3 的长链接依然可以建立联系，同理还可建立各子群与 c6、c10、b10 等的联系。当然，现实生活中不可能这么完美地使垂直型集群内的所有企业都有群内关联，不可避免地还是会有一些"孤岛"存在，如 c9 和 b8 等。即使如此，也不会对集体行动造成实质性伤害，毕竟集体行动不等于所有成员都要行动。因此，不仅子群内部企业之间，而且子群相互之间以及子群与其他个体企业之间也容易形成关联。而水平型集群中企业的产出过于相似，并且产出主要去往集群之外。水平型集群企业之间虽然也存在着一些利益和情感的捆绑，但主要是简单的协作与分包关系（如图 7-3 右图中的 L、L1 和 L2；M 和 M1；N1 和 N2 等）。水平型集群企业之间更多强调的是竞争而非合作。此时，水平型集群企业的集体情感处于休眠状态，不利于唤起或唤起困难。而垂直型集群内企业间的集体情感则处于活跃状态，易于受外来压力的唤起。基于此，笔者认为垂直型集群内企业参与外生性集体行动的意愿要强于水平型集群。结合第一点的认知,可得推论2。

推论2:垂直型集群中的企业参与外生性集体行动的意愿最强。

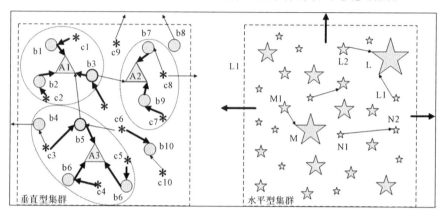

图 7-3　垂直型和水平型集群内企业之间的关系

第三,就具体的内生性集体行动而言,垂直型集群内企业参与内生性集体行动的意愿也强于水平型集群。内生性集体行动主要是建立在内生需求的基础上,在没有外来压力的情况下要产生"存异效应"。也就是说,水平型集群内企业就不会显得那么团结。即便是垂直型集群,A1、A2和A3三个子群,以及三个子群与其他个体集群企业之间主要表现为竞争关系,在无外来压力的条件下容易产生"存异效应"。即使如此,相比于水平型集群企业之间松散且无序状态下的"存异效应"来说也要显得有序得多。因此,笔者认为垂直型集群内企业参与内生性集体行动的意愿要强于水平型集群。结合第一点的认知,可得推论3。

推论3:水平型集群内企业参与内生性集体行动的意愿最弱。

综合以上三点基本认知,可得推论4。

推论4:垂直型集群内企业参与内生性集体行动的意愿及水平型集群内企业参与外生性集体行动的意愿次强。

第二节　行业协会对集群企业内生性集体行动的作用机制

一、行业协会的调节效应分析

(一)行业协会对需求感知与行动意愿关系的影响

消费者行为的研究成果表明,个体的消费行为始于对需求的认知,即首先是消费者主动或被动地认知到需要,这是最为基本的第一步。而自消费者认识需要开始到最后是否能真正实施购买行为这一系列过程中,有两个因素会在实施行为前的最后环节上起关键性作用,一是意外事件,二是他人态度(王生辉、张京红,2016)。笔者认为,上述逻辑同样适用于集群企业的需求感知与内生性集体行动。也就是说,意外事件和他人态度在集群企业参与内生性集体行动前的最后环节上同样发挥着至关重要的作用。当然,这里的"他人"指的是其他集群企业。

顺着这一逻辑,笔者认为行业协会在"他人态度"上至少有两个方面的作用。其一,对会员企业的内生性行动态度具有积极引导作用。据杨剑和黄建(2016)的研究,行业协会对会员在多个方面的意识、看法和态度都能起到积极引导作用。如果行业协会对内生性行动持鼓励态度,那么可以通过协会这个沟通平台引导会员企业形成积极的态度,统一或相对统一会员企业的认识。其二,对部分企业内生性行动态度的信息具有传播分享作用。集群企业之间也存在着严重的信息不对称问题,而行业协会是解决集群企业之间信息不对称的重要手段之一(马宇,2007)。信息不对称使得其他集群企业对内生性行动态度的相关信息无法有效地被焦点企业获取,从而使某些有需求感知的集群企业采取行动的意愿不够强烈。如果行业协会的初衷是鼓励集群企业参与的,就会积极介入,向那些有内生性需求感知的集群企业传递其他企业[①]对此的积极态度,这可以很大程度上使那些集群企业在有了需求感知之后能坚定不移地采取相应的行动,对参与行动表现出强烈的意愿。当然,如果行业协会对内生性行动持否定意见,也可以通过引导部分会员企业形成否定性态度,再将这种否定性态度的相关信

[①]　这里所指的"其他企业"既可以是会员企业,也可以是非会员企业;既可以是集群企业,也可以是非集群企业。一般而言,与焦点企业身份最相似的"其他企业"的态度对其影响往往是最大的。

息传递给其他有类似需求感知的集群企业,同样可以降低其行动意愿,起到抑制其采取或参与行动的作用。由上可知,行业协会的积极态度和介入可以使集群企业在需求感知的基础上增强其行动意愿,起到正向促进作用。反之,则会削弱集群企业的行动意愿。

基于此,提出假设 H18。

假设 H18:行业协会的积极态度和介入对需求感知与集群企业参与内生性集体行动的意愿具有正向调节作用。

(二)行业协会对长期导向与行动意愿关系的影响

一般而言,在不考虑其他因素的影响下,长期导向的集群企业更注重长远的发展和稳定的合作。然而,在现实的经济活动中,并非总是如此。因为还有一些其他的因素会对长期导向与合作行为的关系产生扰动,譬如集体主义/个体主义[坎农(Cannon)等,2010]、权力不对称性及环境不确定性[柳(Ryu)等,2007]、组织间信任(董维维等,2016)等。换句话说,集体主义/个人主义、权力不对称性、环境不确定性和组织间信任等这样一些因素在一定程度上影响着长期导向与组织间合作行为的关系。

已有研究文献指出,行业协会或商会对于个体间或企业间的信任关系建立有着密切关系。朱展斌和曾天亮(2006)认为,行业协会作为企业间交易的信息集合体,发挥着重要的信息代理功能,对企业间信任的建立起到促进作用。潘文安和骆泽文(2014)以浙商协会为例的研究表明,会员企业合作的信任基础主要是企业信任而不是个人信任。也就是说,相对于个人层次上的信任,建立在企业层次上的组织间信任对于促成会员企业之间的合作行为更为可靠。由此,我们可以推断行业协会主要是因其对企业间信任关系构建方面的作用而对长期导向与企业合作行为产生影响。

既然组织间的信任是其合作的基础,那么对于内生性集体行动这样一种高级的企业间合作行为来说,焦点企业对其他可能参与行动的企业的信任水平也就顺理成章成了影响其最终是否采取或参与行动的重要因素。贡多尔夫(Gundolf)和焦恩(Jaouen)(2005)对先发型集体行动的研究也直接表明了信任是先发型集体行动的主要协调性因素。由前文关于内生性集体行动的内涵界定可知,先发型集体行动与本书所讲的内生性集体行动有相通之处。因此,从这层意思上,我们可以推断行业协会的积极介入及其在企业间信任关系构建方面的作用能够对长期导向与集群企业内生性集体行动之间的关系产生影响。一般而言,那些长期导向的集群企业在越信任其他同伴的情况下,越愿意采取或参与这种具有持续性特征的内生性集体行动。相反,若信任水平太低,则对长期导向与内生性集体行动关系会产生不利的影响。综上,我们认为集群内行业协会的存在和积极介入会促进集群企业间信任水平的提升,而对长期导向与内生性集体行动意愿的关系产生一定程度上的促进作用。反之,则有不利影响。

由以上分析可得假设 H19。

假设 H19:行业协会的积极介入对集群企业长期导向与内生性集体行动意愿的关系具有正向调节作用。

(三)行业协会对本地嵌入与行动意愿关系的影响

正如前文相应章节中所述,本地嵌入会使集群企业滋生出本地情感。并且,出于这种本地化的情感,集群企业在一定程度上愿意为企业所在的当地或集群采取某些行为和措施,甚至是做一些回馈性的贡献。同时,集群企业的"本地"烙印有利于形成集体身份认同。但是,本地嵌入与集体身份认同毕竟不是同一回事,两者有很大的差异。本地嵌入强调的是集群企业对地方或集群的一种归属感或依赖感,但这并不必然就意味着对其他集群企业有认同感。而集体身份认同的核心本质是"朋友角色"的认同,并且这种朋友角色认同主要基于相互依存、共同命运、同质性和自我约束四个方面[文特(Wendt),1994]。换句话说,集体身份认同比较强调个体之间的相互关系,强调是否把对方真正当作自己阵营中命运共同体的一部分。由以上分析易知,如果本地嵌入的集群企业对于其他集群企业有较强的认同感,则采取或参与集体行动的意愿会更加强烈。也就是说,本地嵌入与集体身份认同两者对于促进集群企业的内生性集体行动意愿而言具有一定的互补性。

聂文娟(2011)认为文特(1994)的逻辑是有缺陷的,集体身份认同的核心应该是群体成员身份的认同,关键在于让个体实现由独立性的自我向群体性的自我转变。但聂文娟同时又承认文特提出的相互依存、同质性和自我约束等有助于提升群体中成员的群体意识,进而促进群体成员身份认同的形成,并最终形成集体身份认同。从中可以看到,群体意识作为集体身份认同,形成的内在机制起着十分关键性的作用。那么,对于集群企业层次上来讲,这种群体意识与行业协会是否有关系呢?有什么样的关系?

根据已有研究,我们发现行业协会有助于强化集体概念和提升集群企业集体意识。胡峰和张月月(2013)以纺织代工集群企业为例的研究指出,这些企业需要提高集体意识,加入行业协会中来,用协会的力量解决问题。可以说,加入行业协会是集群企业有了集体意识的一种体现。但行业协会在集群企业入会之后,可以进一步强化他们的集体意识。张栋梁(2015)研究发现,行业协会对行业本身的服务做得不够往往会导致企业集体意识薄弱、集体行动意愿低下。从这些研究成果来看,行业协会若能充分发挥行业服务功能,有益于提升集群企业的集体意识,进而有助于提升集体身份认同的水平。同时,由前文所述已知,集体身份认同能促进本地嵌入集群企业的内生性集体行动意愿。由此就可推出行业协会的积极介入有助于强化集群企业的集体概念和提升集群企业的集体意识,进而有利于促进集体身份认同,从而对本地嵌入与集群企业参与内生性集体行动意愿的关系产生积极影响。

鉴于此,笔者提出假设 H20。

假设 H20:行业协会的积极介入对集群企业的本地嵌入与内生性集体行动意愿的关系具有正向调节作用。

(四)行业协会对政策激励与行动意愿关系的影响

政策激励对集群企业参与内生性集体行动意愿的影响至少会受制于以下两个方面,即激励政策的可兑现性和激励对象的可辨识性。而行业协会恰恰能够对激励政策的可兑现性和激励对象的可辨识性起到辅助性作用。

首先,从激励政策的可兑现性上讲,它是指对集群企业参与集体行动具有激励意图的政策在多大程度上可以真正落实并兑现的。它一方面考验的是政策的可行性,另一方面考验的是政策的稳定性和执行力。而这两方面的考验,最根本还在于集群企业对政策制订和实施主体(在这里主要是指地方政府及其附属机构)的信赖程度。集群企业对地方政府及其附属机构越信任,那么他们对激励性政策的可兑现性就越有信心。在这种情况下,政策激励对内生性集体行动意愿的激发和促进作用就越显著。

行业协会作为连接政府和企业的重要纽带和桥梁,在协调政府与集群企业的关系上起着至关重要的作用。通过行业协会这个纽带和桥梁,以政府为代表的规制者与集群企业之间的沟通更为顺畅。如此,一方面集群企业可以比较好地了解规制者的理念和信息,从而增强信任感;另一方面政府可以更好聆听集群企业的声音,从而使政策更接地气、更具可操作性。由此可见,行业协会的积极介入可以在一定程度上提升激励性政策的可兑现性,从而有助于强化政策激励与集群企业内生性集体行动意愿的关系。

其次,从激励对象的可辨识性角度讲,它指的是激励性政策的受益对象是可被辨识出来的。只有被辨识和被证实的集群企业才能享受应有的激励性政策,而搭便车者和出工不出力者则不能。在这种情形下,政策对集群企业参与内生性集体行动的激励作用才会更加显著。同时,笔者注意到伦诺克斯(Lenox)和纳什(Nash)(2003)的研究中已经指出,行业协会的惩罚性制裁与选择性激励机制的有效性是环境治理集体行动的关键因素。行业协会之所以能从中发挥作用,与其在行业内的监督功能和机制分不开。博弈论的研究结果表明,在有合理的监督和惩罚机制条件下,名声效应(詹国辉、张新文,2018)和声誉机制(陈毅、袁明旭,2006)就会发挥作用,可以有效地抵制机会主义和“搭便车”行为,促进合作行为的产生。由此,笔者认为正是因为行业协会具有监督功能和机制,可以帮助政策的制订者和实施者辨识和证实集体行动者的参与者身份,从而使真正参与的集群企业成为激励性政策的受益对象,获得集体行动的增效性收益。而那些企图“搭便车”的企业则可能根本就没有机会“上车”,或者即便侥幸“上了车”也会因身在“熟人社会”①而无颜坐享其成。由上可见,集群中行业协会的监督功能和机制一方面可以制约集群企业“搭便车”的动机(罗家德等,2013),另一方面则可以保护参与集体行动集群企业的积极性,从而使政策激励能更有效地激发和提升集群企业参与内生性集体行动的意愿。从这一点上讲,行业协会的积极介入也具有强化政策激励与集群企业内生性集体行动意愿的作用。

综合以上两点可知,行业协会在激励政策的可兑现性和激励对象的可辨识性方面所具有的辅助性作用,有利于激励政策对集群企业内生性集体行动意愿的刺激效应。由此可得假设 H21。

假设 H21:行业协会的积极介入对政策激励与集群企业内生性集体行动意愿的关系具有正向调节作用。

(五)行业协会对同行反应与行动意愿关系的影响

通过集群企业内生性集体行动影响因素的案例研究及理论分析,我们已然知晓同行反应是影响集群企业参与内生性集体行动意愿的重要因素之一。并且,在关于内生性集体行动影响因素的案例研究当中,笔者还对

---

① “熟人社会”也或称为“熟人世界”,最初是由费孝通先生在《乡土中国》中提出来用以分析中国社会关系的一个概念,但费孝通先生始终未对这个概念做过明确的界定。通常是指一群长期共同生活或经常打交道的个体所构成的圈子。在这个圈子中,大家会多次反复交往,实际上就是一个重复博弈过程。多次重复性博弈的最佳策略不是每次博弈的利益最大化策略,而是追求满意策略,这有助于推动合作行为产生。“熟人社会”具有显著的“意会”“心知肚明”和“心照不宣”机制,个体会相对自觉地遵守潜移默化形成的共同规则。

什么样的"同行"所产生的"示范效应"和"羊群效应"会更加显著的问题进行过讨论。实际上,上述问题会衍生出一个新的话题,即在何种情形下同行反应对集群企业参与内生性集体行意愿的影响相对更为显著? 或者说有哪些因素可能会强化或削弱同行反应对集群企业内生性集体行动意愿的影响? 以及行业协会是否能从中起到一些作用? 这些问题有待于进一步讨论,而这也正是本节所关注的焦点。

首先,就同行反应对集群企业内生性集体行动意愿的影响强度而言,有以下两个条件可对其产生刺激或制约作用。

第一,对象的可参照性。陈国栋(2016)对某厂农民工集体行动的研究表明,一部分积极分子的行为会对其他农民工起到示范性作用。观察案例的结果让我们发现,这种示范作用的程度取决于对象的可参照性,即对象在多大程度上是焦点个体主观上愿意参照的,并且在客观上是可以参照的。就本书所述同行反应中对象的可参照性而言,"对象"包含了"身份"和"行为"两个要素。因此,对象的可参照性又可进一步分解为身份的可参照性和行为的可参照性。(1)身份的可参照性。在内生性集体行动影响因素的案例研究中,我们讨论的三个条件,即具备本地企业、规模相当和产品相似等三个特征的同行对其他集群企业的行动意愿影响更为显著。这实际上就是强调了"同行"身份的可参照性。可以说,在案例分析的时候笔者就已经埋下了伏笔。同行的身份与焦点个体(企业)越相似或接近,则焦点个体(企业)在主观上越愿意参照其行事。(2)行为的可参照性。简单地讲,就是同行的行为是可以复制或效仿的,并且这种复制或效仿也是有意义的。在这种情形下,同行的反应性行为对其他集群企业的启发意义就相对更加明显。

第二,信号的可感知性。同行及其行为所释放出来的信号的可感知程度是制约同行反应效应的又一条件。一般而言,信号越容易被个体或企业感知到,那么同行反应对个体或企业的行动意愿影响就会越明显。当然,这种影响是有利的还是不利的,取决于信号本身是积极的还是消极的。即如果同行反应所释放的是积极参与内生性集体行动的信号,那么这种积极信号的可感知性越强,就越能明显地影响其他集群企业参与行动的意愿;反之亦然。

其次,就行业协会是否会在其中发挥作用及发挥什么样的作用而言,可以围绕身份的可参照性、行为的可参照性和信号的可感知性三个子条件来分别阐述。第一,从身份的可参照性上讲,协会会员的身份加强了集群企业身份的可参照性。由于大家是同属于行业协会的会员企业,单就这一点上讲,会员企业的反应性行为对其他会员企业来说就具有很强的可参照性。这也就是会员企业之间容易形成一致性行为的原因之一。而非会员企业则不然,因为非会员企业之间没有这个身份特征,相互之间在身份上的可参照性程度显得相对较弱。同时,会员企业与非会员企业之间也是如此。因此,会员企业的反应性行为对于非会员企业来说,其可参照性也会因此而减弱。第二,从行为的可参照性上讲,行业协会的介入使得先行企业的行为更具有可参照性。内生性集体行动往往是需要持续性开展且具有一定复杂性的行动,行业协会的介入可以起到化整为零及简化程序等方面的作用,从而有利于后发者参与进来。比如,集群内的知识产权保护集体行动,涉及知识产权鉴定、发布、市场监督、纠纷裁定、维权执行等一系列问题。如果这些都是由企业来做的,那么对于后发者来说,他们会认为过于复杂或烦琐而难以效仿。但是行业协会介入之后,协会承担了一系列的辅助性工作,这样就使得要参与维权的集群企业只需要跟着协会的程序和节奏来走就可以了。可见,在这种情况下后发企业就更愿意和更容易仿效先发企业的行为而加入集体行动中来。因此,从这一点上讲,行业协会的积极介入使得先行企业对后发企业行动意愿的影响变得更明显。第三,从信号的可感知性上讲,行业协会的积极介入会使同行及其行为的信号更容易为其他集群企业所感知。正如骆璇和符正平(2007)所言,产业集群中行业协会的功能优势主要体现为信息提供并协调集体行动。行业协会的信息传递功能可以使作为同行的先行企业参与行动的有关信息得到有效的传播,从而让先行同行企业的参与态度和行为充分展露。这就为其他集群企业感知先行同行企业的信号创造了极为有利的条件,大大提高了同行反应的可感知性,从而使得同行反应对其他集群企业参与行动意愿的影响变得更加显著。所以,从这一点上讲,行业协会的积极介入也有利于促进同行反应对集群企业参与内生性集体行动意愿的作用。

鉴于以上综合分析,笔者提出假设 H22。

假设 H22:行业协会的积极介入对同行反应与集群企业内生性集体行动意愿的关系具有正向调节作用。

至于行业协会对集群规模与集群企业内生性集体行动关系的影响,以及行业协会对集群类型与集群企业内生性集体行动关系的影响等,从分析的逻辑上来讲,它们与行业协会对集群规模与集群企业外生性集体行动关系的影响以及行业协会对集群类型与集群企业外生性集体行动关系的影响逻辑应该是一致的。首先,就集群规模而言,这一因素不利于内生性集体行动形成。但是,行业协会的积极介入,通过选择性激励的实施以及作为集体行动领导者作用的发挥等可在一定程度上消除集群规模所产生的不利影响。因此,可以推定行业协会对集群规模与集群企业内生性集体行动意愿的关系具有反向调节作用。其次,就集群类型而言,越是趋向于水平型的集群,越不利于集群企业内生性集体行动的形成。但是,行业协会通过扮演有公信力的第三方平台、实施选择性激励、发挥有效的集体监督和集体处罚机制等可以很大程度上弥补水平型集群中内生性集体行动形成的短板,从而一定程度上提升水平型集群企业参与内生性集体行动的意愿。由此,可以推定行业协会对集群类型(水平型)与集群企业内生性集体行动意愿的关系具有反向调节作用。

综上,所得两个推论简要描述如下。

推论 5:行业协会对集群规模与集群企业内生性集体行动意愿的关系具有反向调节作用。

推论 6:行业协会对集群水平化程度与集群企业内生性集体行动意愿的关系具有反向调节作用。

第三节　行业协会的作用机制模型

行业协会在集群企业参与内生性集体行动中的作用机制可以这样来描述:产业集群内生性集体行动的原始触发因素为内生需求,而集群企业是否会参与这种内生性集体行动,受制于集群企业对内生需求的感知、集群企业的长期导向程度、本地嵌入水平、政策激励水平、同行企业反应、集群规模和集群类型等多个层面因素。可以说,集群企业内生性集体行动意愿的强度是上述因素共同作用的结果。而在这些因素影响集群企业参与内生性集体行动决策的过程中,行业协会起到了调节性的作用,即行业协会的积极介入和有效作为在一定程度上会加强或弱化上述因素对集群企业内生性集体行动意愿的影响。

根据第三章中已经阐述的总体概念模型,结合前文中对于内生性集体行动影响因素的案例研究、内生性集体行动影响因素的作用机制理论分析以及行业协会从中所起到的调节效应分析等内容,可得行业协会对集群企业内生性集体行动的作用机制模型。为更直观地呈现上述机制,在此作图7-4 来具体刻画。

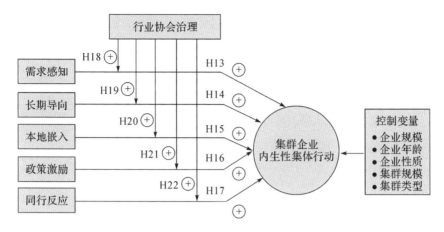

图 7-4　行业协会对集群企业内生性集体行动的作用机制模型

　　考虑到集群规模和集群类型两个因素在外生性集体行动中已经有详细的理论分析和实证研究,并且这两个因素在内生性集体行动中的作用机理与其在外生性集体行动中的作用逻辑基本一致等原因,我们在内生性集体行动影响因素作用机制的理论分析中就没再针对集群规模和集群类型两个因素对集群企业内生性集体行动意愿的作用提出假设,而是以推论的形式提出了相应的四个命题(详见推论 1 至推论 4)。同时,在关于行业协会对集群规模和集群类型两者分别与集群企业内生性集体行动意愿关系的影响的分析中,也由于其内在作用逻辑与之前行业协会在外生性集体行动中的调节作用逻辑基本一致等,我们也是以推论的形式提出了相应的两个命题(详见推论 5 和推论 6)。我们认为,以推论形式提出相应的命题较之假设更为合适,原因有三。其一,集群规模和集群类型两个变量是相同的。其二,集群规模与集群类型对于集群企业集体行动(包括外生性集体行动和内生性集体行动)的内在作用逻辑基本上是一致的。行业协会对集群规模和集群类型两者对集群企业集体行动意愿的内在作用逻辑也基本上是一致的。至少笔者持这样的观点。其三,在外生性集体行动中,集群规模与集群类型对集群企业集体行动的影响逻辑以及行业协会从中所起的调节作用已经进行过实证检验。因此,我们并不打算在后续的实证分析中再将其作为研究重点,而是将集群规模和集群类型两个变量改作为内生性集体行动的控制变量来处理。所以,最终形成了图 7-4 所示的这个拟用于进一步检验的内生性集体行动实证分析模型。

第四编

行业协会对集群企业集体行动
作用机制的实证分析

第八章 行业协会对外生性集体行动
作用机制的实证分析

本章实证分析旨在案例研究的基础上,对外生事件、外部支持、反抗意识、制度许可、集群规模、集群类型等对集群企业参与外生性集体行动意愿的影响以及行业协会从中所起到的调节性作用进行统计分析,用定量分析的方法对案例研究的发现及理论构建中所提出的假设进行检验。为此,本章将首先对研究所涉及各个变量的测量进行说明,然后开展问卷设计和研究取样工作。在收集样本数据之后,先对测量的信度和效度进行分析,而后根据研究的需要,分别开展因子分析、相关分析、回归分析等,并对实证结果进行简要的讨论。

第一节 测量研究与调研设计

一、变量测量

(一)自变量测量

外生性集体行动研究中的自变量主要包括外生事件、反抗意识、外部支持、制度许可、集群规模和集群类型等六个。其中:(1)对于外生事件的测量,根据我们对外生事件的解析及案例研究结果,拟以针对性、伤害性和不公性等三项指标进行测量。(2)对于反抗意识的测量,通过案例研究发现,它主要指的是个体对"是否应该争取一下"的认知以及是否想要通过"争取"改变目前现状等两个方面。为此,本研究分别设计了相应的两个指标进行测量。(3)对于外部支持的测量,从案例研究的结果来看,与外生性集体行动密切相关的外部支持包括精神和舆论方面的支持以及物质、信息与智力等方面的支持。为此,本研究对于外部支持的测量将分别以外部舆论支持、外部资金支持、外部信息支持和外部智力支持等四项指标来考察。

(4)对于制度许可的测量,根据案例研究及理论分析的内容可知它主要在于行为的合法合规性和地方政府的许可等两个方面。为此,本研究将分别从法律法规对相关行为或活动的许可程度以及地方政府对相关行为或活动的许可程度来考察。(5)对于集群规模的测量,这里所指的集群规模不是客观的集群企业数量而是个体对集群内相关企业群体规模的主观感知。这种主观感知本身就是个体对规模的主观印象,更容易左右或影响其是否参与的决定。在测量时,本研究将从个体对经营和规模相似企业的数量感知以及个体对产品和服务相似企业的数量感知两个方面来考察。(6)对于集群类型的测量,从理论构建一章中相应的分析可知,本研究中集群类型的要义指的是集群内产业链的完善程度,从案例研究的结果可知,它主要与集群内企业之间的分工与合作两个方面有关。为此,本研究将分别从集群企业在产业链上的分工程度和集群企业相互之间在产业链上的合作程度来考察。

(二)调节变量测量

本研究的调节变量是行业协会外部治理。由图 4-1 及相关部分的文字描述可知,从治理内容上讲,行业协会的外部治理可以简要地概括为服务性治理和协调性治理;从治理效率上讲,行业协会的外部治理主要取决于能力和权威性。鉴于此,本研究基于协会治理内容和协会治理效率相融合的角度,分别从行业协会服务和协调的能力以及行业协会服务和协调的权威性角度来测量。

(三)因变量测量

本研究中的因变量为集群企业外生性集体行动。从近年来集体行动领域的实证研究来看,对于集体行动的测量存在着两种不同的做法。第一种做法是把集体行动设置成哑变量,如普拉丹(Pradhan)和兰詹(Ranjan)(2016)的研究就是如此。当集体行动发生时,他们就用 1 表示;而当集体行动未发生时,用 0 表示,并以此作为定量分析的数据。第二种做法是不从行动本身的角度来测量,而是从行动意愿的角度来测量(石晶、崔丽娟,2014、2016;汪华,2015)。这种测量方式的好处在于可以将集体行动差异化对待,能够更为真实地反映个体采取或参与集体行动的思想状态。因为有些个体虽然参与了集体行动,但实际上他们是不太情愿参与的,或是迫于这样那样的"无奈"而勉强参与。在这种情况下,只用行动发生与否来测量是无法反映个体真实情况的。而用个体的集体行动意愿则能较好地反映出其真实的行动倾向。鉴于此,本研究也将从行动意愿的角度来测量集群企业外生性集体行动。

回顾该领域内学者们最新的一些实证性研究成果,笔者发现在该变量具体测量指标设计上,有的采用单指标测量[比拉利(Bilali)、福尔哈特(Vollhardt)、拉里克(Rarick),2017],也有的采用多指标测量[斯图尔特,2016;德鲁根迪克、路易斯(Louis)、赖特,2016]。本研究拟效仿比拉利等(2017)的研究,采用单指标测量,即集群企业当时参与该行动的积极程度。这主要是出于两点考虑。其一,此变量的多指标测量未必比单指标有效。我们注意到比拉利等(2017)最初设计时有两项指标,但后来发现其中一项指标效果并不明显,单个指标已具备应有的解释力。其二,考虑到测量指标的总量控制,在可以减少指标的情况下,尽量采用较少指标测量,这样有利于提高被试的答题意愿和答题精度。

（四）控制变量测量

控制变量主要包括集群企业年龄、企业规模和所有权性质等三个。首先,关于企业年龄的测量,一种做法是用企业成立至今的实际存续年数作为分析指标;另一种做法是划分年龄段,由受访人根据自身企业实际年龄进行相应选择。从填写难易程度上讲,后者相对来说会更加容易。因此,本研究参考李新春等(2015)的做法,将企业年龄划分成 5 年及以下、6 至10 年、11 至 15 年、16 至 20 年及 20 年以上五个阶段。其次,对于企业规模的测量,我们参考了国家统计局的分类标准。根据国家统计局 2011 年 9月印发的《统计上大中小微型企业划分办法》,企业规模的确定因行业而异。就工业企业而言,从业人员≥1000 人且营业收入≥4 亿元(人民币,下同)为大型企业;300 人≤从业人员<1000 人且 2000 万≤营业收入<4 亿元为中型企业;20 人≤从业人员<300 人且 300 万≤营业收入<2000 万为小型企业;从业人员<20 人且营业收入<300 万为微型企业。大型、中型和小型企业须同时满足所列指标的下限,否则下划一档;微型企业只需满足所列指标中的一项即可。当然,其他行业的划分标准是不同的。为避免将所有的划分标准列入而导致调研问卷过于冗长,我们在企业规模测量方面只在问卷中列出了"大型企业""中型企业""小型企业""微型企业"四种类型,由受访人员根据自己企业所属行业进行判断并做出选择。我们认为这种做法是可行的。我们调研的对象都是管理层,对企业和行业具备一定的认知基础,因此他们对于自身企业规模的判定是可信的。对于企业所有权性质的测量,张秀峰等(2015)认为,考察占比相对较多的几种所有权

类型就可以,并且他们认为主要的类型包括国有、私营、混合、外资及港澳台等五种类型。但我们也注意到,某些地区的工商管理部门 2015 年发布的有关文件中一般会将港澳台企业视同外资企业待遇。现实生活中,人们对港澳台企业是否属于外资企业的认识比较模糊不清,这就容易使受访人困惑。鉴于此,我们对所有权性质的测量略做了调整,拟分成国有、私营、混合、外资和合资等五种类型。

二、问卷设计

调查问卷是通过书面形式,以测量项目或问题为工具,向研究对象收集研究资料和数据的一种方法(王重鸣,1990)。本研究设计出"集群企业参与外生性集体行动意愿调查问卷",用来考察集群企业参与外生性集体行动的影响因素及行业协会的作用。

由于外生性集体行动是一个学术概念,调研对象可能对这个概念的内涵与外延并不理解。在这种情形下,调研对象可能会因此而拒绝调研,即使同意配合调研也会因理解偏误而使填写的数据有所失真。为避免这个问题,我们在问卷的调研说明部分对外生性集体行动概念特别做了阐述。并且,为使调研对象对外生性集体行动有更加形象的认知,我们还在概念解释之后详细描述了"实例 1:温州打火机企业集体抗辩欧盟 CR 法案"和"实例 2:嘉兴企业集体应诉欧盟反倾销案"两个实例,以促进受访人员对研究焦点的理解。

问卷主体总体上分为两大部分:第一部分为基本情况,由集群企业的基本信息和填表人的基本信息组成,前者包括企业年龄、企业性质、企业规模等信息,后者包括学历、职务、在目前单位工作年限、从事管理工作年限等信息;第二部分为集群企业参与外生性集体行动的信息,具体包括外生性集体行动影响因素(涵盖了作为自变量的"六因素组合"的测量题项)、外生性集体行动意愿(覆盖作为因变量的测量题项)及行业协会的外部治理(内含作为调节变量的测量题项)等三块内容。第二部分是调研问卷的核心内容。该部分按照"李克特多选项量表"(Likert Scale)的形式来组织,采用五点正向记分方法。

问卷的试访与修订。为了使调研问卷更加通俗易懂及最大限度地降低理解偏差,我们在大规模调研之前就调研问卷进行了试访。我们选择了比较热情的 9 家企业的联系人开展试访,让他们描述阅读和填写调研问卷的感受和看法,比如文字是否晦涩难以理解、例子是否贴切易于受访人联想并举一反三、每个题项表达是否通顺及意思表示是否明确等。然后,根据试访反馈的信息对调研问卷进行修订,之后再用于大规模调研。问卷回收以后,对采集的数据采用 SPSS19.0 统计分析软件进行分析,主要分析方法包括因子分析、相关分析、回归分析等。

三、研究取样

为获得实证研究所需的数据,我们在研究对象满足基本要求的情况下考虑了样本数据的可获得性限制。调研的集群主要包括但不限于温州鞋业集群、温州打火机集群、绍兴纺织集群、海宁经编集群、海宁紧固件集群、扬州鞋业集群、常州光伏集群等。通过培训和会议现场发放问卷、电子邮件、委托调研等多种方式相结合,累计发放问卷 610 份,回收 263 份,问卷回收率为 43.11%。其中,回收问卷中有效问卷数量为 208 份,有效率 79.09%。无效问卷的主要表现是受访问人由于各种原因多填或漏填,使一些问卷的某些题项上出现了两个选择标识或者一个选择标识也没有的现象,从而导致数据无法使用。尽管如此,整体上看有效问卷的比率相对来说还是较高的。笔者认为这主要得益于两个方面:一个是通过前期的试访使问卷得到一定程度上的完善,也使问卷的可读性和可理解性有了很大的提高;另一个是问卷题项体量较小,能有效避开受访人作答疲劳,从而提高有效问卷比率。

经过整理有效问卷,反映出的集群企业基本情况和问卷填写人基本情况,详见表 8-1 和表 8-2。

表 8-1　外生性集体行动调研的集群企业基本情况汇总

项目	类别	样本数/个	百分比/%
企业年龄	5 年及以下	38	18.27
	6~10 年	48	23.08
	11~15 年	41	19.71
	16~20 年	42	20.19
	20 年及以上	39	18.75
企业规模	微型企业	50	24.04
	小型企业	83	39.90
	中型企业	54	25.96
	大型企业	21	10.10

续表

项目	类别	样本数/个	百分比/%
企业性质	国有企业	11	5.29
	私营企业	88	42.31
	混合企业	22	10.58
	外资企业	38	18.27
	合资企业	49	23.56

表 8-2　外生性集体行动调研填写人基本情况汇总

项目	类别	人数	百分比/%
学历层次	专科及以下	35	16.83
	本科	78	37.50
	硕士及以上	95	45.67
管理职位	公司基层	12	5.77
	公司中层	80	38.46
	公司高层	116	55.77
在本单位工作年数	3 年及以内	42	20.19
	4～6 年	62	29.81
	7～9 年	59	28.37
	10 年及以上	45	21.63
从事管理工作年数	3 年及以内	38	18.27
	4～6 年	65	31.25
	7～9 年	66	31.73
	10 年以上	39	18.75

从填表者的职位来看，94.23%为公司的中高层管理者，而只有5.77%为基层管理者。在外生性集体行动中，高层管理者往往是决策者，而中层管理者或基层管理者则往往是参与者和执行者。这里所指的中层管理者或基层管理者一般都指的是外贸部经理（主任）或办公室主任等。在纯外向型公司里，外贸部经理和办公室主任都是中层管理者。而在内外销业务均涉足的公司里，外贸部经理（主任）可能会隶属于业务部或营销部，就属于基层管理者。在集体行动中，很多事务性工作和接洽接待工作

都由他们全程参与和负责执行。因此，即使一小部分问卷填写者的职位是
基层管理者也不会使数据有失真现象。事实上，在我们做案例访谈过程
中，虽然大部分采访的是总经理，但也有一些企业是由办公室主任、外贸业
务经理和秘书等人员接受采访的。譬如，海宁 SMD 公司就是由外贸部经
理和外贸业务员两人参与访谈的。当然，一般在我们表达来意之后，企业
负责人指定的这些接待人员往往对整个事情来龙去脉都比较了解和清楚，
所以无须过于担心他们的管理职位过低会对调研结果产生实质性不良
影响。

四、信度与效度

（一）变量的信度检验

变量的信度可以采用克龙巴赫 α 系数和组合信度（CR）两个指标来反
映。并且，当系数值大于等于 0.7 时则被认为是具有良好的信度。笔者计
算了具备条件的所有变量的克龙巴赫 α 系数，详见表 8-3。从测算的结果
来看，本书所用变量的所有指标所对应在变量层次上的克龙巴赫 α 系数最
低值为 0.941，明显大于 0.7，表明变量呈现出良好的内部一致性。同时，
所涉变量的 CR 最小值为 0.9454，也显著大于 0.7，表明各变量的组合信
度也比较可靠。综合以上两个信度指标实际测量值，可推定相关变量的测
量信度是有基本保障的。

（二）变量的效度检验

本书主要对变量的聚合效度（CV）和区分效度（DV）进行了检验。在
聚合效度的检验方面，通常可以用指标在所测因子上的因子载荷值来反
映，因子载荷值大于 0.7 的被认为是具有良好的聚合效度。从因子分析的
结果（详见表 8-5）来看，所有变量中因子载荷最小值为 0.902。由此可见，
本研究所涉变量的测量指标具有较为理想的聚合效度。而在区分效度方
面，一般可以通过比较变量的平均变异萃取量（AVE）与变量间相关系数
的平方值来进行判断。因此，需要先对研究所涉及的变量进行描述性统计
分析，计算出变量之间的相关系数，并计算出 AVE 值，才能进行比较和判
断。进一步通过对比表 8-3 中的 AVE 值和表 8-6 各变量相关系数的平方
值，表明相关系数最大值为 -0.405，而 AVE 最小值为 0.8658，明显大于
最大相关系数值的平方数。因此，可以推定相关变量之间具有良好的区分
效度。

表 8-3　外生性行动研究变量的信度与效度指标测算结果

变量	α 系数	CR 值	最小因子载荷值	AVE 值
外生事件	0.946	0.9509	0.919	0.8658
外部支持	0.941	0.9630	0.902	0.8668
反抗意识	0.959	0.9454	0.940	0.8965
制度许可	0.952	0.9655	0.964	0.9333
集群规模	0.986	0.9663	0.963	0.9349
集群类型	0.987	0.9719	0.972	0.9454
行业协会	0.963	0.9818	0.982	0.9643

第二节　统计分析与假设检验

一、因子分析

因子分析主要是针对外生性集体行动影响因素而言的。由于本研究对外生事件、外部支持、反抗意识、制度许可、集群规模和集群类型均采用了多指标测量的方式。因此,有必要对其进行因子分析,一方面可以观察各个变量之间的区分度,另一方面可以通过因子分析提炼出外生性集体行动的影响因子,以便于后续相应的统计分析。

笔者首先对上述变量的相关矩阵进行了检验。采用的方法是 SPSS19.0 所提供的 KMO 样本测度法(Kaiser-Meyer-Olkin Measure of Sampling Adequacy)和巴特利特球形检验法(Bartlett Test of Sphericity)。计算结果显示样本 KMO 值为 0.710,大于 0.7;巴特利特球形检验的 χ^2 统计值 p 小于 0.001,具体结果见表 8-4。朱卫东和吴鹏(2015)发表在《中国管理科学》上的文章中指出:一般 KMO 大于 0.6 且 Bartlett 球形检验的 p 小于 0.05,那么指标体系就比较适合做因子分析。因此,综合本研究的 KMO 值和 χ^2 统计值显著性概率,可以断定所获样本适合做因子分析。

表 8-4 外生性集体行动影响因素的 KMO 测度和巴特利特球形检验结果

KMO 样本测度		0.710
巴特利特球形检验	χ^2	3633.575
	df	105
	p	0.000

本研究中的因子分析过程具体描述如下：在描述（descriptives）中选择各变量描述统计量（univariate descriptives），在抽取（extraction）方法中选择主成分法（principal components），因子提取原则为因子的特征根大于1，采用"方差最大法"旋转（varimax），最大收敛迭代次数为 25，分值（score）项选择回归法（regression），得出了一阶因子分析载荷矩阵，如表 8-5 所示。

表 8-5 外生性集体行动影响因素旋转后的因子载荷矩阵

因子	指标	F1	F2	F3	F4	F5	F6
F2	外生事件针对性	0.086	0.938	0.166	0.079	0.085	0.100
	外生事件伤害性	0.118	0.934	0.093	0.049	0.088	0.104
	外生事件不公性	0.110	0.919	0.027	−0.007	−0.007	0.138
F6	认为应该抗争	0.159	0.139	0.132	0.001	0.013	0.940
	争取改变现状	0.086	0.167	0.061	−0.030	0.000	0.953
F1	外部经费支持	0.902	0.069	0.020	−0.156	0.073	0.086
	外部信息支持	0.960	0.084	0.003	−0.102	0.015	0.079
	外部舆论支持	0.944	0.114	0.029	−0.016	0.055	0.095
	外部智力支持	0.917	0.087	−0.026	−0.121	−0.036	0.051
F5	合法合规性	0.072	0.063	0.050	0.123	0.964	0.008
	地方政府许可	0.009	0.075	0.096	0.059	0.968	0.005
F4	经营规模相似企业数量	−0.184	0.053	0.109	0.963	0.094	−0.014
	产品服务相似企业数量	−0.143	0.054	0.104	0.970	0.098	−0.015
F3	群内企业专业分工	0.007	0.123	0.972	0.103	0.085	0.098
	群内企业交易合作	0.010	0.124	0.973	0.107	0.067	0.094
解释度	特征值	4.410	3.333	1.966	1.648	1.405	1.310
	方差贡献率	23.957	18.151	13.235	13.131	12.813	12.514
	累计贡献率	23.957	42.108	55.342	68.474	81.287	93.801

从指标聚合的结果来看,因子 F1 是由经费支持、信息支持、舆论支持和智力支持等指标所构成,可见 F1 为外部支持因子。因子 F2 是由针对性、伤害性和不公性等三个指标所构成,可见 F2 应为外生事件因子。因子 F3 是由群内企业专业分工和群内企业交易合作等两个指标所构成,可见 F3 指向的是集群类型因子。因子 F4 是由经营规模相似企业数量和产品服务相似企业数量等两个指标所构成,可见 F4 应为集群规模因子。因子 F5 是由合法合规性和地方政府许可等两个指标所构成,因此 F5 指向的是制度许可因子。因子 F6 由认为应该抗争和争取改变现状等两个指标所构成,可见 F6 指向的是反抗意识因子。明确因子与变量的对应关系之后,对因子得分结果分别进行了相应的命名,以便于后续统计分析。

根据因子载荷矩阵,六个因子对原始变量的解释能力达到 93.801%。由此可见,所提取的六个因子对底层指标的综合反映效果良好,能够很好地代表底层指标所承载的信息。因此,可用因子分析结果所提取的因子得分作为变量测量值进行变量层次上的定量分析。

二、相关分析

本部分采用皮尔逊(Pearson)相关系数分析法进行双侧检验,旨在分析和观察作为自变量的外生事件、外部支持、反抗意识、制度许可、集群规模和集群类型等与作为因变量及调节变量的外生性集体行动意愿及行业协会治理等之间的相关关系,分析结果如表 8-6 所示。

相关分析的结果表明,集群企业外生性集体行动意愿与外生事件、反抗意识、外部支持和制度许可等四个因素呈显著的正相关关系($p<0.01$),而与集群规模呈显著的负相关关系($p<0.01$),与集群类型也表现为负相关,但不显著。

三、回归分析

相关分析只能对现象之间是否存在着某种联系起到一个初步的判断作用,但它无法确定现象之间是否存在着确切的因果关系。因此,我们需要借助多层回归分析方法来进一步探索本研究中自变量与因变量之间的因果关系是否成立以及行业协会治理的调节效应是否显著等,分析结果如表 8-7 所示。

表 8-6　集群企业外生性集体行动研究各变量相关分析

序号	变量	均值	标准差	1	2	3	4	5	6	7	8	9	10	11	12	13	14
1	企业年龄	2.9808	1.3865	1													
2	企业规模	2.2212	0.9269	0.013	1												
3	dummy_s	0.0529	0.2243	0.034	-0.057*	1											
4	dummy_p	0.4231	0.4952	-0.030	-0.142*	-0.202**	1										
5	dummy_m	0.1058	0.3083	-0.028	0.053	-0.081	-0.295**	1									
6	dummy_f	0.1827	0.3874	0.085	0.116	-0.112	-0.405**	-0.163*	1								
7	外生事件	3.0785	1.0113	0.094	0.000	0.003	0.085	0.059	-0.034	1							
8	反抗意识	2.9519	1.1355	0.026	0.091	0.127	0.042	0.114	-0.098	0.294**	1						
9	外部支持	2.9026	1.0821	-0.055	0.005	-0.056	0.106	-0.052	-0.119	0.208**	0.222**	1					
10	制度许可	3.0937	1.0076	0.025	0.019	-0.001	-0.092	0.174*	0.044	0.144*	0.035	0.067	1				
11	集群规模	3.0361	1.2710	0.065	-0.110	0.027	-0.009	0.052	-0.078	0.092	-0.030	-0.256**	0.192**	1			
12	集群类型	2.7861	1.2591	0.031	0.064	-0.011	-0.083	0.053	0.091	0.242**	0.211**	0.026	0.169*	0.219**	1		
13	行业协会	3.2260	1.1891	0.005	-0.062	-0.092	-0.012	0.014	-0.081	0.042	0.027	-0.185*	0.004	0.156*	0.030	1	
14	行动意愿	3.3462	1.1899	0.057	0.000	-0.087	0.037	-0.021	-0.044	0.263**	0.332**	0.277**	0.242**	-0.150**	-0.085	0.194**	1

注：** 表示在 0.01 水平（双侧）上显著相关；* 表示在 0.05 水平（双侧）上显著相关。

表 8-7　外生性集体行动多层回归分析结果

变量	模型 1	模型 2	模型 3	模型 4
企业年龄	0.066	0.050	0.049	0.054
企业规模	0.001	−0.044	−0.031	0.009
Dummy_s	−0.109	−0.171**	−0.132*	−0.135*
Dummy_p	−0.031	−0.116	−0.086	−0.059
Dummy_m	−0.052	−0.154*	−0.132+	−0.070
Dummy_f	−0.083	−0.088	−0.050	−0.023
外生事件		0.224***	0.210***	0.140**
反抗意识		0.330***	0.314***	0.162**
外部支持		0.195***	0.241***	0.155**
制度许可		0.264***	0.261***	0.117*
集群规模		−0.140*	−0.164**	−0.257***
集群类型		−0.146*	−0.150*	−0.301***
行业协会			0.219***	0.078
行业协会 * 外生事件				0.219***
行业协会 * 反抗意识				0.144**
行业协会 * 外部支持				−0.329***
行业协会 * 制度许可				0.203***
行业协会 * 集群规模				0.219***
行业协会 * 集群类型				0.306***
R^2	0.017	0.311	0.354	0.591
Adjusted R^2	−0.013	0.268	0.311	0.550
ΔR^2	0.017	0.294	0.043	0.237
F 检验值	0.571	7.318***	8.171***	14.312***
VIF 最大值	1.631	1.674	1.696	1.829

说明：*** 表示在 0.001 水平上显著；** 表示在 0.01 水平上显著；* 表示在 0.05 水平上显著；+ 表示在 0.10 水平上显著。

（一）对多层回归分析的有效性进行检验

其一，从 F 检验的结果来看，只有模型 1 是不显著的，模型 2、模型 3 和模型 4 均为显著。模型 1 只包含了企业层面常规的三个控制变量，F 检验结果不显著属于正常现象。其二,序列自相关检验。一般用 DW 检验来判断序列的一阶自相关程度,DW＝2 表明不存在自相关现象,而当 DW 近似于 2 时(大于 1.5 而小于 2.5),可认为不存在明显的自相关。本研究最终模型输出的 DW 检验值为 2.203,存在轻微的正自相关,但仍属于可接受的范围。其三,共线性诊断。为诊断模型的共线性问题,本研究计算了方差膨胀因子(variance inflation factor,VIF)。根据现有判断标准,在 $0 <$ $VIF < 10$ 的情形下,便可认为不存在共线性问题。从输出的结果来看,模型 1 的 VIF 最大值为 1.631,模型 2 的 VIF 最大值为 1.674,模型 3 的 VIF 最大值为 1.696,模型 4 的 VIF 最大值为 1.829,均明显小于 10。由此可推定上述模型均不存在共线性问题。

(二)实证结果解释与假设验证

1. 对自变量与因变量之间的主效应关系检验

从模型 2 开始,依次引入了本研究的自变量,即外生事件、反抗意识、外部支持、制度许可、集群规模和集群类型等。结果表明,外生事件、反抗意识、外部支持和制度许可对集群企业外生性集体行动意愿有显著的正面影响作用($p < 0.001$),其影响系数分别为 $\beta_7 = 0.224$、$\beta_8 = 0.330$、$\beta_9 = 0.195$ 和 $\beta_{10} = 0.264$,实证结果验证了假设 H1、H2、H3 和 H4。另外,集群规模对外生性集体行动意愿的影响系数 $\beta_{11} = -0.140$,$p < 0.05$,实证结果验证了假设 H5;集群类型对外生性集体行动意愿的影响系数 $\beta_{12} = -0.146$,$p < 0.05$,实证结果验证了假设 H6。表明集群规模与集群类型对集群企业外生性集体行动意愿有显著的负向影响。

2. 行业协会的调节效应检验

在模型 3 中,我们同时引入了外生事件等影响因素及作为调节变量的行业协会外部治理,结果表明,行业协会外部治理对集群企业外生性集体行动意愿具有显著的正面影响($\beta_{13} = 0.219$,$p < 0.001$)。进一步地,我们在模型 4 中引入了行业协会外部治理与外生性集体行动影响因素的乘积项以观察调节效应的检验结果。

第一,行业协会与外生事件、反抗意识和制度许可的两两乘积项系数分别为 $\beta_{14} = 0.219$($p < 0.001$)、$\beta_{15} = 0.144$($p < 0.01$)和 $\beta_{17} = 0.203$($p < 0.001$)。结果表明,行业协会对外生事件、反抗意识和制度许可等三者与外生性集体行动意愿的关系具有正向调节效应,从而验证了假设 H7、H8 和 H10。

第二,行业协会与集群规模及集群类型各自乘积项的系数为 $\beta_{18} =$

0.219 和 $\beta_{19} = 0.306$，在 $p < 0.001$ 水平上显著。由于集群规模和集群类型两者对集群企业参与外生性集体行动意愿的影响是负面的，因此上述结果表明行业协会对集群规模与外生性集体行动意愿以及集群类型与外生性集体行动意愿的关系均具有反向调节作用，从而验证了假设 H11 和假设 H12。

第三，行业协会对外部支持与外生性集体行动的调节效应未得到实证支持。虽然，从显著性程度上看，行业协会与外部支持的乘积项在 0.001 水平上显著，但是其 β 系数为负，$\beta_{10} = -0.329$。结合模型 2 的结果可知，行业协会对外部支持与外生性集体行动的关系呈现出反向调节作用，而非假设 H9 所述的正向调节作用。也就是说，假设 H9 未能得到实证检验的支持。在结果讨论部分，我们将对造成这一结果可能存在的原因进行推测性分析。

第三节　结果讨论与模型修正

本章是在上一章关于外生性集体行动理论构建基础上所开展的一项实证性研究。实证结果首先验证了自变量与因变量之间的主效应关系假设，假设 H1 至假设 H6 均得到了实证支持。简单地说，就是外生事件、反抗意识、外部支持和制度许可能从正面有效激发集群企业外生性集体行动意愿。而集群规模和集群类型对集群企业外生性集体行动意愿起着反向的负面影响，不利于外生性集体行动的形成。实证研究还部分验证了行业协会的调节效应。以下，笔者将结合直观的调节效应图对研究结果进行简要地讨论。

第一，行业协会对外生事件与集群企业外生性集体行动意愿的调节效应可用图 8-1 来表示。

菱形节点线表示的是行业协会治理水平低的情形下外生事件对集群企业外生性集体行动意愿的影响，而正方形节点线表示的是行业协会治理水平高的情形下外生事件对集群企业外生性集体行动意愿的影响。通过对比图 8-1 中两条线段，可以直观地看到：随着外生事件特征值（如针对性、伤害性和不公性等）增大，集群企业采取或参与外生性集体行动的意愿会不断提升。但在行业协会治理水平高的情形下外生事件特征值对行动意愿的提升幅度比，行业协会治理水平低的情形下外生事件对行动意愿的提升幅度更大更明显。这就形象地表明了行业协会治理对外生事件与集

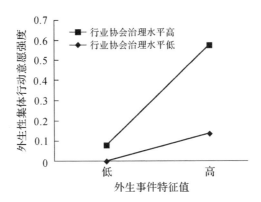

图 8-1　行业协会对外生事件与集群企业外生性集体行动意愿的调节效应

群企业外生性集体行动意愿的关系具有积极的正面影响。

第二,行业协会对反抗意识与集群企业外生性集体行动意愿的调节效应可用图 8-2 来示意。

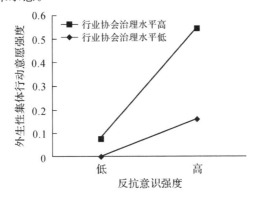

图 8-2　行业协会对反抗意识与集群企业外生性集体行动意愿的调节效应

菱形节点线和正方形节点线分别表示行业协会治理水平低的情形下和行业协会治理水平高的情形下反抗意识对集群企业外生性集体行动意愿的影响。对比图 8-2 中两条线段易知:反抗意识水平的变动对集群企业外生性集体行动意愿呈现出积极的正面影响,反抗意识越强则行动意愿也越强。但是,在行业协会治理水平高的情形下,反抗意识提升所导致的集体行动意愿提升幅度更大效果更明显。这就形象地证实了行业协会治理对反抗意识与集群企业外生性集体行动意愿关系的正向调节作用。

第三,行业协会对制度许可与集群企业外生性集体行动意愿的调节效应,如图 8-3 所示。从图 8-3 中两条线段的走势可见,制度许可与集群企业外生性集体行动意愿的影响也是正向的,即在制度许可程度高的情形下,集群企业外生性集体行动意愿也会更强烈。并且,在行业协会治理水平高的条件下,制度许可程度对集群企业外生性集体行动意愿的影响会更加显著。如果再把图 8-3 与图 8-2 对比一下,会发现两图中线条的位置颇为相似,只是图 8-3 中两条线段的开口要较图 8-2 中两条线段的开口略显大一些。这个特征表明行业协会对制度许可与集群企业外生性集体行动意愿的调节效应较之其对反抗意识与集群企业外生性集体行动意愿的调节效应相对更为显著一些,虽然从表 8-7 中的显著性程度上看两者十分接近、不分伯仲。

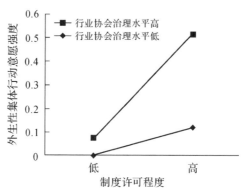

图 8-3   行业协会对制度许可与集群企业外生性集体行动意愿的调节效应

第四,行业协会对集群规模与集群企业外生性集体行动意愿的调节效应,如图 8-4 所示。与前面几张图不同的是,图 8-4 中两条线的趋势从左到右呈向下倾斜之势而非向上倾斜。这一趋势证实了集群规模对集群企业外生性集体行动意愿的影响是负面的。但我们也很容易注意到在行业协会治理水平高的情形下,集群规模对行动意愿所产生的负面影响很大程度上得到了缓解,表现为线条趋势由原来颇为陡峭(图中菱形节点线)转为比较平缓(图中正方形节点线)。也就是说,行业协会可以很大程度上消除集群规模对集群企业外生性集体行动的不利影响,从而促进集体行动的形成。因此,行业协会对集群规模与集群企业外生性集体行动的关系具有反向调节作用。

第五,行业协会对集群类型与集群企业外生性集体行动意愿的调节效应,如图 8-5 所示。图 8-5 与图 8-4 一样,图中两条线段(菱形节点线和正方形节点线)从左至右均呈现出向下倾斜之势,表明集群类型对集群企业外生性集体行动意愿的影响也是负面的。具体地讲就是,企业所在集群趋向于水平型的程度越高,则集群企业采取或参与外生性集体行动的意愿越弱。但是,我们也能够很清晰地看到正方形节点线较之菱形节点线要平缓

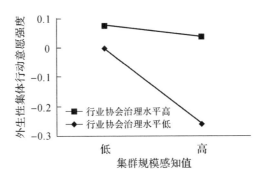

图 8-4 行业协会对集群规模与集群企业外生性集体行动意愿的调节效应

很多。这就意味着在行业协会治理水平高的情形下,集群类型对企业外生性集体行动的负面影响很大程度上被弱化了。也就是说,行业协会治理可以一定程度上抵消集群类型对外生性集体行动所产生的不利影响,从而有利于集群企业外生性集体行动的形成。从这一点上看,行业协会对集群类型与集群企业外生性集体行动的关系具有反向调节作用。

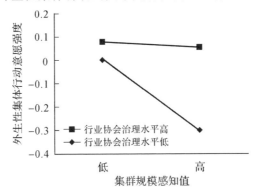

图 8-5 行业协会对集群类型与集群企业外生性集体行动意愿的调节效应

理论构建中关于行业协会的调节效应也有未能得到实证支持的。比如,行业协会对外部支持与集群企业外生性集体行动的调节效应未得到实证验证。从多层回归分析的结果及图 8-6 中均能看出行业协会对外部支持与集群企业外生性集体行动的关系具有显著的调节效应,但属于反向调节而非我们在理论构建中所称的正向调节,即在行业协会治理水平低的情形下,外部支持对集群企业外生性集体行动意愿的影响要比行业协会治理水平高的条件下更为显著。是什么原因使得实证中行业协会对外部支持与集群企业外生性集体行动意愿呈反向调节效应呢?笔者认为或可从以下两方面来解释。第一种解释,可能是集群企业所获得的"外部"支持其实很大一部分就直接或间接来自行业协会本身。在集群环境下,集群企业获取外部资源的重要途径之一就是行业协会或商会这个平台（李新春，2002）。其中，直接来源指的是行业协会利用自有资源为集群企业参与行动提供支持，而间接来源则指的是外部组织、机构或个人把资源提供给行业协会，再由行业协会提供给参与行动的集群企业。在这种情况下，有了行业协会的精神性支持和物质性支持之后，那些来自行业协会之外的其他组织机构、媒体和社会界人士的支持对涉案集群企业参与外生性集体行动的影响所起到的作用显然就会降低。从而直观地表现为行业协会治理水平高的情形下，"外部"支持对集群企业集体行动意愿的影响较弱。而当来自行业协会的精神性支持和物质性支持很少的情况下，那些来自行业协会之外的其他组织机构、媒体和社会界人士的直接支持对于涉案集群企业参与外生性集体行动的意愿来说就会显得格外重要。从而直观地表现为行业协会治理水平低的情形下，"外部"支持对集群企业集体行动意愿的影响比前者更为显著。第二种解释，还可以解释为调研样本所在集群的行业协会在相应的外生性集体行动中主要治理表现之一就是争取外部支持。如此一来，行业协会治理与外部支持在实际内涵上就会有很多重叠之处，产生较多冗余，从而使得协会治理与外部支持两个因素交互之后产生了挤出效应，而非互补效应。这种挤出效应在统计上就表现为交互项的系数为负。当然，以上只是研究人员对导致上述现象可能的原因所做的推测性解释，仍然有值得商榷之处。

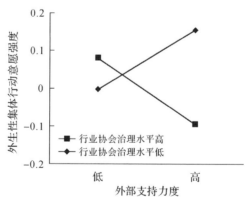

图 8-6　行业协会对外部支持与集群企业外生性集体行动意愿的调节效应

综合以上实证分析的结果，我们拟对行业协会对集群企业外生性集体行动的作用模型做些修正。已知外生事件、反抗意识、外部支持和制度许可等因素对集群企业外生性集体行动意愿具有显著的正向影响，而集群规模和集群类型对集群企业外生性集体行动均具有不同程度的反向影响。

行业协会对外生事件、反抗意识及制度许可等与集群企业外生性集体行动的关系具有显著的正向调节作用,而对外部支持、集群规模和集群类型等与集群企业外生性集体行动的关系具有显著的反向调节作用。在上述各项研究发现中,行业协会对外部支持与集群企业外生性集体行动的反向调节作用这一实证结果与原有理论假设不符。当然,这并不能说明我们必须接受实证分析的结果而否定理论构建中的相应假设。但是,由于没有得到实证结果的支撑,我们在理论构建中关于这一观点的相应假设也具有了一定的不确定性。鉴于此,我们将模型中行业协会对外部支持与集群企业外生性集体行动的调节作用改为虚线表示。经修正后的行业协会对集群企业外生性集体行动的作用机制模型描述如图 8-7 所示。

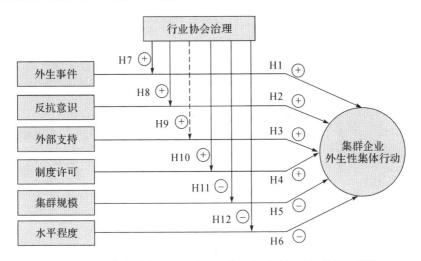

图 8-7　行业协会对集群企业外生性集体行动作用机制的修正模型

第九章　行业协会对内生性集体行动作用机制的实证分析

在前文中,我们首先通过内生性集体行动影响因素的案例研究初步明确了影响集群企业采取或参与内生性集体行动的关键性因素,并尝试将其概念化为变量。随后,从规范分析的角度对包括需求感知等各关键性因素对集群企业内生性集体行动意愿的具体影响以及行业协会从中可能起到的具体作用开展了理论分析,提出了相应的假设和命题,初步构建起了实证模型,为相应的实证分析奠定了基础。而本章的主要任务就是要在继承以上案例研究及理论分析的基础上,针对前面提出的理论假设和实证模型,进行实证研究与假设检验。具体包括变量测量、调研设计、调研实施、信度检验、效度检验、相关分析、因子分析、回归分析及结果讨论等一系列研究工作。

第一节　测量研究与调研设计

一、变量测量

(一)因变量的测量

本研究的因变量为内生性集体行动。一般来说,这个变量属于行为变量,这时它指的是行为发生或没发生。在测量时,通常会用 1 表示行为发生,而用 0 表示行为未发生。但这种测量无法反映行为人之间的细微差异。譬如说,同样是集体行动参与人,但他们的参与度是不同的,因为他们参与行动的动力并不完全一样,而是或大或小,存有差异性。为更好地反映行动参与人之间的这种差异,我们认为测量其行动参与意愿更为合适。也就是说,以内生性集体行动意愿作为测量时的替代变量。从近些年集体行动研究的实证文献来看,这种做法已为学者们认可并广泛采用。用集体行动意愿来考量农户、农民工及居民等个体参与集体行动的状况具有合理性和可行性（蔡起华、朱玉春，2016；石晶、崔丽娟，2016；雷开春、张文宏，2015；汪华，2015）。改从行动意愿的角度来测量内生性集体行动之后，它就成了一个连续变量，在具体测量中就可用不同分值来反映那些采取或参与内生性集体行动的集群企业之间存在的潜在差异。

（二）自变量的测量

1. 内生需求的测量

拟从集群企业对内生需求的感知程度角度来测量，即用"需求感知"作为实证分析时的替代变量。需求感知是用来反映集群企业是否意识到内生性需求并认识到需求的重要性。正如我们在前文中已阐述的那样，集群企业对内生性需求的感知与两个指标高度相连，即相关性和迫切性。因此，对需求感知的测量，我们也将围绕这两个指标进行具体的问卷设计。

2. 长期导向的测量

约翰逊、马丁赛尼（2011）曾开发了含有 5 个测量指标的长期导向量表，具体包括"战略制度专注于长期发展、长期目标优先于短期收益、长期成功比短期效益更重要、保持长期竞争力很重要、满足当年财务目标比保持长期绩效更重要"等。其中，第 5 项指标为反向指标。而在内生性集体行动影响因素案例研究中，我们也编码出了"长期发展目标、长期竞争力、长期绩效和利益"等内容。这些内容与约翰逊等（2011）量表中的相应内容十分相似。因此，我们拟在实证研究中对于长期导向的测量直接采用约翰逊等的量表，这不仅具有可行性，而且可使该变量的测量更具规范性，同时可避免偏颇性。

3. 本地嵌入的测量

通过回顾文献，我们发现有少量关于本地嵌入的测量研究。其中有代表性的文献包括叶庆祥（2006）对跨国公司本地嵌入的研究及徐海沽（2011）对民营企业本地嵌入的研究。他们均分别从地理嵌入、关系嵌入、结构嵌入和成员嵌入等维度对本地嵌入进行了系统性的测量。其测量体系涵盖 23 个指标之多，这对一个变量的测量而言过于庞大，并会因此降低测量信度。所以，我们认为不适合直接套用。事实上，从理论分析与理论构建一部分对本地嵌入概念的分析中，我们已知本地嵌入实际上突出了"本地网络关系"和"本地产业发展要素"两个关键特征。根据两个关键特征的具体内容，集群企业的本地嵌入可从集群企业与本地上下游企业、地方政府、当地金融机构和中介机构等之间的互动或合作程度以及集群企业与本地产业发展配套,如人才、技术、资金、市场、信息及政策等方面的联系紧密程度两个方面来测量。

4. 政策激励的测量

受内生性集体行动影响因素案例研究的启示,可知一些激励性政策具有直接、强烈且偏物质方面等特点,如财政、税收、用地、市场准入、政府采购、政府补贴等优惠政策与措施。本研究将这些方面的政策和举措定义为物质性激励。还有一部分激励性政策具有间接、柔性且偏精神方面等特点,如声誉、荣誉、表彰、合作优先权、优先推荐权等,本研究将这些方面的政策和举措定义为精神性激励。由此,本研究对于政策激励的测量主要就是从物质性激励和精神性激励入手,设计了两个相应的测量题项。

5. 同行反应的测量

同行反应是内生性集体行动影响因素案例研究中涌现出的一个变量。从案例研究的结果来看,同行反应主要表现为示范效应和羊群效应两个方面。进一步从理论分析的结果来看,示范效应主要体现为后发企业对先行集群企业的学习或受到的启发;羊群效应主要体现为后发企业在感知先行集群企业对内生性集体行动的态度或行为之后所表现出"跟着走"的从众或求同现象。基于已有这些概念解析,我们围绕示范效应和羊群效应设计了两个相应的题项来测量同行反应。

(三)调节变量的测量

与上一章中的调节变量一样,本章所涉及的调节变量也是行业协会外部治理。通过前文关于行业协会治理的相关解析可知,我们对行业协会治理有自己的理解。简单地讲,我们分别从功能诉求和运营水平两维度来剖析行业协会。从功能诉求角度,行业协会主要进行服务性和协调性活动;从运营水平角度,主要观察行业协会的能力和权威。基于上述已有认知,我们交叉设计了"行业协会服务和协调的能力"及"行业协会服务和协调的权威性"两个题项来测量行业协会治理。

(四)控制变量的测量

集群企业年龄的测量,在此参考李新春等(2015)的做法,将企业年龄划分成5年及以下、6至10年、11至15年、16至20年及20年以上五个阶段性指标来测量。集群企业规模的测量,在此主要参考了国家统计局的分类标准,划分成大型、中型、小型和微型等四个类型指标来测量。集群企业性质的测量,参照外生性集体行动实证研究中对企业性质的方法,也分别从国有、私营、混合、外资及合资等五种类型的角度进行测量。集群规模的测量,这个变量与外生性集体行动中的集群规模变量是相同的。从有关外生性集体行动实证分析中的测量研究可知,主要可从个体对经营和规模相似企业的数量感知以及个体对产品相似企业的数量感知两个方面来考察。经变量测量的信度与效度检验表明,上述测量是可靠的。所以,在此也将从规模感知的角度采用相同的题项设计进行测量。集群类型的测量,这个变量也是与外生性集体行动中的集群类型变量是相同的。在以往研究中,主要是从集群企业在产业链上的分工程度和集群企业相互之间在产业链上的合作程度两项指标来考察。并且,已有的实证检验表明测量具有较好的信度与效度。所以,在此也将从感知的角度采用同样的题项设计进行测量。

二、问卷设计

在完成变量测量题项设计的基础上,我们设计出了"集群企业参与内生性集体行动意愿调查问卷",用于获取集群企业参与内生性集体行动的影响因素及行业协会调节性作用等实证分析所需的数据。

由于内生性集体行动是一个学术概念,调研对象可能对这个概念的内涵与外延并不了解。在这种情形下,调研对象可能会因此而拒绝调研,或者即使同意配合调研也会因理解偏误而致使我们收集到的数据失真。为避免这些问题的出现,我们在问卷开篇的调研说明部分对内生性集体行动概念特别做了解释。并且,为使调研对象对内生性集体行动有更加形象的认知,我们还在概念解释之后,以实际案例的形式详细描述了现实经济生活中的内生性集体行动情况(详见相应问卷调研说明中的"实例:永康电动车和滑板车企业集体签署维权公约活动"),以此来促进受访人员对研究焦点的理解。

问卷主体总体上分为两大部分:第 部分为基本情况,由集群企业的基本信息和填表人的基本信息组成,前者包括企业年龄、企业性质和企业规模等内容,后者包括受访人学历、职务、在目前单位工作年限、从事管理工作年限等内容;第二部分为集群企业参与内生性集体行动的信息,具体包括了内生需求、长期导向、本地嵌入、政策激励及同行反应等自变量的测量题项,作为调节变量的行业协会治理的测量题项,作为因变量的集群企业内生性集体行动意愿的测量题项,集群规模和集群类型等两个控制变量的测量题项,其他两个控制变量(企业规模和企业性质的信息)已经包含在第一部分。第二部分按照"李克特多选项量表"(Likert Scale)的形式来组织,采用五点正向记分方法。

　　问卷的试访与修订。为了使调研问卷更加通俗易懂及最大限度地降低理解偏差,我们在大规模调研之前就调研问卷进行了试访。我们采取便利性原则,在义乌选取了 6 家企业进行试访。让他们描述阅读和填写调研问卷的感受和看法,比如文字是否晦涩难以理解、例子是否贴切易于受访人想象并举一反三、每个题项表达是否通顺及意思表示是否明确等。然后,根据试访反馈的信息对调研问卷进行修订,之后将其用于大规模调研。问卷回收以后,对采集的数据采用 SPSS19.0 统计分析软件进行分析,主要分析方法包括因子分析、相关分析、回归分析等。

　　三、研究取样

　　为获得实证研究所需的数据,我们在研究对象满足基本要求的情况下考虑了样本数据的可获得性限制。调研的集群主要包括但不限于浙江瑞安光伏集群、江苏宿迁新能源集群、四川绵阳汽车集群、广东花都汽车集群、浙江永康运动休闲车集群、浙江绍兴轻纺集群、江苏常熟纺织集群、广东东莞服装集群等。通过委托调研、培训场地和会议现场发放、电子邮件等多种方式,累计发放问卷 720 份,回收 326 份,问卷回收率为 45.27%。其中,回收问卷中有效问卷数量为 287 份,有效率 88.04%。无效问卷的主要原因在于受访问人员漏填或者多选,使一些问卷的某些题项上出现了两个选择标识或者一个选择标识也没有的现象,从而导致数据无法使用。还有一小部分是问卷填写不完整,只填了问卷当中的一部分内容,因此也无法使用。尽管如此,整体上看有效问卷的比率仍然比较理想。一方面原因是通过前期的试访使问卷的可读性和可理解性有了很大的改善;另一方面原因是问卷题项体量很小,问卷主体只有一个页面,这样能有效避开受访人作答疲劳和厌烦情绪,从而使得有效问卷比率相对较高。

　　样本的基本情况和问卷填写人基本情况,详见表 9-1 和表 9-2。

表 9-1　内生性集体行动调研企业基本情况汇总

项目	类别	样本数	百分比/%
企业年龄	5 年及以下	17	5.92
	6～10 年	71	24.74
	11～15 年	97	33.80
	16～20 年	50	17.42
	20 年以上	52	18.12

项目	类别	样本数	百分比/%
企业规模	微型企业	34	11.85
	小型企业	113	39.37
	中型企业	101	35.19
	大型企业	39	13.59
企业性质	国有企业	19	6.62
	私营企业	123	42.86
	混合企业	35	12.20
	外资企业	40	13.94
	合资企业	70	24.39

表 9-2　内生性集体行动调研问卷填写人基本情况汇总

项目	类别	人数	百分比/%
学历层次	专科及以下	85	29.62
	本科	137	47.74
	硕士及以上	65	22.65
管理职位	公司基层	30	10.45
	公司中层	111	38.68
	公司高层	146	50.87
在本单位工作年数	3 年及以内	51	17.77
	4~6 年	103	35.89
	7~9 年	91	31.71
	10 年及以上	42	14.63
从事管理工作年数	3 年及以内	58	20.21
	4~6 年	95	33.10
	7~9 年	96	33.45
	10 年及以上	38	13.24

四、信度与效度

首先,关于变量的信度检验。本研究中相关变量的信度检验将采用克龙巴赫(Cronbach)α 系数和组合信度(CR)两个指标来反映。一般而言,当以上两项指标的系数值大于等于 0.7 时,认为所指向的变量测量具有良好的信度。笔者计算了具备条件的所有变量的克龙巴赫 α 系数,详见表9-3。从测算的结果来看,本研究中所涉及变量的所有指标所对应在变量层次上的克龙巴赫 α 系数最低值为 0.924,显著大于 0.7,表明变量呈现出良好的内部一致性。同时,所涉变量的 CR 最小值为 0.7806,略大于 0.7,表明各变量的组合信度比较可靠。综合以上两个信度指标实际测量值可推定相关变量的测量信度是有基本保障的。

其次,关于变量的效度检验。本研究主要对变量的聚合效度(CV)和区分效度(DV)进行了检验。在聚合效度的检验方面,通常可以用指标在所测因子上的因子载荷值来反映。当因子载荷值大于 0.7 时,则可以认为测量具有良好的聚合效度。从因子分析的结果(详见表9-5)来看,所有变量中因子载荷最小值为 0.783,达到了上述标准的要求。也就是说,本研究所涉变量的测量具有较为理想的聚合效度。而在区分效度方面,一般可以通过比较变量的平均变异萃取量(AVE)与变量间相关系数的平方值来进行判断。为此,我们需要先对研究所涉及的变量进行描述性统计分析,计算出变量之间的相关系数,并计算出 AVE 值,才能进行比较和判断。进一步对比表9-3 中的 AVE 值和及表9-6 各变量相关系数的平方值,结果表明相关系数最大值为 0.453,而 AVE 最小值为 0.6401,明显大于最大相关系数值的平方数。因此,可以推定相关变量之间具有良好的区分效度。

表 9-3　内生性集体行动变量的信度与效度指标测算结果

变量	α 系数	CR 值	最小因子载荷值	AVE 值
内生需求	0.935	0.8934	0.894	0.8073
长期导向	0.972	0.9558	0.885	0.8123
本地嵌入	0.977	0.9092	0.913	0.8336
政策激励	0.974	0.9114	0.912	0.8372
同行反应	0.964	0.9032	0.904	0.8236
集群规模	0.924	0.9168	0.915	0.8464
集群类型	0.974	0.7806	0.788	0.6401
行业协会	0.995	0.7680	0.783	0.6234

第二节　统计分析与假设检验

一、因子分析

这里的因子分析主要是针对内生性集体行动影响因素所做的。通过前文的案例研究和理论分析,我们解析出了包括内生需求、长期导向、本地嵌入、政策激励和同行反应等五个内生性集体行动的核心影响因素。这些变量均采用了多指标测量的方式。因此,有必要对其进行因子分析,一方面可以观察各个变量之间的区分度,另一方面可以通过因子分析提炼出内生性集体行动的影响因子以便于后续相应的统计分析。

在调研数据的基础上,笔者首先对上述变量的相关矩阵进行了检验。采用的方法是 SPSS19.0 所提供的 KMO 样本测度法和巴特利特球形检验法。计算结果显示样本 KMO 值为 0.810,大于 0.7;巴特利特球形检验的 χ^2 统计值的显著性概率为 0.000,小于 0.001,更详细结果见表9-4。一般来说,当 KMO 值大于 0.7 且巴特利特球形检验的 p 值小于 0.05,那么指标体系就比较适合做因子分析。因此,综合本研究的 KMO 值和 χ^2 统计值显著性概率,可以断定所获样本适合做因子分析。

表 9-4　内生性集体行动影响因素的 KMO 测度和巴特利特球形检验结果

KMO 样本测度		0.810
巴特利特球形检验	χ^2	4821.817
	df	78
	p	0.000

本研究中的因子分析具体过程描述如下:在描述(descriptives)中选择各变量描述统计量(univariate descriptives),在抽取(extraction)方法中选择主成分法(principal components),因子提取原则为因子的特征根大于1,采用"方差最大法"旋转(varimax),最大收敛迭代次数为 25,分值(score)项选择回归法(regression),得出了一阶因子分析载荷矩阵,如表9-5 所示。

从各项测量指标聚合的结果来看,因子 F1 由"战略计划注意长期发展""长期目标优丁短期收益""长期成功更为重要""长期竞争力非常重要"及反向指标"当前目标比长期绩效更重要"等五个指标构成,对应于约翰逊、马丁和赛尼(2011)所提出的"长期导向"构念。可见,F1 因子表示的是长期导向因素。因子 F2 包含了"物质性激励"和"精神性激励"等指标信息,根据变量测量设计可知 F2 因子表示的是政策激励因素。因子 F3 包含了"本地组织机构互动"与"本地配套资源支持"等指标信息,根据变量测量设计可知 F3 因子表示的是本地嵌入因素。因子 F4 包含了"已经看到同行行动效果"和"知道有很多同行参与"等指标信息,根据变量测量设计可知 F4 因子表示的是同行反应因素。因子 F5 包含了"觉得活动有价值有意义"和"认为活动符合公司利益"等指标信息,根据变量测量设计可知 F5 因子表示的是需求感知因素。通过以上因子分析结果,明确了因子与测量指标之间的对应关系,以便于在后续的统计分析过程中直接运用因子结果进行定量研究。

表 9-5　内生性集体行动影响因素旋转后的因子载荷矩阵

因子	指标	F1	F2	F3	F4	F5
F5	觉得活动有价值有意义	0.195	0.165	0.186	0.158	0.903
	认为活动符合公司利益	0.232	0.172	0.168	0.166	0.894
F1	战略计划注重长期发展	0.920	0.128	0.140	0.169	0.109
	长期目标优于短期收益	0.897	0.158	0.142	0.161	0.151
	长期成功更为重要	0.885	0.170	0.118	0.146	0.186
	长期竞争力非常重要	0.900	0.134	0.147	0.146	0.157
	当年目标比长期绩效更重要	0.904	0.142	0.161	0.154	0.119
F3	本地组织机构互动	0.219	0.187	0.913	0.177	0.174
	本地配套资源支持	0.212	0.181	0.913	0.172	0.191
F2	受到物质性激励	0.229	0.912	0.193	0.155	0.171
	受到精神性激励	0.215	0.918	0.171	0.162	0.172
F4	已经看到同行行动效果	0.221	0.159	0.176	0.911	0.178
	知道有很多同行参与	0.263	0.159	0.172	0.904	0.154
解释度	特征值	7.068	1.888	1.131	1.076	1.050
	方差贡献率/%	34.329	15.062	15.057	14.867	14.641
	累计贡献率/%	34.329	49.391	64.448	79.314	93.955

我们认为直接用因子来进行量化研究是可行的。因为,根据因子载荷矩阵,上述五个因子对原始变量测量指标的累计解释能力达到 93.955%。也就是说,所提取的五个因子对底层指标的综合反映效果良好,能够很好地代表底层指标所承载的信息。因此,可用因子分析结果所提取的因子得分作为变量测量值,进行变量层次上的定量分析。

二、相关分析

本部分采用皮尔逊相关系数分析法进行双侧检验,旨在分析和观察作为自变量的内生需求、长期导向、本地嵌入、政策激励和同行反应等与作为因变量的内生性集体行动意愿以及调节变量和控制变量的行业协会治理、集群企业年龄、企业规模、企业性质、集群规模和集群类型等之间的相关关系,分析结果如表 9-6 所示。

表 9-6　内生性集体行动研究各变量的相关分析

序号	变量	均值	标准差	1	2	3	4	5	6	7	8	9	10	11	12	13	14	15
1	企业年龄	3.1707	1.1657	1														
2	企业规模	3.0662	1.3458	0.011	1													
3	Dum_s	0.0132	0.1143	0.045	0.055	1												
4	Dum_p	0.0857	0.2800	0.024	-0.009	-0.035	1											
5	Dum_m	0.0244	0.1543	0.037	0.041	-0.018	-0.048	1										
6	Dum_f	0.0279	0.1647	-0.024	-0.141*	-0.020	-0.052*	-0.027	1									
7	内生需求	2.9530	1.4312	0.050	-0.168**	-0.062	0.050	-0.010	0.115	1								
8	长期导向	2.6362	1.4211	-0.043	-0.136*	0.070	0.007	0.113	0.142*	0.432**	1							
9	本地嵌入	2.7195	1.4079	-0.095	-0.074	-0.022	-0.106	0.018	0.143*	0.449**	0.431**	1						
10	政策激励	2.8571	1.4533	-0.053	-0.111	0.002	0.025	-0.030	0.044	0.433**	0.437**	0.452**	1					
11	同行反应	2.9268	1.3974	-0.153**	-0.147**	-0.037	-0.008	-0.034	0.054	0.426**	0.463**	0.442**	0.416**	1				
12	集群规模	2.4965	1.2473	0.007	-0.063	-0.046	0.140*	-0.079	-0.045	-0.168**	-0.239**	-0.258**	-0.265**	-0.215	1			
13	集群类型	2.5157	1.2912	0.008	0.034	-0.025	-0.016	0.021	-0.017	-0.126*	-0.171**	-0.105	-0.188**	-0.081	0.016	1		
14	行业协会	3.1411	1.4348	-0.018	0.056	-0.046	-0.012	-0.011	0.069	0.324**	0.260**	0.366**	0.233**	0.299**	0.025	0.031	1	
15	行动意愿	2.8746	1.4332	-0.067	0.009	0.004	-0.057	0.005	0.169**	0.512**	0.408**	0.477**	0.532**	0.443**	-0.200**	-0.198**	0.453**	1

注：** 表示在 0.01 水平（双侧）上显著相关；* 表示在 0.05 水平（双侧）上显著相关。

相关分析的结果表明,集群企业内生性集体行动意愿与内生需求、长期导向、本地嵌入、政策激励、同行反应及行业协会治理等六个因素呈显著的正相关关系($p<0.01$),而与集群规模和集群类型呈显著的负相关关系($p<0.01$)。

三、回归分析

相关分析只能对现象之间是否存在着某种联系起到一个初步的判断作用,但它无法确定现象之间是否存在着确切的因果关系。因此,我们需要借助多层回归分析方法来进一步探索本项研究中自变量与因变量之间的因果关系是否成立以及行业协会治理的调节效应是否显著等,分析结果如表 9-7 所示。

表 9-7 内生性集体行动多层回归分析结果

变量	模型 1	模型 2	模型 3	模型 4
企业年龄(age)	−0.067	−0.028	−0.034	−0.012
企业规模(size)	0.028	0.138**	0.101*	0.119**
Dum_s(size)	0.032	0.032	0.040	0.015
Dum_p(size)	0.041	−0.003	0.002	−0.018
Dum_m(size)	0.036	0.032	0.032	0.000
Dum_f(size)	0.193**	0.119*	0.115*	0.111*
集群规模(cs)	−0.079	−0.063	−0.093*	−0.030
集群类型(ct)	−0.127*	−0.129**	−0.146**	−0.117**
内生需求(PD)		0.340***	0.284***	0.188***
长期导向(LO)		0.241***	0.194***	0.039
本地嵌入(LE)		0.254***	0.187***	0.060
政策激励(PE)		0.354***	0.325***	0.238***
同行反应(PC)		0.250***	0.201***	0.128**
行业协会(BA)			0.246***	0.276***
BA * PD				0.114*
BA * LO				0.107*
BA * LE				0.122*
BA * PE				0.134**
BA * PC				0.169***

变量	模型 1	模型 2	模型 3	模型 4
R^2	0.058	0.463	0.509	0.552
Adjusted R^2	0.030	0.437	0.484	0.520
ΔR^2	0.058	0.405	0.046	0.043
F 检验值	2.122*	18.075***	20.126***	17.282***
VIF 最大值	1.599	1.638	1.638	1.653

说明：*** 表示在 0.001 水平上显著；** 表示在 0.01 水平上显著；* 表示在 0.05 水平上显著；† 表示在 0.10 水平上显著。

（一）多层回归分析有效性检验

我们分别运用了 F 检验、DW 检验及方差膨胀因子等方法，对多层回归分析的有效性进行了检验，检验结果分别阐述如下。第一，从 F 检验的结果来看，模型 1、模型 2、模型 3 和模型 4 均为显著（$p<0.001$）。这说明四个模型相对应的方程整体上具有显著性，这是多层回归分析的基础保障。第二，关于序列自相关检验。一般用 DW 检验来判断序列的一阶自相关程度，DW＝2 表明不存在自相关现象，而当 DW 近似于 2 时，可认为不存在明显的自相关。本研究最终模型输出的 DW 检验值为 1.958，非常接近于 2，可见只存在轻微的正自相关，属于完全可接受的范围。其三，关于共线性诊断。为诊断模型的共线性问题，本研究计算了方差膨胀因子。根据现有判断标准，在 0＜VIF＜10 的情形下，便可认为不存在共线性问题。从输出的结果来看，模型 1 的 VIF 最大值为 1.599，模型 2 和模型 3 的 VIF 最大值均为 1.638，模型 4 的 VIF 最大值为 1.653，均明显小于 10。由此可以推定上述四个模型均不存在共线性问题。通过以上三个方面的检验，可见表 9-7 所示的四个模型及其相应回归分析过程具有可靠的有效性。

（二）实证结果解释与假设验证

第一，对自变量与因变量之间的主效应关系检验。模型 1 旨在观察企业年龄、企业规模、企业性质、集群规模和集群类型等控制变量与集群企业内生性集体行动意愿的关系。从输出结果可见，集群规模和集群类型等对内生性集体行动意愿有显著的反向影响，正如两者对外生性集体行动意愿的影响一样。从模型 2 开始，依次引入了本研究的自变量，即内生需求、长期导向、本地嵌入、政策激励和同行反应等五个内生性集体行动核心影响因素。结果表明以上五个核心因素对集群企业内生性集体行动意愿均表现为积极的正面影响,系数分别为 $\beta_9 = 0.340(p < 0.001)$、$\beta_{10} = 0.241(p < 0.001)$、$\beta_{11} = 0.254(p < 0.001)$、$\beta_{12} = 0.354(p < 0.001)$ 和 $\beta_{13} = 0.250(p < 0.001)$。这说明内生需求、长期导向、本地嵌入、政策激励和同行反应对特定集群企业参与内生性集体行动的意愿不仅有正面的影响,而且是有显著的正面影响,能有效地提升集群企业参与集体行动的意愿。这一实证结果验证了假设 H13、H14、H15、H16 和 H17。

第二,行业协会的调节效应检验。在模型 3 中,我们同时引入了需求感知等自变量及作为调节变量的行业协会外部治理,结果表明行业协会外部治理对集群企业外生性集体行动意愿具有显著的正面影响($\beta_{14} = 0.246$,$p < 0.001$)。在此基础上,我们在模型 4 中引入了行业协会外部治理与外生性集体行动影响因素的乘积项以观察调节效应的检验结果。检验结果具体阐述如下。

一是行业协会对同行反应与内生性集体行动意愿的调节效应最为显著。实证结果显示,同行反应变量在模型 4 中的系数 $\beta_{19} = 0.169$,$p < 0.001$。这说明行业协会对同行反应与内生性集体行动意愿的关系具有显著的正向调节作用,并且调节效果是诸核心因素中最为显著的一个。可见,实证检验结果支持假设 H18。

二是行业协会对其他四个核心因素与内生性集体行动意愿的关系也具有不同程度的调节效应。从表 9-7 输出的结果来看,行业协会对政策激励与内生性集体行动意愿的具有正向调节作用($\beta_{18} = 0.134$,$p < 0.01$),其调节效应仅次于它对同行反应与内生性行动意愿的调节效应。由此,验证并支持了假设 H19。而行业协会对需求感知和本地嵌入两因素与内生性集体行动意愿的调节效应略弱,相应系数分别为 $\beta_{15} = 0.114$ 和 $\beta_{17} = 0.122$,显著水平为 $p = 0.016$,仍然属于比较理想的状态。这说明,行业协会对上述两因素与内生性集体行动意愿的关系具有显著的正向调节作用,从而使假设 H20 和 H21 获得了实证支持。此外,效应最弱的是行业协会对长期导向与内生性集体行动意愿的调节作用。其系数 β_{16} 值为 0.107($p = 0.035$)。尽管调节效应较弱,但仍然达到了统计显著程度。这说明,行业协会对长期导向与内生性集体行动意愿仍然具有一定的正向调节作用,从而验证并支持了假设 H22。

综上可知,行业协会对内生需求、长期导向、本地嵌入、政策激励和同行反应等核心因素与内生性集体行动意愿的调节程度各异,但其调节效应均达到了可接受的显著程度。也就是说,相关调节作用的假设可被视为得到了不同程度的实证支持。

第三节　结果讨论与模型确认

本章是在上一章关于内生性集体行动理论构建基础上所开展的一项实证性研究。实证结果首先验证了自变量与因变量之间的主效应关系假设,假设 H13 至假设 H17 均得到了实证支持。简单地说,就是检验并支持了内生需求、长期导向、本地嵌入、政策激励和同行反应等五个核心因素对集群企业内生性集体行动意愿具有积极影响的理论假设。实证研究还检验了行业协会治理对上述五个核心因素与内生性集体行动意愿关系的调节效应。以下,笔者将结合直观的调节效应图对研究结果进行简要地讨论。

第一,行业协会对需求感知与内生性集体行动意愿的调节效应可用图 9-1 表示。菱形节点线(系列 1)表示的是行业协会治理水平较低情形下需求感知对集群企业内生性集体行动意愿的影响,而正方形节点线(系列 2)表示的是行业协会治理水平较高情形下需求感知对集群企业内生性集体行动意愿的影响。由图 9-1 可以直观地看到,随着集群企业内生性需求感知程度的增强,集群企业采取或参与内生性集体行动的意愿会不断提升。但在行业协会治理水平高的情形下需求感知对行动意愿的提升幅度比行业协会治理水平较低情形下需求感知对行动意愿的提升幅度显得更大更明显。这就形象地表明了行业协会治理对需求感知与集群企业内生性集体行动意愿的关系具有正向调节性作用。

第二,行业协会对长期导向与内生性集体行动意愿的调节效应如图 9-2所示。菱形节点线(系列 1)表示的是行业协会治理水平较低情形下长期导向对集群企业内生性集体行动意愿的影响,而正方形节点线(系列 2)表示的是行业协会治理水平较高情形下长期导向对集群企业内生性集体行动意愿的影响。由图 9-2 可以直观地看到行业协会治理会对长期导向与集体行动的关系产生显著的影响。当行业协会治理水平较低时,长期导向能在一定程度上作用于特定集群企业内生性集体行动意愿的提升;而当行业协会治理水平高时,长期导向对内生性集体行动意愿的提升作用则变得很明显。这就形象地表明了行业协会治理对长期导向与集群企业内生性集体行动意愿的关系具有正向调节作用。

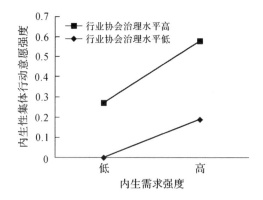

图 9-1　行业协会对需求感知与集群企业内生性集体行动意愿的调节效应

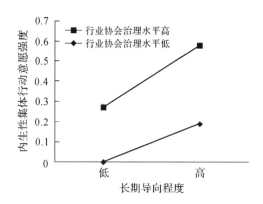

图 9-2　行业协会对长期导向与集群企业内生性集体行动意愿的调节效应

第三,行业协会对本地嵌入与内生性集体行动意愿的调节效应可由图 9-3 表示。菱形节点线(系列 1)表示的是行业协会治理水平较低情形下本地嵌入对集群企业内生性集体行动意愿的影响,而正方形节点线(系列 2)表示的是行业协会治理水平较高情形下本地嵌入对集群企业内生性集体行动意愿的影响。由图 9-3 可以直观地看到行业协会治理会对本地嵌入与集体行动的关系产生显著的影响。当行业协会治理水平较低时,本地嵌入能在一定程度上作用于特定集群企业内生性集体行动意愿的提升;而当行业协会治理水平高时,本地嵌入对内生性集体行动意愿的提升作用则变得很明显。这就形象地表明了行业协会治理对本地嵌入与集群企业内生性集体行动意愿的关系具有正向调节作用。

第四,行业协会对政策激励与内生性集体行动意愿的调节效应可用图 9-4 来表示。其中,菱形节点线(系列 1)表示的是行业协会治理水平较低情形下政策激励对集群企业内生性集体行动意愿的影响,而正方形节点线(系列 2)表示的是行业协会治理水平较高情形下政策激励对集群企业内

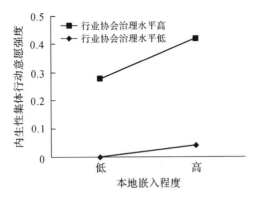

图 9-3　行业协会对本地嵌入与集群企业内生性集体行动意愿的调节效应

生性集体行动意愿的影响。由图 9-4 可以直观地看到,在政策激励加码的情况下,集群企业采取或参与内生性集体行动的意愿会不断提升;但在行业协会治理水平高的情形下政策激励对行动意愿的提升幅度比行业协会治理水平较低情形下政策激励对行动意愿的提升幅度显得更大更明显。这就形象地表明了行业协会治理对政策激励与集群企业内生性集体行动意愿的关系具有正向调节作用。

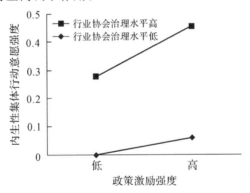

图 9-4　行业协会对政策激励与集群企业内生性集体行动意愿的调节效应

　　第五,行业协会对同行反应与内生性集体行动意愿的调节效应可用图 9-5 表示。菱形节点线(系列 1)表示的是行业协会治理水平较低情形下同行反应对集群企业内生性集体行动意愿的影响,而正方形节点线(系列 2)表示的是行业协会治理水平较高情形下同行反应对集群企业内生性集体行动意愿的影响。由图 9-5 可以直观地看到行业协会治理会对同行反应与集体行动的关系产生显著的影响。当行业协会治理水平较低时,同行反应在一定程度上有利于特定集群企业内生性集体行动意愿的提升;而当行业协会治理水平高时,同行反应对内生性集体行动意愿的提升作用则会变得很明显。这就形象地表明了行业协会治理对同行反应与集群企业内生性集体行动意愿的关系具有正向调节作用。

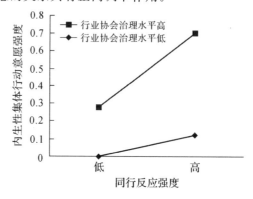

图 9-5　行业协会对同行反应与集群企业内生性集体行动意愿的调节效应

　　综合以上实证分析的结果可知,内生需求、长期导向、本地嵌入、政策激励和同行反应等因素对集群企业内生性集体行动意愿的积极影响假设成立。并且,行业协会治理对上述因素与内生性集体行动意愿的调节效应也得到了验证,即行业协会治理的调节性作用假设成立。鉴于实证研究结果与前文案例研究和理论分析的结果基本一致,故无须对原有理论模型(详见图 8-4)进行修正。可以说,实证研究进一步确认了理论模型。

　　鉴于以外生性集体行动或内生性集体行动为结果变量的实证研究仍然为数不多,可供参考的相关控制变量受到限制。故而,在外生性集体行动实证研究中,只选取了企业层次上的常规控制变量,如企业年龄、企业规模和企业性质等。但在内生性集体行动实证研究中,基于外生性集体行动的研究结果,新增了集群规模和集群类型等两个共性变量作为控制变量,从而使主效应和调节效应更为集中,突出研究重点。当然,随着集群企业集体行动定量研究的不断增加,部分历经实证检验并相对成熟的变量也会随着时间的推移和研究的深入,而需要加以控制。因此,未来进一步的实证研究中可能需要控制的变量也会越来越多。

第五编

集群企业集体行动多主体
协同治理策略研究

通过集体行动相关研究的文献可知,集体行动治理主要是围绕如何解决集体行动困境[马歇尔、科尔曼、辛德尔(Sindel)等,2016]以形成合法且有效的集体行动使个体的利益诉求得以表达和实现(郑钦,2013;薛澜、张扬,2006)。鉴于此,我们这里所谈的集群企业集体行动治理也主要是围绕如何进一步提升集群企业采取或参与集体行动意愿这一核心主题而展开。为使我们所述及的治理策略更加紧密地贴合本项研究结果,避免治理策略研究边界模糊及与其他已有治理策略重复,我们将从治理主体和治理依据两个维度来架构集群企业集体行动治理策略研究。

在治理主体维度上,集群企业集体行动有三个关键性的治理主体:第一个是行业协会,特指产业集群内的地方性行业协会;第二个是地方政府;第三个是产业集群内拥有一定跟随企业(徐宏玲、李双海,2009)或配套企业(廖园园、汪斌,2011)的领导企业。在治理依据维度上,主要是基于集群企业集体行动关键影响因素来思考治理策略。就外生性集体行动而言,主要是基于外生事件、反抗意识、外部支持、制度许可、集群规模和集群类型等提出治理思路;就内生性集体行动而言,主要是基于内生需求、长期导向、本地嵌入、政策激励和同行反应等提出治理思路。

第十章　行业协会主导的外生性集体行动多主体治理策略

这一章是针对外性集体行动治理所开展的一项策略性研究。治理策略研究的基础是外生性集体行动的影响因素、行业协会对外生性集体行动的调节作用以及衍生出来的领导企业及地方政府等其他治理主体可以发挥的协同性治理作用。当然,重中之重是围绕外生性集体行动影响因素及行业协会的治理作用而展开。

第一节　行业协会治理策略

一、基于外生事件的协会治理策略

外生事件对集群企业外生性集体行动意愿的影响可以简要地描述为针对性、伤害性和不公性等三个方面。行业协会就外生事件因素所能开展的治理活动主要是信息服务。换句话说,基于外生事件的行业协会治理策略可简要理解为信息服务策略。为了保持前后文已有逻辑的一贯性和连续性,在具体分析时,我们将延续前文已经阐述过的两个维度来深入探讨。这两个维度便是治理内容和治理水平。从治理内容上看,行业协会有关外生事件的信息服务主要包括信息分析和信息传递;从治理水平上看,行业协会有关外生事件的信息服务主要包括信息服务能力和信息服务权威性。由此便可得基于外生事件的行业协会治理策略集合,即信息分析能力策略、信息分析权威性策略、信息传递能力策略和信息传递权威性策略等,如图 10-1 所示。

(一)信息分析能力策略

信息分析能力是指行业协会收集、筛选、分类、处理及逻辑加工以形成有用观点或结论的能力。而信息分析能力策略就是协会通过提升信息分

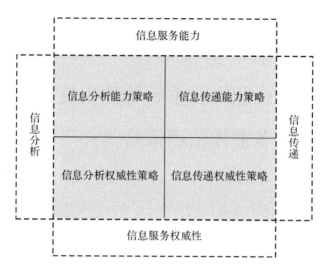

图 10-1　基于外生事件的行业协会治理策略集合

析能力来实现对外生性集体行动的治理目标的思路。基于这一理解,行业
协会分析能力策略可以从两个角度来阐述。其一,从过程的角度,主要体
现为如何提升信息收集能力、信息筛选能力、信息分类能力、信息处理能力
和逻辑加工能力。(1)信息收集能力提升策略,要求行业协会熟悉广泛的
信息收集渠道,掌握并能运用若干一手资料收集方法和技巧,从而获取大
量有关外生事件的资料和信息。(2)信息筛选能力提升策略,尽管筛选原
则很多,但限于本项研究而言,主要是根据相关性原则,即信息多大程度上
是与特定外生事件的针对性、伤害性和不公性等相关。这其实很考验工作
人员对针对性、伤害性和不公性的理解程度及在此基础上对信息的判断能
力。(3)信息分类能力提升策略,要求行业协会能将筛选之后的信息根据
其相关程度和来源渠道等分类整理成针对性分析信息、伤害性分析信息和
不公性分析信息等三个类型。(4)信息处理能力提升策略,主要是指对不
同形式的信息要能够进行初加工,比如资料格式的转换或转录(包括图表
制作)、散乱信息的编码或重写等,将信息处理成符合使用要求的资料。
(5)逻辑加工能力提升策略,要求协会能在初加工后的信息之间建立逻辑
网络关系,并运用归纳、总结和推断等方法对信息进行逻辑分析,形成结
论。其二,从效用的角度,分析的结果一定是有效的。这种有效性可以从
三个方面来理解。(1)要能有效地回答外生事件影响或波及的集群企业是
谁的问题。这就要求分析的结果要能够明确指出有哪些集群企业受到外
生事件的影响,它们具有什么样的特征,还有哪些集群企业可能也会受其
影响等。(2)要能有效地回答外生事件对波及集群企业的影响程度问题。

这就要求分析的结果要能够明确指出外生事件对集群企业哪些方面造成了伤害,伤害程度有多大,以及还有可能产生哪些不利影响等。(3)要能有效地回答外生事件对集群企业造成的不利影响是否具有公平合理性的问题。从促发集体行动的角度来谈,就是要求分析的结果能够明确地指出外生事件不公性具体体现在哪些方面,以及为什么说这些方面不具公平合理性等。

(二)信息分析权威性策略

信息分析权威性是指行业协会对于外生事件的分析及其结果使集群企业信服的程度。而信息分析权威性策略就是行业协会通过提升信息分析的权威性来达到治理集群企业外生性集体行动目标的思路。如果说信息分析能力策略的核心要义是提高分析结果的有效性,那么信息分析权威策略的核心要义则在于提高分析结果的可信度。这可以从以下两个方面来理解和着手应对。(1)数据来源的可信度。个体对不同数据来源的信任程度是不一样的。一般而言,对经验来源和个体来源的信任程度最高,而对于公共来源和商业来源的信任程度较低。外生性集体行动的参与主体是集群企业,对于集群企业行动决策而言,信任程度最高的自然也是企业的经验来源和企业通过其自身资源获取的个体信息。因此,行业协会可以运用的策略是收集和使用基于协会和企业的经验数据,以及通过协会渠道收集和使用个体来源数据,而不是过多地收集和采用公共来源数据。(2)数据性质的可信度。一般而言,客观性数据及数值性数据的可信度较高,而主观性数据和描述性数据的可信度相对较弱。因此,行业协会可运用的策略是能用数值性数据的尽量用数字说话,比如伤害性程度的描述就尽量要用具体的数字,可能产生的潜在影响也尽可能用数字,尽管这些数字是预测性的,但对于提高可信度也有帮助。(3)论证逻辑的可信度。为增强论证的可信度,行业协会可运用的策略有两种:一是分析技术策略,二是分析人员策略。前者是指通过运用适当的数据分析技术和方法、严谨的逻辑推理和表述,增强文本表面可信度;后者是通过突出分析人员的"专业人士"身份来增强主观意愿可信度。

(三)信息传递能力策略

信息传递能力是指行业协会将外生事件分析结果有效地传递给目标集群企业的能力。而信息传递能力策略就是行业协会通过有效传递外生事件分析结果实现对集群企业外生性集体行动进行治理的思路。基于这一表述,行业协会信息传递能力策略运用要注意两个要点:一是传递范围,也就是要让涉及的或有可能涉及的集群企业都能接收到外生事件分析信息;二是信息损失,即要尽量减少信息传递过程中造成的信息失真、扭曲与损失,使外生事件分析信息保质保量、原汁原味地为目标集群企业所接收到。这就要求多用直接传递形式,少用间接传递形式,多用书面记录,少用口头传播,从而保证外生事件分析信息在目标群体中有效传递。

(四)信息传递权威性策略

信息传递权威性指的是目标集群企业对行业协会采用的信息传递形式所产生的信任感程度。相应地,信息传递权威性策略就是协会通过选择适当的信息传递方式方法使集群企业对信息产生信任感,从而达到治理外生性集体行动目标的思路。在具体应用中,我们认为要注意以下三点。第一,以纸质稿形式而非电子稿形式传递。有关外生事件的针对性、伤害性和不公性分析结果可以形成外生事件分析报告,以纸质稿形式打印并传递。主要考虑到纸质稿会显得更为正式,能更好地引起重视,并且方便在分析报告上做标识。第二,不宜在网站上发布。外生事件属性报告中可能会涉及一些敏感信息,不宜大范围地进行传播;或者,有可能会涉及一些重要数据或保密信息,只能在一定范围内传递。因此,外生事件属性报告不宜通过协会网站、外部门户网站或论坛及传统大众媒体等发布。如果涉及的集群企业确实很多,可以在地方性行业协会会刊上发布。一般来说,地方性行业协会会刊属于内部刊物性质,主要用于会员内部交流,不能公开对外销售,所以信息传递范围较为合适。第三,以外生事件属性分析报告会议为辅助。行业协会可召集相关的集群企业开展一次外生事件分析会议,以外生事件属性分析报告为基础,以现场会议的形式进行解释与回答。这样做的好处在于可以对外生事件做一些补充说明,并且可以与企业代表就有关问题进行交流沟通,从而增强集群企业对信息的信任感。

二、基于反抗意识的协会治理策略

反抗意识影响着集群企业采取或参与外生性集体行动的意愿,行业协会基于反抗意识的治理策略就是指协会通过相应的举措改变集群企业反抗意识的状态从而达到治理外生性集体行动目标的思路。要使行业协会的举措具有针对性和实效性,就有必要先了解集群企业反抗意识的制约因素。因此,这一小节我们将先从集群企业反抗意识制约因素谈起,再谈行业协会相应举措。

（一）集群企业反抗意识制约因素

第一，"下不为例"心态。集群企业在面对外生事件时会找一些所谓"不得已"的客观原因来为事件的发生开脱，从而表现出"能理解"的态度，相信以后会好的；或者会以事件只是个偶尔或暂时的"坎"，遇上了是比较倒霉，但不会总这么倒霉，从而表现出"算了"的心态。比如，在关于反倾销应诉的集体行动调研中，我们发现一些集群企业就是以"公司受此事件的影响并不是很大"或者"我们的主要市场也不是在那里"等为由，并认为主要还是全球经济不景气才会造成这种局面，等经济好转了就会恢复原来的状态，对采取应对措施表现得不是很积极。笔者把这种心态称之为"下不为例心态"。它带来一定侥幸心理，相信不会经常这样，相信没有下一次，或者即使有下一次，等下一次再考虑如何应对等。这种"下不为例"心态使集群企业的反抗意识弱化了。

第二，"惯性麻痹"思想。如果说第一次遭遇外生事件的集群企业容易滋生"下不为例"心态，那么"惯性麻痹"则是那些多次遭遇类似外生事件均保持沉默的集群企业所持有的思想。企业在外生事件面前，不是积极思考应对策略，而是采取忍让退缩或另谋出路的态度。遇一事，退一步，久而久之，退让就成了一种习惯，麻痹就成了一种惯性。可想而知，这样的集群企业再次面对此类事件时，他们的反抗意识是很弱的。能"站出来"的自然就很少，而最终"站出来"的，无论成功与否都成了明星企业。比较典型的一个例子就是温州打火机企业与 CR 法案的系列故事。很多人知道 CR 法案可能始于以黄发静为代表的温州打火机企业自 2002 年以后应对欧盟 CR 法案所进行的集体行动。然而，事实上在欧盟启动 CR 法案之前，美国早已有过先例。美国于 1994 年 7 月 13 日正式通过 CR 法案，于 1998 年开始正式实施。实施之后，中国打火机企业大规模退出了美国，进而转战欧盟市场。而欧盟是 1998 年才启动 CR 法案，于 2001 年才正式通知中国相关部门，2002 年开始有几家温州打火机企业采取抗争性集体行动。但大部分的温州打火机企业仍然选择沉默或退出欧盟市场，而转战国内或其他国家。很多企业在外生事件面前一步步退让已经成了一种习惯性处置行为，反抗意识自然就无从谈起了。

第三，"不得要领"退缩。不得要领是制约集群企业反抗意识发展的因素之一。外生事件的处置并不一定是集群企业所熟悉和擅长的领域。在事件发生后，集群企业往往由于缺乏相关的专业知识和专业技能而不知应该如何应对。一般而言，个体会因无知而产生退缩情绪。因此，在这种情况下,集群企业的抗争念想是非常脆弱的。即使有,也是一闪而过。另外,缺乏专业知识和专业技能,不得应对要领还会滋生出"怕麻烦"的负面情绪。个体对于不熟悉和不擅长的领域从主观上会有一定的排斥性,除非是迫不得已或者天然好奇使然,否则在心理上是拒绝或排斥的,其根源在于嫌麻烦和怕麻烦。以反倾销诉讼为例,往往需要具备丰富的知识和经验,掌握大量的信息,持续相当的时间,需要集群企业投入精力、不断学习和提升认知。一些企业就会觉得太过于麻烦(寇佳丽,2015)而扼杀了抗争的念想。

第四,"悲观预期"作祟。个体对抗争的结果持悲观预期很大程度上制约了反抗意识的发展,对预期结果越不看好则抗争的念想就越弱。以集群企业反倾销应诉为例,虽然近些年来中国参与反倾销应诉的企业数量有所增加,并且应诉成功的比率在不断提高。对来自应诉程序简单一点的国家的反倾销诉讼来说,胜率已超过三成;对来自应诉程序复杂的欧盟国家的反倾销诉讼来说,胜率稍微低些。但是,不成功的行动案例仍然占大多数。对于很多不是特别乐观的企业来说,他们往往更多关注这悲观的一面。在他们看来,既然抗争也不一定成功,还不如不作为。也就是说,集群企业对抗争结果的悲观预期会抑制反抗意识的滋生或者使萌芽的反抗意识泯灭。

(二)基于反抗意识行业协会治理举措

第一,深化潜在威胁的认知。针对集群企业"下不为例"心态及其侥幸心理,可以采用的治理策略是深化集群企业对特定外生事件所可能产生的潜在威胁的认知。在反倾销案例中,那些抱有下不为例和侥幸心理的集群企业最能直观看到的负面影响就是因事件而受损的直接利益,而对由此造成的连锁反应和潜在威胁认识不足,缺乏反抗意识,不作为。从目前中国频频遭遇反倾销的现实状况来看,其中一个重要的原因就是企业的不作为问题。这使美国、欧盟等国家和区域反倾销屡试不爽,助长了他国对中国企业实施反倾销诉讼的劲头,使相关企业的发展屡受牵制。行业协会可在这些非直接利害方面多下功夫,通过分析和宣传使集群企业对可能引发的连环不利局面有更深刻的认识,打消或在一定程度上弱化其下不为例的心态和侥幸心理。

第二,截断逆来顺受的退路。针对一些集群企业在屡屡发生的类似外生事件条件下已经形成的习惯性麻痹思想,行业协会可以采取截断退路的策略,堵住逆来顺受的退路。从集群企业主体的角度来讲,可以说这是一条破釜沉舟策略。当然,行业协会不能像集群企业自己一样破其"釜",沉其"舟",但可以通过设置一些所谓的"硬性"条件,规定符合硬性条件的集群企业必须对外生事件做出积极的回应,否则将会面临协会层面的处罚。譬如,浙江省紧固件协会就有关于集群企业应对反倾销诉讼的具体条件,即涉案出口金额在 100 万美元以上的会员企业如果不应诉的必须向当地商务部门和行业协会递交书面说明材料,拒不执行应对出口反倾销相关措施的企业将会被列入黑名单并面临被开除会员资格的处境。① 协会设置的条件虽然没完全截断退路,但至少增加了集群企业退让的障碍与成本。这对于惯性麻痹的企业来讲,无疑是促使其觉醒的一剂药。

第三,加强应对知识的培训。针对集群企业不得要领、怕麻烦而退缩的因素,行业协会可采用的治理策略是提供专业应对知识和技能的培训。一是在内容上聚焦外生性事件的应对与处理措施,具体而言包括以下三个组成部分。(1)系统性的应对知识,包括应对方式,主要有哪几种应对方式与措施,应该如何选择等;应对程序,特定应对措施的实施过程涵盖了哪几个阶段,包括哪些具体环节以及或哪些关键性时间点等;应对技巧,主要是指一些关键性应对工作要掌握的方法论指导;应对组织,即特定应对措施的组织形式、组织结构与相关负责人等;应对成本,应对措施可能产生的经济成本、人力成本和时间成本等;应对结果,主要涵盖应对过程中及应对结束后可能产生的风险或收益。(2)典型应对案例剖析:结合不同的应对措施,选择以往已有的相关典型性案例进行案情重现,以增强集群企业对应对知识的感性认识。需要强调的是,选取的案例应包括成功案例也要有失败案例,这样才能更好地覆盖系统性应对知识面,也使企业对收益和风险有更全面的理解。(3)常见问题问答:对于一些常用的细节性知识技巧和常见的疑问,可以用此形式作为对系统性知识的补充,帮助解答或解决企业在具体应对过程中的细节问题。二是从形式上而言,可以采取集体学习和宣传手册相结合的形式。地方性行业协会要根据当地实际情况和产业特点,编制有针对性的应对工作手册或方案用于学习和宣传。同时,可以购置一些有关应对知识的书籍和指南结合使用。譬如,在反倾销应对方面的一般性指导图书《应对反倾销手册指引》等。

第四,鼓舞敢于亮剑的士气。针对集群企业关于应对结果的悲观预期而显得抗争意识不足问题,行业协会可运用的主要策略是营造敢于面对外

---

① 具体内容详见《2013 年公平贸易部反倾销工作计划》,资料来源于浙江省紧固件行业协会网站,http://www.zfia.org/article-891-1.html。

来压力的文化氛围,鼓舞集群企业积极应对的士气。我们知道很大比例的反倾销应诉都没能成功,温州打火机企业应对欧盟 CR 法案的集体行动最后也以失败告终,但这些集群企业总归是勇敢地站出来了,虽败而无憾。行业协会在这方面需要通过集群文化建设的努力,塑造勇于直面压力、敢于担当的文化环境和氛围。这种集群文化将会是一种积极向上的能量场,借此能向集群企业传递正能量,从而使集群企业具有一种"亮剑精神"①。

三、基于外部支持的协会治理策略

外部支持会影响集群企业外生性集体行动的意愿。主要的外部支持包括经费支持、信息支持、舆论支持和智力支持等。因此,简单地讲,行业协会基于外部支持的治理策略就是通过增强或削弱经费、信息、舆论和智力等支持性要素从而达到对外生性集体行动治理目标的思路。具体阐述如下。

(一)行业协会的经费支持举措

参与外生性集体行动往往意味着要投入相应的资金成本,这在很大程度上制约着集群企业外生性行动的意愿,至少从历年反倾销集体应诉的案例来看是如此。也就是说,如果有外部经费支持,那么集群企业参与外生性集体行动的意愿就会显著提升。鉴于此,行业协会通过成立集体行动基金的方式为外生性集体行动提供应急经费支持可谓提升集群企业行动意愿的重要举措。譬如,海盐紧固件行业协会为支持紧固件集群企业积极参与集体应诉,于 2009 年建立反倾销应诉准备基金,成立之初的金额为 40 万元。据我们调研所得的最新消息,目前该基金数额已达 100 余万元。在这种情况下,当紧固件集群企业遭遇他国反倾销诉讼时,行业协会可以在资金上确保能在第一时间启动应诉工作。

(二)行业协会的信息支持举措

信息服务是行业协会的主要功能之一。宽泛地讲,行业协会提供的信息服务内容繁多,如市场信息、技术信息、行业信息、法律法规和人才信息等。但这里所指的信息支持举措是特指有关外生性集体行动的信息服务。具体措施包括以下两个方面。(1)构建社会网络,收集信息动态。行业协会利用非营利组织的身份特点以及社会网络方面的优势,可以及时有效地

① 根据梁涛(2008)的解释,亮剑精神是一种面对强大对手甚至明知不敌的情况下也要敢于亮出自己宝剑的勇气、魄力和力量。

收集到外生性集体行动相关的大量信息，包括外生事件的最新进展、集群企业的看法态度、涉案企业的最新动态等。特别是提供相关的国外信息支持方面，行业协会可以通过与境外的协会组织建立联系或合作关系，从而在境外组织的协助下为外生性集体行动提供宝贵的海外信息，这可以很大程度上降低集群企业收集信息的成本（林琼慧，2008）。譬如，温州打火机集群企业在应对欧盟 CR 法案和反倾销诉讼过程中所需的主要信息均是温州打火机协会在欧洲打火机进口商协会的帮助下获得的。（2）整理信息汇编，提供决策支持。行业协会将通过各种渠道收集到的相关动态信息进行整理，汇编成动态信息手册，不断跟进更新并提供给相关集群企业阅读，从而为其决策提供支持。

（三）行业协会的舆论支持举措

舆论支持是一种无形的力量，妥善运用有助于集体行动的治理。但对于集群企业外生性集体行动来说，舆论由近到远有多个层次。首先是本地非涉案集群企业的舆论支持，其次是行业内企业的舆论支持，最后才是其他企业、组织和个体的舆论支持。舆论支持的层次性对于具体措施的应用会产生影响，下面我们将结合舆论层次具体阐述行业协会在舆论营造方面可以参考的三项举措。（1）新闻媒体的跟踪报道。行业协会将掌握的外生事件相关信息及分析与新闻媒体沟通，让合适的新闻媒体对事件及集体行动进行持续性的跟踪报道，使相关群体知情。这是舆论引导的基础。考虑到舆论层次性，往往首先选择当地行业性媒体，其次是全国性行业性媒体，最后是当地综合性媒体和全国综合性媒体。（2）权威人士的特约评论。行业协会可以根据外生事件及外生性集体行动的具体情况，邀请一些行业内、法律界和经济界的权威人士对事件和行动进行适度评论，发表一些看法，可以起到引导舆论的作用，有利于正面舆论的形成。（3）大众论坛的开放讨论，可以利用互联网上行业性论坛或是综合性论坛发起相关主题的开放讨论。在讨论过程中，行业协会需要对讨论的进程和方向进行适当的引导和控制，以免出现片面、跑题、过激或消极等不利局面。

（四）行业协会的智力支持举措

行业协会如果要提升集群企业的外生性集体行动意愿，可以采取引入外部智力支持的策略。引入外部智力支持主要包括两个方面的具体举措。（1）引入外部智力对集群企业进行培训。行业协会通过引入外部专业人士、专业组织或专业机构为相关的集群企业培训，提高他们的专业知识，提升他们的认知水平和应对信心。这对于培育集群企业的反抗意识也是重要的一环,这一点我们在行业协会基于反抗意识的治理策略一小节中已有阐述。(2)引入外部智力协助集群企业解决问题。虽然,对集群企业培训可以使其具备一定的专业知识和技能,但是完全由他们自己去处理专业性的问题是远远不够的。因此,最好还需要专业机构和专业人士协助他们去应对。譬如,在海盐紧固件集群企业集体应诉案中,集群企业通过培训也有一定的应对知识和技能,但对于证明材料的准备和具体应诉活动等均需要在专业机构和人士的指导和协助下才能完成。此案例不仅有国内专业机构和人士的协助,还有国外专业团队的协助,最终才得以进展顺利。

四、基于制度许可的协会治理策略

从制度许可的角度讲,行业协会治理外生性集体行动的策略指的是行业协会通过营造良好的法制环境提高集群企业的法制意识和法制认知,积极采取合法合规的集体行动维护自身和群体利益的思路。具体而言,可以从以下三个方面着手。

(一)加强法制宣传,提高法制意识

外生性集体行动具有一定的冲突性,其行动方式也往往具有暴力性的特征。比较常见的暴力性集体行动方式有集体诉讼、游行、集会、静坐与罢工等。为防止集群企业采取或参与非法或不正当的集体行动,或者降低或减少集体行动的不良影响,行业协会有必要通过自有渠道在集群范围内开展法制宣传与教育活动。事实上,我国早在20世纪80年代开始就有相关的法律法规,如1989年10月31日中华人民共和国主席令第二十号公布施行的《中华人民共和国集会游行示威法》,以及1992年5月12日国务院批准施行的《中华人民共和国集会游行示威法实施条例》等。行业协会适时地进行相关法制宣传工作,有助于提高集群企业的法制意识,影响其行动意愿或行动方式的选择等,从而达到治理目的。

(二)开放法制咨询,提升法制认知

随着集群企业法制意识的提高,外生事件发生之后,自然就会有法制咨询的需要。此时,对相关集群企业开放法制咨询就显得很有必要。可以说,集群企业的法制意识越强,对法制咨询服务的需求就越旺盛。此时,行业协会及时的法制服务能够很好地缓解集群企业因"无知"而产生的焦虑情绪。提升其对相关应对性法制的认知,从而使其知晓应该如何采取合法

合规的应对措施。在行业协会的工作实践中,具体有两种操作策略。(1)设立法律咨询中心,开展应对法务咨询。据我们所知,国内外较大的行业协会或商会都设有法律咨询中心或类似的协会内设工作部门或机构,如中国物流行业协会、中国化学工业协会和中国仓储协会等。利用这些平台,行业协会就可以积极主动地开展外生事件应对法务咨询服务,借此影响集群企业对应对行动的制度许可程度的感知,从而达到治理集体行动的目的。可见,这种策略主要适用于那些规模大、覆盖广、代表强的行业协会。(2)设立法律委员会或法务专员。规模一般的地方性行业协会,如深圳市家政服务行业协会等,设立了法律法规委员会等虚拟性工作组织。或者,以专聘或外聘方式设立法务专员的形式来处理,如福建省工业合作协会等。当然,应对性行动的法律咨询是一项专业性很强的服务,不可能由行业协会的法律委员会或法务专员独立承担,而是指通过行业协会的委员会或法务专员来组织及联合专业的法律法规服务公司或团队为集群企业提供应相应的法制咨询。

(三)制订行规行约,规范集体行动

行业协会以制度供应者的身份,在团体性活动相应的法律法规和行政规定等制度框架下,结合集群企业的特点和实际情况,制订集群企业应对性集体性行动的"行规行约"。明确具体的活动形式、组织和要求等细则。以引导企业在面对外来压力的情况下,理性思考并采取合法合规的行动方式、行动程序和行动要求来应对。譬如,《浙江省紧固件行业协会公平贸易部反倾销工作预案》就是一个很好的例子。《反倾销工作预案》详细载明了紧固件协会和集群企业在平时、反倾销立案前和反倾销立案后等各个阶段所要做的工作内容和工作要求,对紧固件集群企业应对反倾销集体行动起到较好的规范性作用。

五、基于集群规模的协会治理策略

通过前文研究结果可知,集群规模的增大会产生诸多不利于集体行动形成的负面影响。其中较为典型的表现可以归结为两个方面:一是机会主义思想会更盛,容易导致"搭便车"想法的产生;二是个体利益分歧会更多,容易导致协调难问题的出现。因此,行业协会基于集群规模的治理策略还主要在于与上述相对应的两条:集群规模因素所致的"搭便车"问题治理策略和集群规模因素所致的协调难问题治理策略。

首先,建立集体监督机制,治理集群规模因素所致"搭便车"问题。通过以往文献可知,导致个体"搭便车"的原因众多,以往学者也已经提出了很多治理思路。我们这里所关注的焦点是专门指规模增大导致的机会主义抬头问题应该如何治理。我们认为,规模增大致使监督难是机会主义抬头的根源。因此,针对集群规模因素所致"搭便车"问题的治理策略核心是建立有效的监督机制。鉴于此,我们的观点是建立集体监督机制。这是因为在规模较大的集群内仅仅依靠行业协会的力量来履行监督职能显然力度有限,容易出现漏洞,侥幸心理就会更多滋生出来。集体监督机制的建立需要注意三点。(1)集体报告。所有涉案集群企业在相关群体范围内按行动方案和要求报告相关信息,在集体内部公开信息,相互知晓,这是集体监督的基础。(2)集体互查。根据行动方案和要求对个体公开信息进行互查,并对个体公开信息的真实性进行互查。这一点很重要,但需要结合实际情况解决两个难点。一个难点是互查信息反馈渠道及其保密问题,另一个难点是个体参与的激励问题。(3)集体惩罚。对于互查结果证实不符行动方案要求或不实的,要有集体性处罚措施,比如排斥、孤立以及谴责(花蕴、游春,2007)等。

其次,拟定本利配比制度,治理集群规模因素所致协调难问题。虽然集体行动的参与人有着共同的利益和目标,但是在规模较大的团体中,集体行动的目标收益对于不同参与人来讲是有差异的。比如,在反倾销诉讼中,涉案金额大的集群企业受益相对就要多于涉案金额小的企业。在这种情况下,集群企业的意见就会出现分歧。再加上行动需要支付成本,成本如何分摊将进一步加剧这种分歧。因此,我们认为拟定明晰的本利配比制度是解决此问题的有效治理策略。根据集群企业在集体行动中的实际受益程度分摊行动成本,将非常有助于推动"智猪博弈"中的小猪们参与行动。

六、基于集群类型的协会治理策略

根据前文研究结果可知,行业协会在偏向于水平型的集群中对于促成集体行动的作用会更加显著。原因在于水平型集群中企业之间缺乏坚实的合作关系基础,难以形成凝聚力。因此,水平型集群企业之间的群体性合作需要一个具有一定公信力的第三方平台或媒介。行业协会实际上扮演的就是这么一个第三方平台或媒介的角色。从这个角度上讲,行业协会基于集群类型的治理策略就是集体行动中的公信力提升策略。具体而言,就是要做好"三化"。

第一，集体行动方案合理化。行业协会需要根据外生性集体行动的具体情况，拟定科学合理和切实可行的集体性应对方案。这个方案体现了行业协会对集体行动的认知水平、应对经验和能力，也是赢得集群企业信任的基础。

第二，集体行动推进规范化。行业协会根据行动方案在实施和推进过程中，对于各项相关事务的处理要规范化。具体包括：按照既定方案的进度和要求实施；对于无法实施或需要修改后实施的，要有规范的修正程序；对于方案中未涉及的具体事项的处理要有明确的处理原则、处理程序和处理依据。

第三，集体行动信息透明化。与集体行动相关的信息要在团体范围内及时公开，做到信息透明化。这是集体监督机制建设中集体互查的前提，也是行业协会赢得集群企业信任的前提。具体要求：真实，即信息真实可靠；及时，即注重信息公开时间；全面，即信息是周全的而无明显疏漏。

第二节　地方政府治理策略

地方政府在集群治理领域发挥着十分重要的作用，特别是当集群企业在面对共同问题时，如果企业之间缺乏合作与信任的意识和氛围而地方性行业协会能力和权威性又不足的情况下，地方政府不仅要成为引导者，而且要成为集群治理的领导者（严北战，2013）。事实上，地方政府在某些情形下已经成为集群治理模式之一，这种集群治理模式被称为地方政府主导型治理。在关于集群企业外生性集体行动的调研中，我们也发现地方政府在很多方面发挥了积极的作用。特别是在外部支持和制度许可等方面相对更为显著。因此，我们重点阐述地方政府基于外部支持和制度许可的治理思路。

一、基于外部支持的地方政府治理策略

地方政府基于外部支持的治理策略可以理解为：在制度许可的范围内，地方政府结合自身优势为集群企业提供适当的外部支持，如一定的经费支持和信息支持等，达到提升集群企业参与外生性集体行动意愿的效果，从而实现治理性作用。

（一）地方政府的经费支持举措

地方政府通过成立专项基金的方式或者补助的方式对集群企业采取

或参与集体行动在经费上给予一定的支持,以减小集群企业行动成本,提升集群企业行动意愿。通常来讲,有两种具体做法。其一,成立专项基金,满足事前启动。由地方政府相应部门或机构根据需要,成立专项活动基金,从而保障在行动之前有经费用于应急启动。其优势就在于响应快。譬如,早在 2003 年深圳世贸组织事务中心就成立了反倾销应诉专项基金,首期就启动了 1000 万元相关经费,这对后来当地企业的反倾销应诉起到了非常积极的作用。其二,承诺部分经费,用于事后补助。地方政府为支持当地集群企业的行动,表示愿意在行动之后根据实际发生的成本,给予一定的补助。相对于前者,其不足之处在于启动慢,因此需要行业协会相应的配合。譬如,海盐紧固件产业集群就是这样一种情况。地方政府会在集群企业采取或参与反倾销应诉之后给予一定补助,事前是没有的。但是,海盐紧固件协会有类似的专项基金,金额虽然不是很大,但已能满足应急启动所需。由此可见,地方政府和行业协会两者在治理策略上相辅相成,相得益彰。

(二)地方政府的信息支持举措

政府在信息获取方面具有独到的优势。特别是在一些涉外案例当中,政府机构往往能够更为及时和有效地获取重要信息,并通过通气会和调研会等多种渠道将有关信息通知到涉案企业从而达到治理作用。譬如,2015年海宁经编集群企业遭遇巴西反倾销诉讼案,在时间异常紧迫的情形下,地方政府在获悉之后立即与涉案经编集群企业进行对接,将有关信息告知企业,确保涉案企业知晓案件情况。又如,在 2002 年温州打火机集群企业应对欧盟 CR 法案的集体行动中,来自政府部门的调研信息也发挥了积极作用。政府部门通过中国驻美使馆联系了时任国际打火机协会副会长的潘松林先生,详细了解了有关 CR 法案的情况。这些信息使涉案企业对CR 法案有了更深层次的理解,为后来应对欧盟 CR 法案提供了很大帮助。

二、基于制度许可的地方政府治理策略

地方政府基于制度许可的治理策略指的是地方政府通过一些举措强化集群企业对可采取或拟采取应对性行动的制度许可感知,从而影响其采取或参与行动的意愿,达到治理目标的思路。这些举措简要概括起来,就是加强政府法制宣传,深化政府法制服务。

第一,加强政府法制宣传。地方政府应加强法律法规的宣传,营造良好的法治氛围和法治意识。由于本研究关注的是集群企业的外生性集体行动,所以结合本研究来讲,地方政府法制宣传具有以下三个特点。其一,法制宣传的对象是集群企业,需要在集群企业内部或者集群企业群体当中开展法制宣传。其二,法制宣传的重点是经济领域内群体性活动相关的法律法规。我们这里所讲的集群企业外生性集体行动是经济领域而非政治领域内的集体行动,两者有一定的区别。法制宣传也需要突出重点。其三,法制宣传可由地方政府的商务局牵头,联合司法局、法制办、工信委等部门来实施。

第二,深化政府法制服务。之所以强调要"深化"地方政府法制服务,其深意就在不能仅仅停留在法制宣传层面,也不能停留在咨询层面,而是要深入指导层面。如果说相关的法制宣传重在平时,那么咨询和指导则功在事发。一般来说,这项工作也应由地方政府的商务局牵头,联合集群内的行业协会、专家、律师等以协调会或研讨会的形式进行,为涉案集群企业提供针对性的法制咨询和专业性的应对指导。譬如,海宁经编案就是由海宁市商务局会同经编行业协会并邀请了律师和行业专家研究涉案企业的集体应诉问题,对相关集群企业的行为起到了较好的引导作用。

第三节　领导企业治理策略

领导企业对集群企业外生性集体行动也有治理功能。从治理策略的角度讲,包括基于反抗意识的治理策略、基于外部支持的治理策略和基于集群类型的治理策略等。

一、基于反抗意识的领导企业治理策略

集群内的领导企业对于激发集群企业特别是中小型集群企业的反抗意识有一定的作用。领导企业基于反抗意识的治理策略是指在当地产业集群内处于领导地位的企业在面对外来压力时呼吁和鼓舞相关集群企业敢于亮剑的士气,唤醒应有的抗争意识,从而影响其他集群企业参与行动意愿的思路。具体措施上,我们认为温州打火机集群企业应对欧盟 CR 法案行动中日丰打火机公司的做法具有参考价值。

日丰打火机公司是温州打火机行业协会的副会长单位,在当地集群内乃至业内都有相当的影响力。欧盟宣布即将推行 CR 法案后,温州打火机

企业消极情绪蔓延。在这种情形下,日丰打火机公司的董事长黄发静自费召开了抵制欧盟 CR 法案的媒体研讨会,由此引起舆论广泛关注。这对于激发其他企业维护合法权益所起的积极作用不言而喻。正如《经营者》杂志一篇特别报道中所讲的那样,"他给涉及国际贸易纠纷的中国企业带来了勇气"。黄发静本人也因此获得了 2003 年 CCTV 经济年度人物奖。由此可见,领导企业在关键时刻通过鼓舞士气可以起到影响其他集群企业参与应对行动的作用,从而体现出一定的外生性集体行动治理效果。

从 CR 法案中日丰打火机的作为来看,领导企业基于反抗意识的治理策略具体可归纳为两条。其一,打破沉寂,率先表态。外生事件发生之后,一般性的集群企业都在观望领导企业的态度和表现,很多双眼睛都在盯着领导企业的反应。如果领导企业的第一反应是选择沉默,那么整体陷入一片沉寂的可能性就很大。而如果领导企业的第一反应是勇敢站出来,率先发声表态,并能做到言行一致,那么效果或许会好点。虽不太可能就此激起其他集群企业的反抗意识,但至少起到"点醒"作用。其二,积极呼吁,坚持不懈。反抗意识的彻底觉醒是一个涉及多方因素的复杂过程。在这个过程中,领导企业可以发起或参与的举措就是利用自身影响力的呼吁行为。效果如何,很大程度上有赖于呼吁的技巧。一方面是内容上既要有事实,又要有道理,不能只是空洞洞干巴巴的讲道理;另一方面是学会借力。像日丰一样,可借助媒体的力量,也可借助专家的力量,避免一家之言而缺乏说服力。笔者将以上过程简单地概括为先"点醒",后"唤起"。

二、基于外部支持的领导企业治理策略

基于外部支持的治理策略是指领导企业通过争取或提供一些有助于外生性集体行动开展的辅助或便利措施以提升其他集群企业参与行动意愿的思路。从温州打火机集群企业应对 CR 法案的集体行动案来看,日丰公司通过自身努力请来了中央和地方各大媒体热议事件为行动开展营造了较好的舆论环境。这是体现领导企业对外生性集体行动治理效应方面一个很好的例子。但从我们的调研来看,领导企业基于外部支持的治理策略还主要体现在经费支持方面。

个体在集体行动中选择"搭便车"的很重要的一个原因就是不想支付成本,期待不劳而获。而集群中的领导企业可以在这方面有所贡献,具体可从以下两点来考虑。(1)主动承担额外费用。领导企业往往是集群中规模较大和实力较强的企业,如果在外生性集体行动中会因此较多受益,则

需要参照我们前文提出的"本利配比制度"支付相应较高成本。如果在外生性集体行动中受益有限,但出于治理目的,领导企业可通过主动承担部分额外费用的举措提升其他集群企业参与积极性。(2)结合行业协会筹集专项经费。集群中的领导企业由于其规模和实力,往往都是集群内行业协会的会长或副会长单位。运用双重身份,行业协会出"名",领导企业出"力",致力于外生性集体行动专项基金的筹集与管理等事务,这不失为一项具有可持续性的长期措施。

三、基于集群类型的领导企业治理策略

领导企业基于集群类型的治理策略指的是产业集群内的领导企业根据集群水平(或垂直)状况,不同程度地运用经济权威、契约关系和社会关系等途径来影响其他集群企业采取或参与外生性集体行动的意愿,从而达到治理目标的思路。为避免泛化,我们认为从集群类型角度上看,主要体现在经济权威途径和契约关系途径两个方面。

(一)领导企业的经济权威途径

领导企业在集群中具有一定的权威性。这种权威的基础不是行政层次性的权力,而是其在行业内的经济地位。领导企业往往掌握着行业内一些对企业运营和发展至关重要的关键性资源或在关键性领域具有明显优势,如市场、渠道、技术、品牌等,因此在当地业内具有较高经济威望。这就意味着当地其他集群企业在相关领域内比较愿意听取领导企业的意见。在这种情况下,领导企业对外生性集体行动的态度和呼吁就天然地具备了一定的号召力。不论是情愿,还是不情愿,这都有助于促使部分中小集群企业参与行动。

(二)领导企业的契约关系途径

领导企业与其他集群企业之间经济上的契约关系是其治理外生性集体行动的重要途径。特别是在垂直型特征的集群中,集群企业之间广泛存在的契约关系使得这种治理途径更为有效。具体来说,有两种类型:一种是交易性契约关系,主要是指在原材料、零配件、产成品等方面有交易往来关系;另一种是合作性契约关系,主要是指在技术、品牌、市场等方面有合作交流关系。领导企业通过上述两种经济契约关系对相关集群企业的行动意愿将会产生显著影响。

一般而言,在偏向于水平型的集群中,集群企业之间的关联性较弱,领

导企业所能运用的治理途径受到限制较大,治理效果相对偏弱。而在偏向于垂直型的集群中,集群企业之间的关联性较强,很多中小型集群企业对领导企业有着不同程度的依附关系,领导企业可以充分运用多种治理途径,治理效果相对显著。就以上两种途径而言,我们可将其治理效果或治理范围与集群类型的关系用图 10-2 来表示。

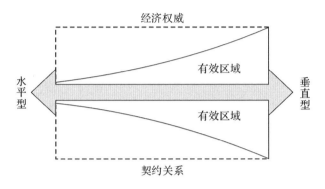

图 10-2 基于集群类型的领导企业治理策略效果示意

第四节 行业协会主导的外生性集体行动
多主体协同治理体系

基于本章前三节的分析,行业协会、地方政府和领导企业都能对集群企业外生性集体行动起到一定的治理作用,只不过三者在发挥治理作用的维度上和策略上有差异。行业协会作为主要的治理主体在各维度上均能发挥治理作用。地方政府对集群企业外生性集体行动的治理空间主要体现在外部支持和制度许可两个维度上,而领导企业的治理空间则主要体现在反抗意识、外部支持和集群类型等三个维度上,见表 10-1。

表 10-1 外生性集体行动的多主体协同治理维度及其策略

因素	行业协会	地方政府	领导企业
外生事件	信息分析能力策略		
	信息分析权威性策略		
	信息传递能力策略		
	信息传递权威性策略		

续表

因素	行业协会	地方政府	领导企业
反抗意识	深化潜在威胁的认知		公开呼吁,鼓舞集群企业敢于亮剑的士气
	截断逆来顺受的退路		企业敢于亮剑的士气
	加强应对知识的培训		
	鼓舞敢于亮剑的士气		
外部支持	经费支持举措	经费支持举措	主动承担额外费用结合行业协会筹集专项经费
	信息支持举措		
	舆论支持举措	信息支持举措	
	智力支持举措		
制度许可	加强法制宣传	加强政府法制宣传深化政府法制服务	
	开放法制咨询		
	制订行规行约		
集群规模	建立集体监督机制		
	拟定本利配比制度		
集群类型	集体行动方案合理化		
	集体行动推进规范化		经济权威途径
	集体行动信息透明化		契约关系途径

注:表中阴影部分表示无相应内容。

从前文及表10-1所呈现内容的具体阐述可知,行业协会、地方政府及领导企业作为治理主体分别可对集群企业外生性集体行动起治理性作用。同时,我们注意到三者在不同维度上还能够进行协同。譬如,行业协会与地方政府可在外部支持及制度许可维度上进行协同;行业协会与领导企业可在反抗意识、外部支持及集群类型等维度上进行协同;地方政府和领导企业可在外部支持维度上进行协同;甚至三者还可在外部支持维度进行三方协同。由此形成了一个由行业协会、地方政府和领导企业三者组成的集群企业外生性集体行动的多主体协同治理体系,如图10-3所示。

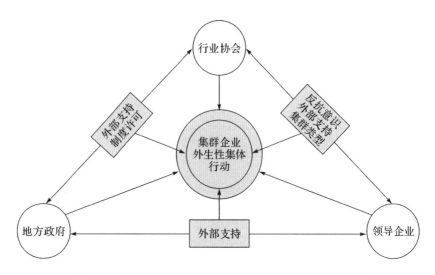

图 10-3　集群企业外生性集体行动的多主体协同治理体系

第十一章　行业协会主导的内生性
集体行动多主体治理策略

第一节　行业协会治理策略

一、基于内生需求的行业协会治理策略

集群企业对内生性公共物品的需求感知包括其对相对性的感知和对迫切性的感知。而这种需求感知程度既有感知主体一方的约束,也受感知客体一方的约束。就感知客体而言,主要是受内生性公共物品价值显性的影响;就感知主体而言,主要是受集群企业对内生性公共物品价值发掘的影响。简单地讲,内生性公共物品价值显性强,并且集群企业价值发掘也很强时,就会表现出一种自然而然的需求感知,我们称之为和谐型需求感知。内生性公共物品价值显性强,而集群企业价值发掘较弱时,表现出一种诱发性的需求感知,我们称之为诱导型需求感知。如果内生性公共物品价值显性弱,并且集群企业价值发掘也弱时,表现出一种"刺激—反应"式的需求感知,我们称之为启发型需求感知。如果内生性公共物品价值显性弱,而集群企业价值发掘较强时,表现出一种具有前瞻性的需求感知,我们称之为敏感型需求感知(详见图11-1)。从策略的角度讲,我们认为行业协会基于需求感知的治理策略主要体现在改变内生性公共物品价值显性程度,弥补集群企业对内生性公共物品价值发掘不足,促进集群企业需求感知,达到治理内生性集体行动目标的思路。从这一点上讲,启发型和敏感型是治理策略应用的重点领域,而启发型又是重中之重。具体而言,有两点可以考虑。

第一,深度挖掘。内生性公共物品价值显性是有差异的。譬如,集群品牌塑造与保护的价值显性就要强于集群知识产权保护。这是因为集群品牌塑造能够直接且较快地让集群内的企业(特别是中小型企业)受益,而

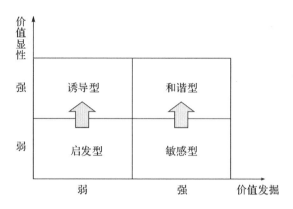

图 11-1　内生性公共物品需求感知的二维分型

集群知识产权保护却不能。因此,针对价值显性较弱的内生性公共物品,暂且不论集群企业价值发掘能力如何,首先就是要把内生性公共物品隐含或内敛的价值和意义全视角多层次地挖掘出来,这是改变其价值显性程度的核心。这里所谓的"全视角多层次"包括从时间视角剖析对集群企业短期利益和长期利益的意义;从企业运营视角剖析对集群企业技术、品牌、渠道、客户、人才等多个方面的意义;从企业规模视角剖析对大中小不同规模层次集群企业来说的不同意义。行业协会作为地方行业性组织具备这个能力且非常合适承担这项工作。

第二,持续宣传。行业协会对于深度挖掘出来的意义和价值要开展持续性的宣传,这是改变内生性公共物品价值显性程度的重要形式。以重中之重的启发型为例,深度挖掘相当于开发出了多个刺激点,而持续宣传就是将刺激反复传递到集群企业,以期产生反应。考虑到集群企业自身对内生性公共物品的价值发掘能力强弱不同,过程长短不一,宣传的效果并非立竿见影,而是潜移默化。因此,持续不断地反复宣传很重要。

通过深度挖掘和持续宣传相结合的办法,行业协会可以提高内生性公共物品价值显性,使敏感型演变为和谐型,启发型演变为诱导型,从而对于提升集群企业对内生性公共物品的需求感知有所帮助。

二、基于长期导向的行业协会治理策略

长期导向对企业行为会产生很多正面的和积极的影响。比如,更具灵活性的战略[坎德弥尔(Kandemir)、阿库尔(Acur),2012]、更高水平的创业精神[埃德尔斯顿(Eddleston)、凯勒曼拉(Kellermanna)、泽尔韦格(Zellweger),2012]以及在合作关系中更加注重承诺[莱佩斯-纳瓦罗

(Lepez-Navarro)、卡拉瑞沙-费奥尔（Callarisa-Fiol）、莫利内尔-特纳（Moliner-Tena），2013]等。因此，从企业发展的角度来讲，长期导向值得弘扬。特别是在一些行业内企业急功近利、短视严重的情况下，更应强调长期导向的经营理念。从广义上讲，长期导向属于组织文化的范畴，而促进企业文化建设是行业协会引导企业的明智之举（叶建华，2010），应将长期导向作为集群产业文化的一部分来谋划和建设。通过塑造具有长期导向内涵的集群产业文化，影响集群企业的组织文化和组织行为，从而达到某些内生性集体行动治理效果的思路。具体来讲，需要做好两个方面的事情。

第一，树立典型，传授理念。行业协会根据掌握的信息，挑选一些行业内注重长期发展，并致力于打造长期竞争力的企业作为典型，对其经验进行总结学习。据报道，石油和化学工业协会曾用 3 年时间调研了 16 个地区 70 余家企业的文化。在调研中发现典型、提炼经验并树立标杆。这些典型企业可以是集群内的，也可以不是集群企业，但最好是行业内企业。在企业调研与经验总结的基础上，以经验交流会的形式组织本地集群企业进行集中性学习，并以协会内部刊物和协会网站等为渠道对典型企业的经验进行连载，将典型企业着眼未来、谋划长期发展的一些优秀的经营哲学和理念等在本地集群中传播。

第二，开展战略文化研讨，帮助企业落地方案。由行业协会来组织，在集群内举办行业性的企业发展战略研讨会和企业文化研讨会，旨在开拓集群企业发展战略计划思路，强化注重战略目标的意识，并使企业建立起将战略计划、战略目标、长期竞争力打造等融入企业文化建设的知识基础。但仅仅这样还是不够的，因为很多中小企业还缺乏落地的能力。对于有意向的集群企业，行业协会应为其提供中介服务，邀请行业内的专家、学者和专业机构为其提供专业性的辅导。根据企业实际情况，帮助其制订长期发展目标、具有长期核心竞争力的思路、服务于企业长远发展且切实可行的文化建设方案等。有条件的行业协会可将此作为收费性服务的一部分。

三、基于本地嵌入的行业协会治理策略

行业协会与集群企业之间的互动，为集群企业提供生产性服务资源，直接做功于集群企业的发展壮大，如此能够影响集群企业的本地嵌入程度。而行业协会基于本地嵌入的治理策略就是指协会结合集群特点通过集群企业所急需的生产性服务互动建立起集群企业对本地行业协会的信任与依赖,进而提升其本地嵌入水平,从而有助于内生性集体行动治理的思路。因此,产业集群中的行业协会应成为提升集群企业竞争力的主导力量,在服务功能定位上要结合集群特有属性予以细化,突出重点(陈天荣,2006)。我们认为,能真正击中集群企业软肋、助其提升竞争力和发展壮大的关键措施包括以下三项。

第一,研判行业市场走向。准确研判一个行业市场趋势或走向是一件非常具有挑战性的工作,很多学者、专家和机构都未必能够做到位。当然,哪怕是规模很大的集群企业也未必会有这样的能力,更不用说为数众多的中小集群企业了。而对行业市场的预判之于集群企业的生产经营策略调整来说至关重要,是集群企业迫切想知道的决策信息。在这一点上,行业协会是具有优势的。尽管行业协会本身不足以应对,但通过行业协会相对更容易与不同的行业专家和专业机构形成合作关系,共同组建专家团。由专家团进行集体研判,其研判结果的准确性和可信度就会大大提升,从而使集群企业能够提前布局、及时调整、快速响应。譬如,台头镇的防水材料集群企业总能先于市场明朗之前布局和调整策略。其中,很重要的一个原因就是得益于寿光市防水行业协会牵头的专家研判断团,使集群企业总能提前1到3年预见行业市场走向(任磊磊,2016)。正因如此,即使是在经济环境不景气的形势下,台头镇防水材料集群企业的收入和利润仍然实现了20%以上的增长。

第二,培训行业特色人才。产业集聚导致该区域内对行业特色人才的需求急剧攀升,特别是一些具有行业共性的专门人才更是如此。譬如光伏产业集群,需要大量的生产设备运行、光伏发电系统设备检测与维修、光伏系统及设备安装与调试等方面的专业人才;服装产业集群,则需要大量的缝纫工、服装质检、样衣工、服装设计和制版等方面的专业人才。即使像市场营销和仓库管理等这样具有一定普适性的专门人才也需要接受行业内的培训,才能成为有行业特色性的营销人才和仓库管理人才。并且,即使是同一行业,由于区域差异,对各类人才的需求状况也有差异。为此,集群内的行业协会需要紧密结合集群的行业属性和区域属性有针对性地开展专门人才培训。在集群内建立起人才储备机制,以满足集群企业人才扩充和人才流失所产生的专门人才需求。

第三,辅助产品技术创新。这一举措主要是针对中小型集群企业而言的。规模大和实力强的集群企业往往是由具有独立研发或联合其他机构、大学和实力企业共同研发。而对于大多数的中小集群企业来说,因研发人才缺乏、技术基础薄弱及研发资金不足,无法较好地开展产品创新与技术研发。这时,行业协会的创新辅助是大量中小集群企业所急需的。具体形式上可参考以下做法:(1)由集群企业提出具体的产品研发或技术创新需求,行业协会帮助其进行对接。(2)一定程度上提供基础性创新资源,缓解中小集群企业创新成本压力。(3)为不具创新和研发条件,或者不愿自行研发的企业,提供收费性的创新成果。如绍兴纺织产业集群,建有样式创新和图案设计库,可供中小集群企业付费购买。

四、基于政策激励的行业协会治理策略

行业协会作为行业性规制主体和管理组织,可以根据集群企业集体行动治理需要制定一些规范和激励性措施,也可以参与相应产业政策制定并协助其有效地落地实施,以激励性政策引导集群企业的主观意愿和行为,从而对特定内生性集体行动起到治理性作用。具体而言,我们认为比较有效的思路有两条:一是参与产业政策制定,二是辅助激励政策实施。

第一,参与产业政策制定。行业协会参与公共政策的制定,可以使政府针对某些行业所制定的政策更加科学化和民主化(王欣,2008)。集群内的行业协会不仅了解该行业发展特点,而且了解本地集群发展的整体状况和集群企业的有关情况。因此,集群内行业协会可结合集群治理的需要,参与地方性产业政策的制定,可使政策更加贴合实情、更能针对问题。已有研究表明,行业协会的政策影响力是其发挥治理效力的重要基础。这也就要求行业协会要能够代表会员企业的利益,并在政策的制定过程中产生一定的影响力(张长东,2015)。当然,政策影响力取决于多方面的条件,一般那些级别越高的全国性大协会其影响力也相应越大,而对于一些地方性协会(特别是集群内的协会往往只有县域级)其影响力相对较弱(纪莺莺,2015b)。即便如此,集群内的行业协会对于地方性产业政策的制定还是可以发挥一定的影响力。

第二,辅助激励政策实施。集群内行业协会对于激励性政策的实施可以起到重要的辅助作用。一方面,协会需要通过政策宣传,帮助一些集群企业解读政策并给有需要的集群企业提供必要的辅导;另一方面,协会也要进一步加强监督机制建设,提升监督能力,充分发挥其自律和监督作用,使政策激励的对象更具有针对性和指向性。这样才能使集群企业真正投身于集体行动,而不是敷衍了事。

五、基于同行反应的行业协会治理策略

根据前文已有研究可知,同行反应主要表现为示范效应和羊群效应,其背后的逻辑分别是学习心理和从众心理。行业协会可以通过一些举措提升集群企业的学习效应和从众效应,从而提升其采取或参与内生性集体行动的意愿,实现治理性作用。这便是行业协会基于同行反应治理策略的基本思路。我们认为综合以上两个逻辑,行业协会应从以下两个方面入手。

第一,选准标杆集群企业。在内生性集体行动之前或之初,行业协会选择一个或若干标杆集群企业是十分关键的。从学习逻辑的角度讲,标杆企业必须是大多数集群企业学习的榜样。其他集群企业从内心里对标杆企业是钦佩、信服和向往的,从而在行为上会自觉或不自觉地去学习和效仿其做法。从从众逻辑的角度讲,内生性集体行动中需要有一只或若干只理想的领头羊。这只(些)领头羊应该是能够很好地配合行业协会工作,并有一些追随者的集群企业。行业协会选准好的标杆企业就犹如捏好了那个"滚雪球"的团子。

第二,做大意向企业数量。这主要是基于从众逻辑的角度而言的,从众效应的形成所需要的基础条件便是有"众"在先。所以,对于需要引导的内生性集体行动,行业协会可在会员企业中有选择性地重点商议,先赢得部分集群企业的支持。并且,在允许范畴内把这个基数尽量做大一些,让其他集群企业有一个"众"的概念。一般来说,此项工作都是在会员企业当中先行,在概率不变的情况下,会员企业数量越多则越容易取得一定数量集群企业的意向性支持。从这一点讲,行业协会也非常有必要大力发展企业会员。

第二节　地方政府治理策略

一、基于长期导向的地方政府治理策略

企业具有长远可持续发展经营理念也是地方政府所乐意看到的。因此,地方政府结合长期导向的企业发展理念来思考某些内生性集体行动的治理策略是完全合理可行的。简单地说,就是地方政府通过塑造和倡导具有长期导向核心内涵的区域经济文化,以文化嵌入机制在一定程度上影响

当地企业发展中的长期导向水平(魏江等,2012),进而对内生性集体行动起到一定治理性作用。从具体措施上看,可以分两步走。

第一,建立一套长期导向的评价体系。每年地方政府都会在年终总结表彰大会上表彰一批先进企业,通常是当年纳税金额较大,或者在技术创新、转型升级等领域有突出表现的企业。但我们注意到,不少企业今年冒出来了,来年就从名单中消失了,给人一种"铁打的营盘,流水的兵"之感。诚然,那些常年位列榜单的企业是优秀的,但一些从名单上消失的企业或许也是优秀的。因此,部分长期导向的企业会根据战略计划发展的需要而牺牲短期利益,当然更不会为了获得政府年度表彰而影响战略计划。为此,我们认为应该根据企业是否注重长期发展的战略计划、是否优先考虑长期目标而不是短期收益、是否致力于保持长期竞争力等内核建立一套长期导向的企业评价体系,借此发掘和表彰具有明显长期导向发展理念的地方企业。

第二,扶持一批长期导向的优秀企业。首先,要借"老字号"之机,扬长久化之道。商务部在 2006 年首次认定了 434 家"中华老字号",之后又陆续认定了几批。目前一共有 1128 家①。除此之外,各个省市商务厅还认定了几批省级"老字号"。老字号或许并没有想象中的强大,它们更像一种企业精神力量。地方政府可借此良机,宣扬这种几代人接力拼搏,立足长久化发展的企业精神,为地方经济文化注入长期导向的基因。其次,启动"新百年老店"建设工程。通过长期导向文化的宣扬,更多的地方企业有了更加坚定的长远发展的意识和信念,并在此基础上启动"新百年老店"建设工程。结合长期导向企业评价体系,制定申报条件和建设要求。鼓励符合条件的企业积极加入建设队列,成熟一个建设一个。不急躁,不急进。

以上两项内在关联的具体举措,不仅可以为良好的区域经济文化增添色彩,还能一定程度上培育起地方企业的长期导向经营理念。可算是一举两得。

二、基于本地嵌入的地方政府治理策略

地方政府在改变集群企业对本地的信任和依赖方面有很多工作可做。比如,产业政策、产业基础设施、配套件市场、行业性人才市场等。这些举

---

① 数据来源于济南网络广播电视台一篇题为《中华老字号》的报道文章,详细报道内容可查看:http://ent.ijntv.cn/original/2016-09-02/1318276.html。

措对于集群健康发展大有益处,并且可以提升集群企业的本地嵌入程度,从而间接地影响集群企业参与内生性集体行动的意愿,达到一定的治理意义。

第一,优惠产业政策。根据当地的产业基础或者期望的产业发展方向,地方政府对不同产业类型会有一个定位。比如,哪些是主导产业或支柱产业,哪些是重点扶持产业或重点培育产业等。地方政府在确定产业类型的定位之后,结合产业集群形成的条件和过程,制定和出台相应的优惠政策,从而吸引相关产业在本地形成集聚。随着产业集聚效应的形成,集群企业的本地嵌入性也会逐渐提高。

第二,产业配套设施。一提配套设施率先想到的可能就是集群内的水、电、路、气、通信、绿化、污水和垃圾处理等公共配套基础设施,诚然,这些对于任何一个集群发展来说都是不得不考虑的基础设施,但我们这里所指的产业配套设施是指向特定产业,为特定产业中的企业生产经营提供便利,使其更容易在本地开展生产经营活动,越来越多的集群企业能够通过完善的本地产业配套设施成长起来。具体的产业配套设施包括配套件产业对接平台的建设、配套件市场等。以温州低压电器集群为例,低压电器的配套件种类繁多,包括金属部件、合金材料、注塑部件、冲制、酸洗及模具加工等几十万种,但是其中70%的配套件都能在温州柳市镇采购到。这能大大降低温州低压电器集群企业的采购成本、沟通成本和创新成本,对低压电器集群企业本地化发展具有很大的推动力和吸引力。

第三,专业人才市场。地方政府可以协同集群内的行业协会针对不同产业集群发展中所需的专业人才方面做好文章。一般可由人力资源和社会保障局牵头,做好集群企业人才需求的基础调研,掌握专业人才需求状况。在此基础上,一方面联合集群行业协会动员和组织集群企业参与本地举办的专业人才招聘会;另一方面则要对专业人才需求和招聘工作进行广泛宣传,通过与大平台合作或深入大学及科研机构宣讲等方式,让大量优秀的目标专业人才知晓这个产业集群、一些集群企业及相应人才政策等,吸引集群发展需要的专业人才来参加招聘与对接活动。

三、基于政策激励的地方政府治理策略

地方政府通过制定、实施和兑现产业政策及治理性政策能够很好地起到引导和激励集群企业采取或参与所期望的行动。地方政府可以借此实现对集群企业内生性集体行动的治理,这些基本举措或思路就是本研究所讲的地方政府基于政策激励的治理策略。

第一，从性质上看，需物质性和精神性相结合。激励性政策既包括物质性激励也包括精神性激励。这两者各具所长，妥善配合运用不仅可以起到很好的激励效果，而且可以节约激励成本。其中，具体可运用的物质性激励政策包括财政、税收、用地、用房、市场准入、合作优先权、政府采购、政府补贴及其他一些行业规制者拥有控制和调配权的资源等。而具体可运用的精神性激励政策则主要包括正式表彰、授牌和非正式表扬等。

第二，从特点上看，需地方性和指向性相结合。其一，地方政府需在符合国家政策的大背景下，结合当地产业和集群实情及治理需要，制定和出台相应的地方性政策，甚至专门面向本地区域内的集群企业出台一些地方政策。其二，所制定政策需具有明确的指向性。从内生性集体行动治理的角度讲，只有真正采取或参与内生性集体行动的集群企业才能享受到相应的优惠政策。以集群内共性技术联合开发集体行动为例，相应的激励性政策中就需要明确规定参与形式、行动标准、观察指标及过程控制等，从而便于对激励对象进行必要的监督、控制和甄别，有效排除"搭便车"，而使行动人得到真正的激励。如此可以提高地方政府政策激励水平，进而提升集群企业内生性集体行动意愿，达到一定治理效果。

第三节　领导企业治理策略

一、基于本地嵌入的领导企业治理策略

本地嵌入的内涵之一讲的就是集群企业与当地其他企业之间的互动合作或资源依赖，既包括集群企业与当地其他中小企业互动合作及相互依赖，也包括集群企业与集群内领导企业之间的互动合作及对领导企业某种程度上的依赖关系。而后者便是领导企业基于本地嵌入治理策略提出的基础。简单地讲，领导企业的适度本地化发展策略，比如部分生产本地化外包、零配件本地化采购、合作生产与研发网络等，能够惠及其他中小集群企业，并使它们与领导企业之间形成互动或一定程度上的依赖关系。通过领导企业这种本地化经济网络，强化相关集群企业的本地嵌入性，从而间接实现集群企业内生性集体行动治理。

第一，生产本地化外包。外包内容可以分成两种具体形式，即成品生产本地化外包和零配件生产本地化外包。前者是领导企业筛选若干符合

其生产标准和条件的其他集群企业,把一部分生产任务分解给它们,由它们代工生产(OEM)。后者则是指领导企业与符合条件的其他集群企业达成零配件代工生产协议,将原本由自己配套的零配件生产任务进行本地化外包。

第二,零配件本地化采购。在领导企业认为集群内没有非常合适的零配件外包单位,或者不愿意采取零配件生产本地化外包形式,再或者存在部分零配件无法实现生产本地化外包等情形下,但确实有比较好的本地化采购条件,则可以通过零配件本地化采购方式进行。显然,零配件本地化采购是有别于零配件生产本地化外包的。前者往往是短期的、非定向的,而后者往往是相对稳定的和定向的。

第三,本地化合作网络。如果说生产本地化外包和零配件本地化采购都主要是领导企业与中小集群企业之间的非对等关系,那么本地化合作网络则是一种比较对等的集群企业间合作关系。通常是领导企业之间,或者领导企业与某方面实力相当甚至有过之而无不及的其他集群企业之间在产品生产、产品研发、技术改进或市场开发等领域建立起的本地化合作关系网。

二、基于同行反应的领导企业治理策略

领导企业对内生性集体行动的反应是其他集群企业重点观察的同行反应之一。领导企业可以通过率先积极发起或响应行动,发挥示范性和引领性作用,并以此来影响其他集群企业采取或参与内生性集体行动的意愿,从而达到治理性作用。我们将此称为领导企业基于同行反应的治理策略。

概括地讲,这一策略可简要表述为"身先士卒,引领表率"。集群内领导企业对内生性集体行动的态度和反应会对其他集群企业行动意愿和行动决策产生极大影响。所以,领导企业需要做到身先士卒,起到引领表率作用。具体包含了两层意思:一是要有态度率先参与行动,二是要带头遵守行动规则。特别需要强调的是后者,每个参与人都必须严格遵守集体行动规则,违反规则的都要受到平等的处罚,领导企业要以身作则做好表率。这样才能起到好的示范和引领。以永康电动休闲车集体维权为例,当协会副会长企业的某款产品与一家普通非会员集群企业产品存在知识产权争议时,副会长企业能积极配合并平等地接受群内监督与争议处理,在核实情况之后撤掉有争议产品。这对于其他集群企业来说起到了极好的表率,从而吸引其他集群企业加入。

第四节　行业协会主导的内生性集体行动
多主体协同治理体系

基于本章前三节的分析,我们可从行业协会、地方政府和领导企业等三维立体角度来看集群企业内生性集体行动的治理。行业协会作为主要治理主体,可基于内生需求、长期导向、本地嵌入、政策激励和同行反应等多个维度发挥治理作用。地方政府主要是基于长期导向、本地嵌入和政策激励等三个维度发挥治理性作用。而领导企业对内生性集体行动的治理空间则主要体现在本地嵌入和同行反应等两个维度上。各主体治理策略见表11-1所示。

表 11-1　内生性集体行动的多主体协同治理维度及其策略

因素	行业协会	地方政府	领导企业
内生需求	深度挖掘策略		
	持续宣传策略		
长期导向	树立典型,传授理念	建立一套长期导向的评价体系	
	开展战略文化研讨,帮助企业落地方案	扶持一批长期导向的优秀企业	
本地嵌入	研判行业市场走向	优惠产业政策	生产本地化外包
	培训行业特色人才	产业配套设施	零配件本地化采购
	辅助产品技术创新	专业人才市场	本地化合作网络
政策激励	参与产业政策制定	物质性和精神性相结合	
	辅助激励政策实施	地方性和指向性相结合	
同行反应	选准标杆集群企业		率先参与行动
	做大意向企业数量		带头遵守规则

注:表中阴影部分表示无相应的内容。

从前文已有及表11-1所呈现内容的具体阐述中可知,行业协会、地方政府及领导企业作为治理主体分别可对集群企业内生性集体行动起到不同的治理性作用。同时,我们还注意到三者在不同维度上还能够进行一定程度上的协同。譬如,行业协会与地方政府可在长期导向、本地嵌入和政策激励等维度上进行协同治理;行业协会与领导企业可在本地嵌入和同行反应等维度上进行协同治理;地方政府和领导企业可在本地嵌入维度上进行协同治理;甚至三者还可在本地嵌入维度开展三方协同。由此形成了一个由行业协会、地方政府和领导企业三者组成的集群企业内生性集体行动的多主体协同治理体系,如图 11-2 所示。

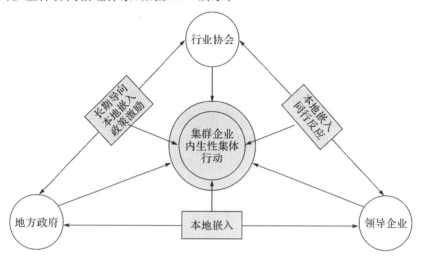

图 11-2 集群企业内生性集体行动的多主体协同治理体系

第六编

研究总结与展望

第十二章　研究结论与研究意义

第一节　研究结论

就整个研究总体而言,本研究的主要结论可概括成以下四个要点。

一、集群企业集体行动分型结论

集群企业集体行动可分为外生性行动和内生性行动,前者是由于团体外部所发生的事件或行为对团体内成员的利益产生了不利影响而引发团体成员的集体性应对行为,具有诱因外部性、目标补偿性和手段冲突性等特点。后者是集群企业为解决集群发展过程中滋生出来的内生性普遍需求或共性问题而采取或参与的联合行动,具有诱因内在性、目标增效性和手段温和性等特点。

二、集群企业集体行动影响因素研究结论

就集群企业外生性集体行动而言,其关键性前置影响因素包括外生事件、反抗意识、外部支持、制度许可、集群类型和集群规模等。其中,外生事件、反抗意识、外部支持及制度许可等四因素对集群企业外生性集体行动意愿具有正面影响,而集群规模和集群类型等两因素对集群企业外生性集体行动意愿具有负面影响。就集群企业内生性集体行动而言,其关键性前置影响因素主要包括内生需求、长期导向、本地嵌入、政策激励和同行反应等。这些有别于前者的五个核心因素,对集群企业参与内生性集体行动的意愿具有正面影响。

三、行业协会的调节效应研究结论

就外生性集体行动而言,行业协会对外生事件、反抗意识及制度许可等三因素与集群企业外生性集体行动的关系具有显著的正向调节作用;对

集群规模和集群类型等与集群企业外生性集体行动的关系具有显著的反向调节作用；而行业协会对外部支持与外生性集体行动意愿的调节作用没有得到实证支持而有待于进一步商榷。就内生性集体行动而言，行业协会对内生需求、长期导向、本地嵌入、政策激励和同行反应等因素与集群企业内生性集体行动的关系具有显著的正向调节作用。

四、行业协会主导的集体行动多主体协同治理研究结论

行业协会主导的外生性集体行动多主体协同治理体系是行业协会与地方政府可在外部支持及制度许可维度进行协同治理；行业协会与领导企业可在反抗意识、外部支持及集群类型等维度进行协同治理；地方政府和领导企业可在外部支持维度进行协同治理；还可同时在外部支持维度对集群企业外生性集体行动实现三方协同治理。行业协会主导的内生性集体行动多主体协同治理体系：行业协会与地方政府可在长期导向、本地嵌入和政策激励等维度进行协同治理是行业协会与领导企业可在本地嵌入和同行反应等维度进行协同治理；地方政府和领导企业可在本地嵌入维度进行协同治理；并且在本地嵌入维度可开展对集群企业内生性集体行动的三方协同治理。

以下围绕上述主要结论，对各项结论所包含的具体内容进行总结和阐述，以便更好地理解上述要点。

一、集群企业集体行动分型研究结论

集体行动的分型研究已有较好的基础，并且集体行动分型对于近些年相关研究的深入推进起到了非常重要的作用。鉴于此，笔者在前文中专门就此做了梳理，分别从基于行动主体的类型学研究、基于行动诉求的类型学研究、基于行动方式的类型学研究、基于多维交叉的类型学研究等四个角度对集体行动分型进行全面的阐述、归纳、比较和评述。一方面，这使我们对集体行动的分型基础有更深入的了解；另一方面，强调了集体行动分型对深化研究的重要意义。在此基础上，笔者再通过结合产业集群和集群企业的特点，根据集群企业集体行动的直接诱发因素进行了分型，将其分成外生性集体行动和内生性集体行动两类，并分别做出概念界定和特点解析。

本研究将外生性集体行动界定为由于团体外部所发生的事件或行为对团体内成员的利益产生了制约或削弱等不利影响而引发团体成员的集

体性应对行为。集群企业集体行动便是特指集群外部发生的某个(某些)
事件对集群企业产生了不利影响而引发集群企业的集体性应对行为。我
们将导致这种集群企业集体行动的外部事件或行为概称为外生事件。也
就是说,外生性集体行动的直接诱发因素是外生事件。之后,笔者对集群
企业外生性集体行动和外生事件的特点进行了剖析,指出集群企业外生性
集体行动具有诱因外部性、目标补偿性和手段冲突性等三个特点;外生事
件具有针对性、伤害性和不公性等三个特点。

本研究将内生性集体行动定义为集群企业为解决集群发展过程中滋
生出来的内生性普遍需求或共性问题而采取或参与的联合行动,并将这种
内在的共性需求和共性问题概称为内生需求。也就是说,内生性集体行动
的直接诱发因素是内生需求,有别于外生性集体行动的外生事件。之后,
笔者对内生性集体行动的特点进行了剖析,指出集群企业内生性集体行动
具有诱因内在性、目标增效性和手段温和性等三个特点,与外生性集体行
动的诱因外部性、目标补偿性和手段冲突性等特点形成鲜明的对比。

二、集群企业集体行动影响因素研究结论

(一)外生性集体行动影响因素研究结论

在集体行动影响因素理论分析的基础上,通过部分探索性案例研究、
半开放性编码技术及回归分析方法,本研究在变量层面识别出了集群企业
外生性集体行动的关键性影响因素,具体是指由外生事件、反抗意识、外部
支持、制度许可、集群类型和集群规模等所构成的"六因素组合",从理论上
探讨了以上因素对集群企业外生性集体行动意愿可能产生的不同影响。
研究表明,外生事件、反抗意识、外部支持及制度许可等四因素对集群企业
外生性集体行动意愿具有正面影响,而集群规模和集群类型等两因素对集
群企业外生性集体行动意愿具有负面影响。与此结论相应的各了结论具
体阐述如下。

第一,外生事件对集群企业外生性集体行动意愿有正面影响。初看之
下,外生事件是一个中性概念,对集群企业行动意愿似乎并没有明显的作
用方向。但通过前文已有阐述可知,本研究对外生事件的属性特点进行过
界定。简单地讲,外生事件具有针对性、伤害性和不公性等性质。因此,从
这一点上看就不难理解外生事件对集群企业外生性集体行动意愿具有正
面影响的结论。具体而言,我们可将这一结论表述为外生事件的针对性、
伤害性和不公性越强,集群企业采取或参与外生性集体行动的意愿越强。

第二,反抗意识对集群企业外生性集体行动意愿有正面影响。反抗意识主要反映了集群企业主观上的抗争意识。通过案例研究,我们认为主要表现为对抗争必要性的认知及改变不利现状的欲望两个方面。前者是指集群企业是否觉得应该抗争,后者是指集群企业是否想要通过抗争改变现状。在此基础上,通过理论论证和实证检验,我们得出了反抗意识对集群企业外生性集体行动意愿具有正面影响的结论。具体而言,这一结论可表述为集群企业反抗意识越强,采取或参与外生性集体行动的意愿越强。

第三,外部支持对集群企业外生性集体行动意愿有正面影响。外部支持是集群企业可获取到的帮助,主要包括资金支持、信息支持、智力支持和舆论支持等方面的内容。外部支持能够对集群企业采取或参与外生性集体行动起到减轻负担、减小压力和提供辅助等作用,有助于提升集群企业外生性集体行动意愿。具体而言,这一结论可表述为集群企业获得的外部支持越显著,采取或参与外生性集体行动的意愿越强烈。

第四,制度许可对集群企业外生性集体行动意愿有正面影响。本研究把政治机会的理论角度与外生性集体行动的属性特征相结合,提出了制度许可因素,并借鉴了刘爱玉(2003)研究中所提到的畏惧性逻辑,解释了制度许可对集群企业外生性集体行动意愿的影响。在实证分析中参考了案例研究结果,分别从合法合规性及地方政府许可两个方面进行考察,得到的一般性结论是当集群企业感知到制度对行动的许可程度较低时,其采取或参与外生性集体行动的意愿越弱;反之,则当集群企业感知到的制度许可程度较高时,其外生性集体行动的意愿越强。

第五,集群规模对集群企业外生性集体行动意愿有负面影响。集群规模是受集体行动研究中利益集团理论的启发而提出的一个因素,主要考察的是集群企业对同类企业数量的感知与其行动意愿之间的关系。在相应的理论分析中,从团体概念、协调成本和惩罚效率等多个逻辑角度剖析了集群规模对集群企业行动意愿的影响方向。在实证中,从集群企业对产品和服务类似企业数量的感知和对规模和运营类似企业数量的感知两个方面进行考察,得到的基本结论是当集群企业感知的集群规模越大,其采取或参与外生性集体行动的意愿相对较弱;反之,当集群企业感知的集群规模较小时,其外生性集体行动意愿越强。

第六,集群类型的水平程度对集群企业外生性集体行动意愿有负面影响。集群类型也是受集体行动研究中利益集团理论的启发而提出的一个因素。如果不加区分,我们就无法也不能直接说集群类型对集群企业行动意愿会有正面或负面的影响。因此,在具体研究中,我们用"水平程度"作为替代变量来区分集群的类型是偏向于水平型还是偏向于垂直型,这样就能考察集群类型不同对集群企业行动意愿的影响方向。这也是我们在理论分析中用了"集群类型"一词来表述,而在实证模型中用"水平程度"一词的原因。在随后的理论分析中,主要借鉴了翁定军(1999)关于群体内在凝聚性的逻辑,解释了集群类型对集群企业外生生集体行动意愿的影响。在实证分析中,从集群企业之间的分工程度和合作程度等方面对集群类型的水平程度进行考察,得到的结论是当集群类型越偏向于水平时,集群企业采取或参与外生性集体行动的意愿越弱;反之,也可以说当集群类型越偏向于垂直时,集群企业采取或参与外生性集体行动的意愿越强。

(二)内生性集体行动影响因素研究结论

本研究同样采用了部分探索性案例研究、半开放性编码技术和回归分析相结合的方法,探索了集群企业内生性集体行动的影响因素。具体是指由内生需求、长期导向、本地嵌入、政策激励和同行反应等所构成的"五核心因素",以及由集群规模和集群类型等所组成的两个共性因素。从理论上探讨了以上因素对集群企业内生性集体行动意愿可能产生的不同影响。研究表明,内生需求、长期导向、本地嵌入、政策激励和同行反应等五因素对集群企业内生性集体行动意愿具有正面影响。与此结论相应的各子结论具体阐述如下。

第一,内生需求对内生性集体行动具有正面影响。内生需求是内生性集体行动的基础性条件。本研究从内生性公共物品与集群企业的相关性以及集群企业对内生性公共物品需求的迫切性等两个方面阐述了内生需求对内生性集体行动意愿的影响。研究表明,相关性和迫切性越高,集群企业对内生性公共物品的需求感知就强烈,也就是越愿意采取或参与内生性集体行动。

第二,长期导向对内生性集体行动具有正面影响。受意识形态理论的启发,结合内生性集体行动具有温和性和持续性的特点,笔者提出了长期导向因素。在理论分析中,主要在利益和目标的期限上,以行为和投入的时间阐述了长期导向对集群企业内生性集体行动的影响;在实证分析中,结合案例及约翰逊、马丁和赛尼(2011)所开发的量表对长期导向进行考察,结果表明,集群企业长期导向越显著,越有可能采取或参与内生性集体行动。

第三,本地嵌入对内生性集体行动具有正面影响。本地嵌入主要是基于社会资本理论提出的一个因素。在理论分析中,我们指出本地嵌入容易滋生出本地情感,也有利于形成集体认同。而本地情感和集体认同均有助于提升集群企业内生性集体行动意愿。在实证分析中,主要从本地互动和本地资源等方面对本地嵌入进行观测。研究结果表明,本地嵌入越明显的集群企业,采取或参与内生性集体行动的意愿也越强。

第四,政策激励对内生性集体行动具有正面影响。在政治机会理论视角下,结合内生性集体行动的特点,提出了政策激励因素。在理论分析中,地方政府及其他规制者的激励性政策被视为一种"选择性激励",并以此为逻辑阐述了政策激励对内生性集体行动意愿的影响。在实证分析中,分别从物质性激励和精神性激励角度对政策激励进行观测。研究结果表明,集群企业感知到的政策激励越明显,越有可能采取或参与内生性集体行动。

第五,同行反应对内生性集体行动具有正面影响。同行反应是案例研究涌现出来的一个影响因素,用来指其他集群企业对拟采取行动的反应。本研究分别从示范效应和羊群效应两个角度,以及与其相对应的启发逻辑和从众逻辑剖析了同行反应对集群企业内生性集体行动意愿的影响。结果表明,集群企业感知的同行反应越积极,采取或参与内生性集体行动的意愿越强烈。

第六,研究还发现,集群规模和集群水平程度对集群企业内生性集体行动意愿表现为负面影响,不同的是它们对集群企业内生性集体行动意愿的影响程度有别于其对外生性集体行动意愿的影响。通过理论阐述和对比分析,得到了四个推论性结论。(1)相对于外生性集体行动而言,集群规模对集群企业内生性集体行动意愿的负面影响程度要更加明显。(2)垂直型集群中的企业参与外生性集体行动的意愿最高。(3)水平型集群内企业参与内生性集体行动的意愿最弱。(4)垂直型集群内企业参与内生性集体行动的意愿及水平型集群内企业参与外生性集体行动的意愿次强。

三、行业协会对集群企业集体行动调节作用研究结论

(一)行业协会在外生性集体行动中的调节作用结论

在集群企业外生性集体行动关键影响因素分析的基础上,通过理论阐述与实证分析相结合的思路对行业协会在外生性集体行动中的调节作用进行了研究。研究表明,行业协会对外生事件、反抗意识及制度许可等三因素与集群企业外生性集体行动的关系具有显著的正向调节作用;对集群规模和集群类型等与集群企业外生性集体行动的关系具有显著的反向调

节作用;而行业协会对外部支持与外生性集体行动意愿的调节作用存在不确定性,有待于进一步研究和检验。与此结论相对应的各子结论具体阐述如下。

第一,行业协会积极介入对外生事件与集群企业外生性集体行动的关系具有正向调节作用。研究显示,外生事件对集群企业外生性集体行动意愿的影响有赖于事件相关信息的有效传播,而行业协会可以通过其信息服务功能促进外生事件相关信息的传播,加深集群企业对外生事件的认知,从而使外生事件对集群企业集体行动意愿的影响更加明显,起到正向调节作用。

第二,行业协会积极介入对反抗意识与集群企业外生性集体行动的关系具有正向调节作用。研究显示,从具有反抗意识到真正付诸行动,受到个体耐受度和胜任感的影响。行业协会为集群企业提供处理和应对此类事件的知识、经验和技巧,能够帮企业降低耐受度和提高胜任感,从而有助于促进从反抗意识到真实行动的转化,加深反抗意识对外生性集体行动的影响,起到正向调节的作用。

第三,行业协会积极介入对制度许可与集群企业外生性集体行动的关系具有正向调节作用。研究显示,在制度许可程度较高的情形下,集群企业参与外生性集体行动的意愿明显较高。行业协会能够对上述关系起正向调节作用,即行业协会积极作为能够使制度许可对集群企业外生性集体行动意愿的影响程度变得更加显著。

第四,行业协会积极介入对集群规模与集群企业外生性集体行动的关系具有反向调节作用。研究显示,集群规模对集群企业参与外生性集体行动的意愿有负面影响,不利于外生性集体行动形成。行业协会积极作为可对上述关系形成反向调节作用,即行业协会能够在一定程度上削弱集群规模对外生性集体行动意愿的不利影响。

第五,行业协会积极介入对集群类型与集群企业外生性集体行动的关系具有反向调节作用。研究显示,在集群类型越趋向于水平型的情形下,集群企业参与外生性集体行动的意愿也会相应减弱,而行业协会积极作为可对上述关系形成反向调节作用,即行业协会能够一定程度上削弱集群类型对集群企业外生性集体行动意愿的不利影响。这一结论也表明,行业协会在水平型集群中对外生性集体行动的治理作用更加显著、更加重要。

此外,关于行业协会对外部支持与集群企业外生性集体行动关系的调节作用,无法形成明确结论。因为在理论分析中假设行业协会积极介入可能会对上述两者关系起正向调节作用,而实证研究却显示行业协会对上述两者的关系起反向调节作用。虽然本研究已经对造成这个问题可能存在的原因做了说明,但是毕竟这一假设没能得到实证检验的支持,具有不确定性,无法形成最终结论。

（二）行业协会在内生性集体行动中的调节作用结论

在集群企业内生性集体行动关键影响因素分析的基础上,通过理论阐述与实证分析相结合的思路对行业协会在内生性集体行动中的调节作用进行了研究。研究表明,行业协会对内生需求、长期导向、本地嵌入、政策激励和同行反应等因素与集群企业内生性集体行动的关系具有显著的正向调节作用。与此结论相对应的各子结论具体阐述如下。

第一,行业协会积极介入对内生需求与集群企业内生性集体行动的关系具有正向调节作用。研究显示,集群企业对内生需求的感知越强,参与内生性集体行动的意愿也越强。行业协会对上述关系起正向调节作用,即行业协会有助于提升内生需求对集群企业内生性集体行动意愿的积极影响。

第二,行业协会积极介入对长期导向与集群企业内生性集体行动的关系具有正向调节作用。研究显示,具有长期导向的集群企业,参与内生性集体行动的意愿相对较强,而行业协会对上述两者关系具有正向调节作用,即行业协会积极作为将更加有助于推动那些长期导向集群企业参与内生性集体行动。

第三,行业协会积极介入对本地嵌入与集群企业内生性集体行动的关系具有正向调节作用。研究显示,本地嵌入性显著的集群企业,参与内生性集体行动的意愿相对更强。行业协会对上述两者关系具有正向调节作用,即行业协会表现越积极,则本地嵌入提升集群企业内生性集体行动意愿的作用更明显。

第四,行业协会积极介入对政策激励与集群企业内生性集体行动的关系具有正向调节作用。研究显示,政策激励能够提升集群企业内生性集体行动的意愿。行业协会对上述两者关系具有正向调节作用,即行业协会能够对激励政策的可兑现性和激励对象的可辨识性起到辅助性作用,从而使政策激励对内生性集体行动意愿的提升效果更加显著。

第五,行业协会积极介入对同行反应与集群企业内生性集体行动的关系具有正向调节作用。研究显示,同行积极反应有利于提升集群企业参与内生性集体行动的意愿。行业协会对上述两者关系具有正向调节作用,即行业协会积极作为能够使同行反应对集群企业内生性集体行动意愿的提升作用更显著。

此外,在内生性集体行动研究中,集群规模和集群类型两因素是作为控制变量而非自变量来处理的,因此在理论分析和实证检验中均未就行业协会对以上两者与集群企业内生性集体行动的调节作用展开讨论。但文中也已然指出,行业协会对集群规模和集群类型两因素与集群企业外生性集体行动的调节逻辑具有一定普适性。也就是说,同理可推得行业协会对集群规模和集群类型两者与集群企业内生性集体行动的调节作用。这就是前文中已述及过的两个推论:(1)行业协会对集群规模与集群企业内生性集体行动意愿的关系具有反向调节作用。(2)行业协会对集群水平化程度与集群企业内生性集体行动意愿的关系具有反向调节作用。

四、集群企业集体行动治理策略研究结论

(一)外生性集体行动治理策略研究结论

第一,行业协会作为集群企业外生性集体行动的主要治理主体,在各要素维度上均有治理性策略可施。(1)行业协会基于外生事件的治理策略主要是信息服务策略,具体包括信息分析能力策略、信息分析权威性策略、信息传递能力策略和信息传递权威性策略。(2)行业协会基于反抗意识的治理策略主要是针对"下不为例"心态、"惯性麻痹"思想、"不得要领"窘境和"悲观预期"作祟等问题而采取的措施,具体包括深化潜在威胁的认知、截断逆来顺受的退路、加强应对知识的培训和鼓舞敢于亮剑的士气等策略。(3)行业协会基于外部支持的治理策略则主要包括经费支持、信息支持、舆论支持和智力支持等。(4)行业协会基于制度许可的治理策略主要是指通过营造良好的法制环境提高集群企业的法制意识和法制认知,使其采取合法合规的集体行动维护自身和群体利益。具体包括:加强法制宣传,提高法制意识;开放法制咨询,提升法制认知;制订行规行约,规范集体行动。(5)行业协会基于集群规模的治理策略主要是针对由于规模导致的两个问题:一是机会主义思想更盛,容易导致"搭便车"想法;二是个体利益分歧会更多,容易导致协调难问题。具体策略包括:建立集体监督机制,治理因集群规模因素所致"搭便车"问题;拟定本利配比制度,治理集群规模因素所致协调难问题。(6)行业协会基于集群类型的治理策略主要是围绕如何将行业协会打造成集体行动中具有一定公信力的第三方平台或合作媒介而采取的措施,具体包括:集体行动方案合理化、集体行动推进规范

化、集体行动信息透明化。

第二,地方政府对集群企业外生性集体行动的治理策略主要体现在外部支持和制度许可两个维度上。(1)地方政府基于外部支持的治理策略是其在制度许可的范围内,结合自身优势为集群企业提供适当的外部支持,主要包括经费支持和信息支持两大策略。(2)地方政府基于制度许可的治理策略是其通过一些举措强化集群企业对拟参与外生性行动的制度许可程度的感知,从而影响其行动意愿的治理思路。具体包括加强政府法制宣传和深化政府法制服务等策略。

第三,领导企业对集群企业外生性集体行动的治理策略主要体现在反抗意识、外部支持和集群类型等三个维度上。(1)领导企业基于反抗意识的治理策略主要是在面对外来压力时,呼吁和鼓舞相关集群企业敢于亮剑的士气,唤醒应有的抗争意识,从而影响其他集群企业参与行动意愿的思路。(2)领导企业基于外部支持的治理策略主要是提供一些有助于外生性集体行动开展的辅助或便利。具体包括主动承担额外费用以及辅助行业协会筹集专项经费等。(3)领导企业基于集群类型的治理策略是其根据集群水平程度或垂直程度,运用自身在集群网络中的地位优势和产业链上优势影响其他集群企业参与外生性集体行动的意愿。具体包括经济权威途径和契约关系途径等。

第四,行业协会、地方政府和领导企业对集群企业外生性集体行动形成多主体协同治理体系。行业协会、地方政府和领导企业三方可在多个维度进行协同,进而形成外生性集体行动的多主体治理体系。行业协会与地方政府可在外部支持及制度许可维度进行协同;行业协会与领导企业可在反抗意识、外部支持及集群类型等维度进行协同;地方政府和领导企业可在外部支持维度上进行协同;还可同时在外部支持维度进行三方协同。

(二)内生性集体行动治理策略研究结论

第一,行业协会也是集群企业内生性集体行动的主要治理主体,在五要素维度上均有治理性策略可施。(1)行业协会基于内生需求的治理策略主要体现在改变内生性公共物品价值显性程度,弥补集群企业对内生性公共物品价值发掘不足,促进集群企业的需求感知。具体包括深度挖掘和持续宣传内生性公共物品价值等两项举措。(2)行业协会基于长期导向的治理策略是通过塑造具有长期导向内涵的集群产业文化,影响集群企业的组织文化和组织行为,从而达到治理内生性集体行动效果的思路。具体包括:树立典型,传授理念;开展战略文化研讨,帮助企业落地方案。(3)行业协会基于本地嵌入的治理策略就是指协会结合集群特点,通过集群企业所急需的生产性服务互动建立起集群企业对本地行业协会的信任与依赖,进而提升其本地嵌入水平,从而提高参与内生性集体行动意愿的思路。具体包括研判行业市场走向、培训行业特色人才和辅助产品技术创新等策略。(4)行业协会基于政策激励的治理策略主要是参与相应产业政策制定并协助其有效地落地实施,提高激励性政策的吸引力,从而对内生性集体行动起到治理性作用。具体就包括参与产业政策制定和辅助激励政策实施两个方面。(5)行业协会基于同行反应的治理策略是可以通过一些举措凸显出学习效应和从众效应,从而提升集群企业参与内生性集体行动的意愿,实现治理性作用。具体包括选准标杆集群企业和做大意向企业数量两项策略。

第二,地方政府对集群企业内生性集体行动的治理主要体现在长期导向、本地嵌入和政策激励等三个维度。(1)地方政府基于长期导向的治理策略就是通过塑造和倡导具有长期导向核心内涵的区域经济文化,经由文化嵌入机制在一定程度上影响当地企业发展中的长期导向水平,进而对内生性集体行动起到一定治理作用。具体包括建立一套长期导向的评价体系和扶持一批长期导向的优秀企业等策略。(2)地方政府基于本地嵌入的治理策略主要是要加强集群企业对本地的信任和依赖,提升集群企业的本地嵌入程度,从而间接地影响集群企业参与内生性集体行动的意愿,达到一定的治理作用。具体包括优惠产业政策、产业配套设施和专业人才市场等。(3)地方政府基于政策激励的治理策略是通过制定、实施和兑现产业政策及治理性政策,起到引导和激励集群企业参与所期望的集体行动。要做到从性质上实现物质性和精神性相结合,从特点上实现地方性和指向性相结合。

第三,领导企业对集群企业内生性集体行动的治理主要体现在本地嵌入和同行反应等两个维度。(1)领导企业基于本地嵌入的治理策略是通过领导企业这种本地化经济网络,强化相关集群企业的本地嵌入性,从而间接实现对集群企业内生性集体行动的治理。具体包括生产本地化外包、零配件本地化采购和本地化合作网络等。(2)领导企业基于同行反应的治理策略是通过率先积极发起或响应行动,发挥示范性和引领性并以此来影响其他集群企业采取或参与内生性集体行动的意愿,从而达到治理性作用。具体策略概括地讲就是要做到"身先士卒,引领表率"。

第四,行业协会、地方政府和领导企业对集群企业内生性集体行动形成多主体协同治理体系。三者在多个不同维度上能够进行一定程度上的协同治理，从而形成多主体协同治理体系。协同治理内容如下：行业协会与地方政府可在长期导向、本地嵌入和政策激励等维度进行协同治理；行业协会与领导企业可在本地嵌入和同行反应等维度进行协同治理；地方政府和领导企业可在本地嵌入维度进行协同治理；并且在本地嵌入维度开展三方协同治理。

第二节　理论贡献

一、对集体行动研究领域的贡献

第一，本研究提出的集群企业集体行动分型观点，丰富了现有集体行动分型研究。集体行动的分型一直是学界关注的重点问题之一，因为它有利于推进细分类型行动研究。综观已有文献，相关研究包括基于行动主体的类型学研究，如社会学家刘能（2004）对中国都市集体行动的类型学框架；基于行动诉求的类型学研究，如蒂莉（1975）对集体行动的三分法；基于行动方式的类型学研究，如塔罗（2005）对集体斗争形式的三分法；基于多维交叉的类型学研究，如崔晶（2013）在研究中国式邻避抗争一文中对抗争行动的类型划分等。而本研究则从直接诱发因素的角度提出了集群企业集体行动的分类标准，将其细分为内生性集体行动和外生性集体行动，分别界定了集群企业内生性集体行动和外生性集体行动的内涵、外延及特点。具体的理论意义表现为三个方面：（1）尝试了集群企业研究层次或行为主体上的集体行动分类。以往基于行动主体的分型中大多关注的是村民、农民工、业主或工人等个体层次或自然人，较少关注企业层次或法人，从而企业层次上或将企业作为行为主体进行的集体行动分型研究较少。因此，本研究以集群企业为研究层次和行为主体的集体行动分型可以弥补以往相关研究的不足。（2）呼应了反应型集体行动和先发型集体行动两个概念，深化了学者对相关概念的辨识与认知。本研究中的外生性集体行动与蒂莉（1975）所称的反应型集体行动既有共性也有差异，内生性集体行动与先发型集体行动也是如此。前后相应的两对概念所具有的这些共性与差异形成对比，有助于深化人们对相关或相近类型集体行动的辨识和认知，也为以后学者对相关概念的归并与整合提供参考。（3）有利于推进企业集体行动困境破解方面的研究。胡小江（2010）、胡峰和王晓萍（2012）等部分学者曾对集群企业集体行动困境破解及动力提升问题开展过研究。但这些研究未对集群企业集体行动的类型进行区分,在一定程度上制约了研究的深度和后续研究的推进。因为困境破解和动力提升因集体行动类型不同而有所差别,寻求具有普遍意义的解决之道或许很难,而本研究对集群企业集体行动的分型可以为上述问题进一步在具体类型上展开后续研究与讨论提供思路。

第二,本研究解析的集群企业外生性集体行动的"六因素组合"框架,从理论上解释了集群企业外生性集体行动动因,并有助于推动反应型集体行动及其他行为主体的外生性集体行动的影响因素研究。具体理论意义表现为以下三个方面。(1)深化和发展了已有外生性集体行动影响因素研究。郑小勇(2009a)曾对外生性集体行动的影响因素开展过研究,提出了外生性集体行动的"五因素"。但上述研究主要是基于麦克亚当(1982)的"四因素"框架展开的,理论视角上具有一定的局限性。而本研究是在利益集团理论、社会资本理论和政治机会理论等多个主流理论综合的视角下对集群企业外生性集体行动影响因素进行重新审视和思考,提出并检验了影响集群企业外生性集体行动的"六因素组合"框架。研究结果深化和发展了麦克亚当及郑小勇等研究成果。(2)对理解和认识反应型集体行动影响因素具有启示性作用。撇开研究层次和行为主体不讲,外生性集体行动与蒂莉(1975)所称之反应型集体行动不尽相同,却有一定的相似性。但我们发现,学者们对反应型集体行动的影响因素研究并不充分。在这种情形下,本研究所解析的影响外生性集体行动的因素组合框架对于我们理解和认知反应型集体行动影响因素是有益补充,对于以后关于反应型集体行动影响因素的研究来说具有启示性作用。(3)对其他行为主体的外生性集体行动影响因素研究具有借鉴和启示意义。虽然本研究以集群企业为行为主体,但所解析出的外生性集体行动影响因素框架对于后续其他行为主体的外生性集体行动影响因素研究同样具有启示性作用。

第三,本研究解析的集群企业内生性集体行动的"'5+2'因素组合"框架,从理论上解释了集群企业内生性集体行动的动因,有助于推动先发型集体行动及其他行为主体的内生性集体行动的影响因素研究。本研究基于综合理论视角,解析了集群企业内生性集体行动特有的"五核心因素",再加上对内生性和外生性集体行动均有影响的集群规模和集群类型等两因素,形成了"'5+2'因素组合"框架。研究具有的理论意义具体表现为以下三个方面。(1)深化并丰富了集群治理集体行动影响因素研究,有助于推动进一步向纵深聚焦此类集体行动动因分析。彭晶(2013)、吕国范和易明(2011)曾运用单案例研究方法对产业集群治理性集体行动的影响因素进行过研究,认为集群企业参与治理性集体行动的影响因素主要包括领导型企业、社会资本、公共服务机构和集群代理机构、地方政府行为、团体讨论和个体声音等。他们将集群治理性集体行动界定成了建立和维护集群可持续竞争优势而进行的一种集体行为。从概念上看,内生性集体行动的终极目标就是能够取得长期可持续发展,并且明确实现终极目标的手段是解决内生性共性需求或共性问题。因此,本研究中的集群企业内生性集体行动可以看作集群治理性集体行动内核化的体现,从而具有更加明确的内涵和清晰的外延,在这个基础上提出的内生性集体行动影响因素也就更有针对性和指向性。从这个角度上讲,本研究从外生性集体行动这个角度深化并丰富了集群治理性集体行动影响因素研究,有助于推动后续研究进一步聚焦此类集体行动的动因分析。(2)对理解和认识先发型集体行动影响因素具有启示性作用。撇开研究层次和行为主体不讲,内生性集体行动与蒂莉(1975)所称之先发型集体行动不尽相同却有一定的相似性。但我们发现,学者们对先发型集体行动的影响因素研究也并不多见。在这种情形下,本研究所解析的影响内生性集体行动的因素组合框架对于我们理解和认知先发型集体行动影响因素具有理论补充意义,对于以后关于先发型集体行动影响因素的研究来说具有启示性作用。(3)对其他行为主体的内生性集体行动影响因素研究具有借鉴和启示意义。虽然本研究内生性集体行动以集群企业为行为主体,但所解析出的内生性集体行动影响因素框架对于后续其他行为主体的内生性集体行动影响因素研究同样具有启示性作用。

二、对行业协会治理领域的贡献

行业协会治理可细分为内部治理和外部治理,而其中的外部治理关注的焦点才是行业协会对外所发挥的治理性功能和作用。因此,严格地讲是对行业协会外部治理领域有一点贡献,更具体地讲是对行业协会集体行动治理领域的贡献。

第一,突破行业协会集体行动治理机制的传统研究框架,开辟了基于影响因素开展行业治理机制研究的新思路。已有多位学者就行业协会集体行动治理机制进行过研究,如黄少卿和余晖(2005)、林琼慧(2008)、徐建牛和孙沛东(2009)等,纷纷提出了颇具建树的观点。以往有关行业协会集体行动治理机制的研究大多将行业协会视为集体行动的组织者与推动者，并从行业协会自身内部治理和外部治理的角度出发来探讨其促进集体行动的作用机制，以上研究思路形成了一定的惯性。若遵循既有研究传统会导致推进的空间越来越受限，新的发现越来越难。同时，郑小勇（2009a）的研究指出，行业协会在集群企业集体行动中的具体作用机理仍然需要进行深入细致的研究。考虑到以上两点，本研究试图跳出上述既有研究惯性，尝试从集体行动影响因素的角度切入，并基于影响因素来探讨行业协会对集体行动的治理作用，探索出了行业协会对集群企业集体行动的调节机制，从而对郑小勇所提上述理论诉求做出回应。同时，有助于丰富黄少卿和余晖（2005）等学者们所提出的行业协会集体行动机制。

　　第二，构建起行业协会对外生性集体行动和内生性集体行动的不同调节作用模型，拓展了特定类型企业集体行动形成机制研究空间。我们可以看到，近些年来关于企业集体行动机制的研究大多聚焦于特定类型来探讨。譬如，胡小江（2014）基于治理结构分析中小企业集群共性技术研发集体行动机制；胡海青和朱家德（2011）针对产学合作培养人才中企业集体行动的困境进行分析，研究产学合作培养人才的企业集体行动机制。在此情形下，本研究分别针对外生性集体行动和内生性集体行动提出了不同的影响因素组合框架，并且构建起行业协会对上述两个特定集体行动类型所具有的不同调节作用模型，即外生性集体行动影响因素及行业协会对外生性集体行动的调节作用共同作为一个整体用以解释集群企业外生性集体行动的形成机制；内生性集体行动影响因素及行业协会对内生性集体行动的调节作用共同作为一个整体用以解释集群企业内生性集体行动的形成机制。这有两方面具体的理论意义：一是增补进入胡小江等已有研究队列，拓展了特定类型企业集体行动机制研究的理论空间；二是区分了行业协会对不同类型企业集体行动的差异化调节作用，强化了行业协会对集体行动的作用机制因具体类型而异的观点和观念。

第三节　应用价值

一、对集群企业外生性集体行动治理的应用价值

　　本研究在外生性集体行动影响因素分析及行业协会从中所起调节作用分析等基础上提出并构建了集群企业外生性集体行动的多主体协同治

理体系。具体来说,有两个方面的实践应用价值。

第一,分别指出了行业协会、地方政府和领导企业在集群企业外生性集体行动中可以采取的治理策略,具有现实的指导意义。其中,重点针对行业协会的外生性集体行动治理提出了 20 项具体的措施或要求;为地方政府在外生性集体行动治理方面提出了基于外部支持和制度许可等因素的 4 项具体措施或要求;也为领导企业的外生性集体行动治理提出了基于反抗意识、外部支持和集群类型等因素的 5 项具体措施或要求。为行业协会、地方政府和领导企业在现实的集群企业外生性集体行动治理中各司其职开展治理工作提供了较为充分的思路和建议。

第二,为实现集群企业外生性集体行动的两方或三方协同治理提供了思路和抓手。譬如,行业协会与地方政府可在外部支持及制度许可两个方面进行协同,具体参考 4 项抓手;行业协会与领导企业可在反抗意识、外部支持及集群类型三个方面进行协同,具体参考 5 项抓手;地方政府和领导企业可在外部支持方面进行协同,具体参考 2 项抓手;三方在外部支持方面三方协同,具体参考 2 项抓手。这些协同治理思路和抓手有助于行业协会、地方政府和领导企业在实践中形成合力,产生更大更有效的外生性集体行动治理效果。

二、对集群企业内生性集体行动治理的应用价值

本研究也在内生性集体行动影响因素分析及行业协会从中所起调节作用分析等基础上提出并构建了集群企业内生性集体行动的多主体协同治理体系。这一多主体协同治理体系的实践应用价值也可以从相应的两个方面来阐述。

第一,分别指明了行业协会、地方政府和领导企业在集群企业内生性集体行动中可以采取的治理策略,为其各司其职开展内生性集体行动治理提供指导。其中,行业协会是内生性集体行动的重点治理主体。因此,本研究重点针对行业协会的内生性集体行动治理提出了 11 项可供借鉴和参考的具体措施或要求;针对地方政府提出了基于长期导向、本地嵌入和政策激励等因素的 7 项具体措施或要求;也为领导企业的外生性集体行动治理提出了基于本地嵌入和同行反应等因素的 5 项具体措施或要求。

第二,提出了集群企业内生性集体行动的两方或三方协同治理的思路和抓手。行业协会与地方政府可选择在长期导向、本地嵌入和政策激励等方面围绕 14 项抓手进行协同治理;行业协会与领导企业可选择在本地嵌

入和同行反应等方面围绕 10 项抓手开展协同治理;地方政府和领导企业可选择在本地嵌入方面围绕 6 项具体抓手进行协同治理;并且三方可在本地嵌入方面围绕 9 项抓手开展三方协同治理。以上协同治理策略能够指导行业协会、地方政府和领导企业在集群企业内生性集体行动治理实践中形成合力,产生一加一大于二的治理效果。

三、对完善行业协会内部治理的应用价值

一个组织机构内部治理得好能够增强组织内部的凝聚力,加强机构与外部组织联系的紧密程度,提升外部关系治理能力,从而促进集体行动的开展[阿格拉沃尔(Agrawal),2001]。从这一点上讲,行业协会内部治理对于集群企业集体行动治理具有非常重要的意义。而本研究以集体行动治理为例,发现了能力和权威性是行业协会实施外部治理的根本,这为未来完善和提升行业协会内部治理指明了方向。无论是在外生性集体行动治理还是内生性集体行动治理中,行业协会的治理效果均很大程度上受制于其能力和权威性。笔者在研究中曾多处提及并详细地对能力和权威性两个方面的重要性和具体应用进行论述。可以说,能力和权威性建设是行业协会集体行动治理效率的根本所在。而要提升行业协会的能力和权威性,首先就需要从行业协会内部治理入手。无论是从责权确定与划分、内部利益冲突协调及内部各种关系制衡的角度,还是从内部治理结构设置、内部治理机制构建以及内部制度建设的角度,都应紧紧围绕能力建设和权威性建设两个方向展开。因此,从这点上讲,本研究为行业协会完善和提升其内部治理的实践活动指明了方向,从而体现了一定的实践应用价值。

第十三章　研究局限与研究展望

第一节　研究局限

尽管笔者做了比较充分的前期准备,并经历了几年的不懈努力,尽己所能地将研究做好。然而,或限于研究人员的认知水平,或限于研究资源和研究数据可获得性等方面的原因,本研究难免存在诸多不足与局限性。以下将从三个方面具体阐述研究局限性。

一、案例编码数据体量上的局限性

在集群企业外生性集体行动和集群企业内生性集体行动的影响因素分析中,均运用了案例研究方法及三级编码技术。为满足案例研究的数据需求,我们通过二手资料和一手资料相结合的方式收集了数据。其中,外生性集体行动因素案例研究中收集了海宁经编案和海盐紧固件案直接相关二手资料8500余字、直接相关一手资料37000余字,以此累计45500余字的材料为数据进行案例探索。在内生性集体行动因素案例研究中收集了永康运动休闲车集体维权案和海盐紧固件集体抵制恶性低价竞争案直接相关二手资料16100余字、直接相关一手资料42000余字,以此累计58100余字的材料为数据进行案例探索。虽然数据资料基本上能满足研究需要,但是从理论上讲,这种编码技术特别适合于海量资料条件下的数据分析。也就是说,资料体量越大,越适合这种分析技术,得到的结果也相对越可靠。本研究中编码所用的数据体量算不上"海量",对分析结果或许会产生一些不利影响,至于会产生哪些不利影响目前尚不得而知。这是研究中存在的局限性之一。同时,限于资源条件和能力等,本研究所用的案例材料均来自国内,尚无法到国外相关集群做深入调研。因此,未来条件充分的情况下,可重点考虑到国外做些实地调研,收集相应的一手案例数据资料。届时对中外案例数据进行对比分析,看看是否会有新的收获。

二、跨层次研究设计上的局限性

粗略地看，作为外生性集体行动影响因素的自变量并不完全属于同一层次。譬如说，反抗意识和外部支持等属于集群企业层次上的变量，而集群规模和集群类型等则属于产业集群层次上的变量。类似地，作为内生性集体行动影响因素的自变量也是如此。譬如说，长期导向和本地嵌入等属于集群企业层次上的变量，而政策激励等则属于制度环境层次上的变量。当然，这并不影响相关的理论推导和分析，但对实证分析有些影响。在实证研究中，我们采取李克特量表以集群企业"感知值"来代替变量客观值的方法，在技术上对变量层次可能存在的差异进行了统一处理，从而使其能够满足实证分析的需要。之所以选择这样的方法，主要是限于数据的可获得性和研究的可操作性。但这样一来，研究的跨层次性就无法体现出来。可见，跨层次研究设计方面体现不足是本研究中又一局限性。实际上，集群企业集体行动涉及企业、集群和国家等多个层次，具有相当的复杂性。因此，在条件充分的情形下，可以在未来研究中进一步考虑开展跨层次的研究设计和基于客观数据的实证研究。

三、涌现因素跨类型适用性研究上的局限性

本研究在集体行动理论视角及外生性集体行动特点相结合的基础上提出并论证了外生性集体行动的影响因素框架，又在综合考虑集体行动理论视角及内生性集体行动特点的基础上提出并论证了内生性集体行动的影响因素框架。实证检验也表明，两个框架在各自领域内的作用是显著的。然而，研究并未讨论和检验个别特殊因素是否存在着跨领域适用的问题。譬如，在内生性集体行动影响因素案例分析当中涌现出来了一个新因素，即同行反应，那么，这个涌现因素是否同样可以作为外生性集体行动的影响因素之一？是否会对集群企业外生性集体行动意愿也产生影响呢？对于这个问题，本项研究没有涉及，也无法在该项研究中做出回答。若要探讨这个问题，需要将这个内生性集体行动因素分析中涌现出的因素纳入外生性集体行动已有的"六因素组合"中重新进行探讨和检验。这对于本研究来说暂无法实现，有待于后续研究跟进讨论。

第二节　研究展望

本研究延伸出了许多有待于后续进一步研究的方向和主题。在此,我们抛砖引玉地对未来研究做些展望。我们认为,该领域内的后续研究至少可以从以下三个方面着手。

一、集群企业集体行动影响因素的中介机制研究

本研究探明了集群企业外生性集体行动和集群企业内生性集体行动的影响因素及行业协会的调节机制,但没有涉及中介机制的探讨。因此,探讨集群企业集体行动影响因素的中介机制是未来研究中值得挖掘的领域之一。具体而言,可以从以下两个方面分别进行思考。第一,外生性集体行动影响因素的中介机制研究。我们的研究已经揭示了影响外生性集体行动的"六因素组合",意味着诸多因素会对集群企业集体行动决策产生影响。那么,从变量的角度来讲,是否存在着一个或几个中介变量能够就"六因素组合"对集群企业外生性集体行动意愿的内在中介机制做出解释呢? 第二,内生性集体行动影响因素的中介机制研究。本研究揭示了影响集群企业内生性集体行动的"五因素组合"。这些因素有别于外生性集体行动的影响因素。那么,"五因素组合"对集群企业内生性集体行动意愿的中介变量是否存在,是否存在相对统一的中介机制还是需要多项不同中介机制来解释等问题,都是未来有关集群企业内生性集体行动中介机制研究需要解决的核心问题。

二、细分类型集体行动特有情境化影响因素研究

在集体行动有关文献中,我们发现部分研究是专门针对某个细分类型集体行动而展开的。譬如,马歇尔等(2016)关于入侵物种控制集体行动的研究。这部分研究往往以具体事件对集体行动进行命名,并探讨其具体的影响因素或治理等问题。从中我们能够得到未来研究的一点启示,即开展各个细分类型集体行动所特有的情境化影响因素研究。具体而言,可以从以下两个方面着手。第一,集群企业外生性集体行动细分类型特有情境化影响因素研究。如果从以具体事件命名的角度来看集群企业外生性集体行动的细分类型,发现其可派生出很多面向特定事件的外生性集体行动。譬如,集群企业反倾销应对性集体行动和反技术壁垒集体行动等。未来研究

可聚焦于这些特定外生性集体行动,探讨其特有的情境化影响因素。第二,集群企业内生性集体行动细分类型特有情境化影响因素研究。类似地,根据具体内生需求的不同,内生性集体行动也可以细分出很多个特定需求的内生性集体行动。譬如,集群企业共性技术研究、区域品牌塑造和集群知识产权保护等。因此,未来研究还可聚焦于这些特定内生性集体行动,探索其特有的情境化影响因素。这些研究将会极大地丰富和深化集群企业集体行动理论。

三、基于集群企业集体行动治理的行业协会内部治理研究

正如前文所指出的那样,本研究对行业协会内部治理具有一定的实践意义。研究已经表明,行业协会对集群企业集体行动的治理效果有赖于行业协会的能力(包括服务能力和协调能力)和权威性(包括服务权威性和协调权威性),而行业协会的能力和权威性两者很大程度上有赖于行业协会自身建设或内部治理。因此,就集群企业集体行动治理而言,本研究已然为行业协会自身建设或内部治理指明了方向。但是,行业协会内部治理并非本研究关注的焦点问题,也就没有对此进行深入的探讨。也就是说,基于集群企业集体行动治理的行业协会自身建设或内部治理应该包括哪几个方面的核心问题,有哪些建设思路和治理策略,以及内部治理与外部集体行动治理效率具体有什么样的关系等问题,都将是本领域内未来可以研究且很有意义的内容。

参考文献

〔法〕埃米尔·涂尔干:《社会分工论》,渠敬东译,北京:生活·读书·新知
　　三联书店,2000年,第一版,第42页、第43页、第91页。

〔美〕埃莉诺·奥斯特罗姆:《公共事物的治理之道:集体行动制度的演进》,
　　余逊达、陈旭东译,上海:上海三联书店,2000年,第一版,第275页,
　　第276页。

〔美〕戴维·杜鲁门:《政府过程》,陈尧译,天津:天津人民出版社,2005年,
　　第一版,第200页。

〔美〕汉密尔顿、杰伊、麦迪逊:《联邦党人文集》,程逢如、在汉、舒逊译,商务
　　印书馆,1997年,第一版,第392页。

〔美〕克特·巴克:《社会心理学》,南开大学译,天津:南开大学出版社,1984
　　年,第一版,第176页。

〔美〕曼瑟尔·奥尔森:《权力与繁荣》,上海:上海人民出版社,2005年,第
　　60页。

〔美〕曼瑟尔·奥尔森:《集体行动的逻辑》,上海:上海三联书店,1995年,
　　第2页。

〔美〕詹姆斯·科尔曼:《社会理论的基础》,邓方译,北京:社会科学文献出
　　版社,1999年,第一版,第354页。

〔英〕格里·斯托克:《作为理论的治理:五个论点》,《国际社会科学》(中文
　　版)1999年第2期。

〔英〕汉斯·艾森克:《心理学:一条整合的途径》,阎巩固译,上海:华东师大
　　出版社,2000年,第一版,第567页。

卜玉梅:《从在线到离线:基于互联网的集体行动的形成及其影响因素》,
　　《社会》2015年第5期。

蔡彬清、陈国宏:《复杂网络视角下链式产业集群竞争优势分析》,《经济地
　　理》2012年10期。

蔡禾:《从"底线型"利益到"增长型"利益——农民工利益诉求的转变与劳

资关系秩序》，《开放时代》2010 年第 9 期。

蔡起华、朱玉：《社会资本、收入差距对村庄集体行动的影响——以三省区农户参与小型农田水利设施维护为例》，《公共管理学报》2016 年第 4 期。

曹建民，等：《农民参与科学研究的意愿及其决定因素》，《中国农村经济》2005 年第 10 期。

曹兴、宋娟、张伟、任胜刚：《技术联盟网络知识转移影响因素的案例研究》，《中国软科学》2010 年第 4 期。

昌业云：《公共政策理论：研究群体性事件的一个重要范式》，《国家行政学院学报》2009 年第 6 期。

陈共荣、刘玮玮、陈恒：《慈善捐赠的集体行动逻辑及其困境》，《系统工程》2014 年第 10 期。

陈国栋：《集体行动的形成机制——以 S 厂农民集体行动为例》，首都经济贸易大学硕士学位论文，2016 年，第 28 页。

陈建军、袁凯、陈国亮：《基于企业异质性的产业空间分布演化新动力》，《财贸研究》2013 年第 4 期。

陈金罗：《社团立法和社团管理》，北京：法律出版社，1997 年，第一版，第 127 页。

陈抗：《高校啦啦队团体凝聚力影响因素分析》，《体育论坛》2015 年第 4 期。

陈林、徐伟宣：《从企业法人治理到非营利组织法人治理》，《宁波党校学报》2003 年第 4 期。

陈大荣：《基于企业集群的行业协会服务功能研究》，《安徽行政学院学报》2006 年第 5 期。

陈希敏：《经济落后地区农户金融合作意愿的实证研究》，《中国软科学》2006 年第 3 期。

陈宪、徐中振：《体制转型和行业协会：上海培育和发展行业协会研究报告》，上海：上海大学出版社，1999 年，第一版，第 20 页至第 30 页。

陈毅、袁明旭：《集体行动中合作何以可能——从博弈论的视角看》，《北京化工大学学报》（社会科学版）2006 年第 4 期。

程大为：《WTO 反倾销措施和中国反倾销应诉》，《亚太经济》2000 年第 6 期。

邓莉：《激励与挫伤理论在高等学校管理中的运用》，《南京理工大学学报》

2002 年第 2 期。

董维维、庄贵军、孙骏:《合同与信任对投机行为和长期导向的影响:替代还是互补》,《财贸研究》2016 年第 1 期。

杜天骄:《安徽省行业协会内部治理研究》,华北电力大学硕士学位论文,2014 年,第 10 页。

费孝通:《乡土中国》,北京:人民出版社,2015 年,第一版,第 6 页。

冯仕政:《单位分割与集体抗争》,《社会学研究》2006 年第 3 期。

甫玉龙、史晓葳:《完善行业协会内部治理结构的探讨》,《中国行政管理》2009 年第 7 期。

郭道久:《协作治理是适合中国现实需求的治理模式》,《政治学研究》2016 年第 1 期。

何新:《思辨逻辑引论》,哈尔滨:黑龙江教育出版社,2002 年,第一版,第 76 页。

贺雪峰:《行动单位与农民行动逻辑的特征》,《中州学刊》2006 年第 5 期。

胡登胜、王瑞琳:《农村社群"集体行动"的实证研究——以湖北省 H 县 W 村修建道路为例》,《滁州学院学报》2015 年第 4 期。

胡峰、王晓萍:《本土纺织企业集体行动力提升研究》,《河南社会科学》2012 年第 12 期。

胡峰、张月月:《知识获取、行业协会与纺织代工企业转型升级》,《河南社会科学》2013 年第 7 期。

胡海青、朱家德:《产学合作培养人才中企业集体行动困境分析》,《高等工程教育研究》2011 年第 1 期。

胡胜德、金喜在:《对竞争与合作关系的辩证思考》,《当代经济研究》2003 年第 5 期。

胡小江:《基于治理结构分析浙江中小企业集群共性技术研发集体行动机制》,《企业技术开发》2014 年第 35 期。

胡小江:《中小企业集群的集体行动困境博弈分析》,《统计与决策》2010 年第 24 期。

黄岭峻、张文雯:《从分散的个体不满到有组织的集体行动》,《华中科技大学学报》(社会科学版)2015 年第 6 期。

黄坡良:《产业转移与欠发达地区创新体系构建研究》,华南理工大学硕士学位论文,2011 年,第 16 页。

黄少卿、余晖:《民间商会的集体行动机制——对温州烟具协会应对欧盟打火机反倾销诉讼的案例分析》,《经济社会体制比较》2005 年第 4 期。

纪莺莺:《商会的内部分化:社会基础如何影响结社凝聚力》,《公共管理学报》2015 年第 1 期。

贾西津、沈恒超、胡文安,等:《转型时期的行业协会——角色、功能与管理体制》,北京:科学文献出版社,2004 年,第一版,第 19 页、第 20 页、第 21 页。

江华、张建民:《民间商会的代表性及其影响因素分析——以温州行业协会为例》,《公共管理学报》2009 年第 6 期。

江华:《民间商会的失灵及其矫正——基于温州行业协会的实证研究》,《经济体制改革》2008 年第 1 期。

江静:《行业协会成员性质与效率分析》,《现代管理科学》2004 年第 3 期。

姜琦:《上海行业协会内部治理发展研究》,华南理工大学硕士学位论文,2011 年,第 12 页。

康晓光:《NGO 扶贫行为研究》,北京:中国经济出版社,2001 年,第一版,第 2 页。

康晓光:《权力的转移:转型时期中国权力格局的变迁》,杭州:浙江人民出版社,1999 年,第一版,第 198 页。

寇佳丽:《两钢反倾销中国企业勇敢反击》,《经济》2015 年第 11 期。

雷开春、张文宏:《社会分层对集体行动意愿的影响效应分析——兼论社会冲突的心理机制》,《国家行政学院学报》2015 年第 6 期。

黎东升、朱良俊、杨舟:《就业素质培训:农民参与意愿的实证分析》,《长江大学学报》2006 年第 4 期。

李超海:《农民工参加集体行动及集体行动参加次数的影响因素分析》,《中国农村观察》2009 年第 6 期。

李华晶、土睿:《知识创新系统对我国大学衍生企业的影响》,《科学管理研究》2011 年第 2 期。

李培林、徐崇温、李株:《当代西方社会的非营利组织——美国、加拿大非营利组织考察报告》,《河北学刊》,2006 年第 2 期。

李琼英:《农民工集体行动参与的代际差异性实证分析》,《学术界》2013 年第 7 期。

李世杰:《基于集群剩余索取权的产业集群治理机制研究》,《管理世界》2013 年第 7 期。

李寿祺:《美国的利益集团与政治》,北京:世界知识出版社,1988 年,第一版,第 21 页、第 22 页。

李新春:《企业集群化成长的资源能力获取与创造》,《学术研究》2002 年第 7 期。

李新春、韩剑、李炜文:《传承还是另创领地？——家族企业二代继承的权威合法性建构》,《管理世界》2015 年第 6 期。

李艳:《从劳资协议力量变化看新生代工人集体行动的策略选择》,《重庆工商大学学报》(社会科学版)2012 年第 2 期。

李一平:《城郊农民集体维权行动的缘起、方式与机理分析》,《中共中央党校学报》2005 年第 8 期。

李玉蓉、莫微微:《跨国公司本地嵌入影响因素的理论研究》,《经济视角》2014 年第 2 期。

梁涛:《亮剑精神》,北京:华夏出版社,2008 年,第一版,第 2 页。

廖园园、汪斌:《知识溢出与集群内领导企业分工结构的选择》,《重庆大学学报》(社会科学版)2011 年第 1 期。

林秉贤:《社会心理学》,北京:群众出版社,1985 年,第一版,第 5 页。

林琼慧:《反倾销应诉"集体行动困境"的破解之路——以温州行业协会为例》,《上海经济研究》2008 年第 3 期。

刘爱玉:《国有企业制度变革过程中工人的行动选择——一项关于无集体行动的经验研究》,《社会学研究》,2003 年第 6 期。

刘爱玉:《适应、依赖与机会结构——社会转型过程中的国企工人》,《江苏行政学院学报》,2005 年第 4 期。

刘春平:《行业科协与行业协会—商会的比较分析》,《安徽农业科学》,2011 年第 28 期。

刘能:《怨恨解释、动员结构和理性选择——有关中国都市地区集体行动发生可能性的分析》,《开放时代》2004 年第 4 期。

柳海涛、黄建诗:《集体意向与博弈论》,《重庆交通大学学报》(社会科学版),2017 年第 4 期。

龙小宁、张晶、张晓波:《产业集群对企业履约和融资环境的影响》,《经济学》(季刊)2015 年第 7 期。

吕国范、易明:《产业集群治理集体行动的影响因素分析》,《商业时代》2013 年第 31 期。

罗家德、侯贵松、谢朝霞、方震平:《中国商业行业协会自组织机制的案例研究》,《管理学报》2013 年第 5 期。

罗强强:《新农村建设中少数民族的认同心理分析——以云南维西县塔城村为例》,《湖北民族学院学报》(哲学社会科学版),2010 年第 4 期。

罗若愚:《我国区域间企业集群的比较及启示》,《南开经济研究》2002 年第 6 期。

骆璇、符正平:《产业集群中的行业协会——基于多边处罚策略的第三方私人治理机制》,《中大管理研究》2007 年第 4 期。

马培昕:《论企业形象的内涵、特征及作用》,《集团经济研究》2006 年第 2 期。

马永红、李欢、王展昭:《网络结构视角下的产业转移与企业创新绩效》,《科学学研究》2016 年第 3 期。

马宇:《信息不对称行业协会与高科技企业集群竞争力》,《工业技术经济》2007 年第 2 期。

毛俊华、林昕:《行业协会法制建设和内部治理结构》,《上海市经济管理干部学院学报》2007 年第 3 期。

毛新军:《多 Agent 系统计算的意愿理论》,《国防科技大学学报》1998 年第 3 期。

孟庆英:《论群体性事件的诱因及预防》,《理论探索》2006 年第 6 期。

聂文娟:《群体情感与集体身份认同的建构》,《外交评论:外交学院学报》2011 年第 4 期。

牛桂敏:《从过度竞争到有效竞争:我国产业组织发展的必然选择》,《天津社会科学》2001 年第 3 期。

潘劲:《农产品行业协会的治理机制分析》,《中国农村观察》2005 年第 5 期。

潘开标:《技术创新对企业文化建设的有效作用》,《科学学与科学技术管理》1999 年第 2 期。

潘文安、骆泽文:《商会会员之间信任模式、关系承诺与合作绩效研究》,《浙商研究》2014 年第 1 期。

彭华涛、Sadowski B.:《开放式创新网络形成及演化的探索性案例研究》,《科研管理》2014 年第 8 期。

彭晶:《产业集群治理集体行动的影响因素及实现条件研究》,华中农业大学硕士学位论文,2013 年,第 14 页。

彭敏:《行业协会内部治理结构运行中存在的问题和解决途径》,《学会》2014 年第 11 期。

全球治理委员会:《我们的全球伙伴关系》,剑桥:牛津大学出版社,1995年,第一版,第 23 页。

任磊磊:《一个行业协会对地方产业集群到底能发挥多大作用》,《齐鲁晚报》2016 年 7 月 7 日。

任伟鹏:《集体行动示范效应研究》,西南政法大学硕士学位论文,2011 年,第 5 页。

尚可清:《行业组织定位之探析》,《上海改革》2001 年第 5 期。

石晶、崔丽娟:《群体愤怒与群体效能对集体行动的驱动:内在责任感的中介作用》,《心理科学》2014 年第 2 期。

石晶、崔丽娟:《舆论支持对集体行动的影响:有中介的调节效应》,《心理研究》2016 年第 1 期。

时影:《论走出集体行动困境的多元协作治理机制》,中国海洋大学硕士学位论文,2008 年,第 3 页。

宋超:《东亚地区集体认同建构的变量分析》,《中共济南市委党校学报》2007 年第 1 期。

宋华、喻开、丁亢亢:《资源需求与交易成本对服务外包治理机制的作用》,《管理学报》2014 年第 12 期。

宋养琰:《关于行业管理的几点思考:论工业行业管理新体制》,北京:中国社会出版社,1995 年,第一版,第 9 页。

苏敬勤、刘静:《复杂产品系统创新的动态能力构建》,《研究与发展管理》2014 年第 1 期。

苏刘祥:《行业协会与公民社会的发展——以中国工程咨询协会为例》,外交学院硕士学位论文,2007 年,第 8 页。

苏勇、李作良、马文杰:《合法性视角下企业文化与持续竞争优势》,《复旦学报》(社会科学版)2013 年第 6 期。

孙国强:《关系、互动与协同:集群组织的治理逻辑》,《中国工业经济》2003年第 11 期。

孙加韬:《东亚一体化的制约因素及发展方向》,《亚太经济》2004 年第 3 期。

孙沛东、徐建牛:《从奇迹到危机——发展型政府理论及其超越》,《广东社会科学》2009 年第 2 期。

孙霞:《体制外行业协会的内部治理问题研究》,中南大学硕士学位论文,2011 年,第 8 页。

谭劲松、丘步晖：《提高会计信息质量的经济学思考》，《会计研究》2000 年第 6 期。

汤谷良、穆林娟、彭家钧：《SBU：战略执行与管理控制系统在中国的实践与创新》，《会计研究》2010 年第 5 期。

唐中理：《产业集群，企业抱团突围的有效途径》，《贵州民族报》（第 C1 版），2013 年 11 月 27 日。

田虹、袁海霞、张洪利：《基于利益相关者视角的产业集群治理机制研究》，《社会科学战线》2013 年第 9 期。

佟德志：《当代西方治理理论的源流与趋势》，《人民论坛》2014 年第 13 期。

汪华：《乡土嵌入、工作嵌入与农民工集体行动意愿》，《广东社会科学》2015 年第 2 期。

汪衍妙：《行业协会内部治理机制研究》，西南财经大学硕士学位论文，2007 年，第 2 页。

汪洋：《行业协会的作用将越来越大》，《经济参考报》2003 年 2 月 14 日。

王德福：《政策激励型表达：当前农村群体性事件发生机制的一个分析框架》，《浙江社会科学》2011 年第 5 期。

王沪宁：《比较政治分析》，上海：上海人民出版社，1987 年版，第 116 页。

王精忠：《农村群体性事件原因分析及处理原则》，《山东社会科学》2007 年第 7 期。

王珺、姚海琳、赵祥：《社会资本结构与民营企业成长》，《中国工业经济》2003 年第 9 期。

王雷、项保华：《合作的难题及对策》，《自然辩证法研究》2002 年第 9 期。

王美琴、马勇：《社会运动的社会学解读》，《广西社会科学》2004 年第 10 期。

王觅琪：《村庄集体行动成功的影响因素分析——以江西宜春市三个自然村集资修路为例》，暨南大学硕士学位论文，2014 年，第 16 页。

王晴锋：《农民工集体行动因素分析》，《中国农业大学学报》2010 年第 2 期。

王生辉、张京红：《消费者行为分析与实务》，北京：中国人民大学出版社，2016 年，第一版，第 87 页。

王书娟：《论我国行业协会内部治理结构的完善》，《福建政法管理干部学院学报》2009 年第 2 期。

王天敏：《企业群体性事件的特点与预防》，《集团经济研究》2005 年第

2 期。

王伟进：《一种强关系：自上而下型行业协会与政府关系探析》，《中国行政管理》2015 年第 2 期。

王欣：《试论行业协会参与公共政策制定的现状及对策》，《管理与财富》2008 年第 10 期。

王彦斌：《西方组织认同感理论研究综述》，《思想战线》2006 年第 6 期。

王重鸣：《心理学研究方法》，北京：人民教育出版社，1990 年，第一版，第187 页。

韦诸霞：《嵌入型治理：全面深化改革时期行业协会的制度供给探析》，《中国行政管理》2016 年第 6 期。

卫龙宝、储德平、伍骏骞：《农村城镇化进程中经济较发达地区农民迁移意愿分析》，《农业技术经济》2014 年第 1 期。

魏江、周泯非：《产业集群治理：理论来源，概念与机制》，《管理学家：学术版》，2009 年第 6 期。

魏万青：《情感、理性、阶层身份：多重机制下的集体行动参与》，《社会学评论》2015 年第 5 期。

温双阁：《以法治推进行业协会自治的体系构建》，《社会科学战线》2016 年第 10 期。

翁定军：《公平与公平感的社会心里分析》，《上海大学学报》1999 年第2 期。

吴炯：《家族企业剩余控制权传承的地位、时机与路径——基于海鑫、谢瑞麟和方太的多案例研究》，《中国工业经济》2016 年第 4 期。

吴梅、张忠勇：《个体与集体之争》，《理论与改革》2005 年第 6 期。

吴勤堂：《产业集群与区域经济发展耦合机理分析》，《管理世界》2004 年第2 期。

吴忠民：《社会学理论和方法》，北京：中央党校出版社，2003 年，第一版，第179 页。

吴宗祥：《行业协会治理机制的制度需求和制度供给》，《学会》2003 年第7 期。

席文启：《论提高主体的认识能力》，《新视野》2004 年第 3 期。

肖海林、闻学：《超级竞争条件下企业整体管理的基本维度与共生型控制模式》，《管理世界》2006 年第 12 期。

肖俊奇：《地方政府集体行动能力提升之径——以 Z 市干部考评体系创新

为分析对象》,《甘肃行政学院学报》2013 年第 3 期。

谢江平:《意识形态与集体理性——制度经济学视野中的意识形态》,《吉首
　　大学学报》(社会科学版)2011 年第 1 期。

邢小强、葛沪飞、仝允桓:《社会嵌入与 BOP 网络演化:一个纵向案例研
　　究》,《管理世界》2015 年第 10 期。

徐国念、官建成:《发挥行业协会作用提高民族产业国际竞争力》,《科学学
　　与科学技术管理》2001 年第 10 期。

徐海洁:《民营企业本地嵌入路径的实证研究——结合浙江 104 家企业问
　　卷调查的分析》,《浙江社会科学》2011 年第 4 期。

徐宏玲、李双海:《领导企业平台构建与我国工业园区实践》,《中国工业经
　　济》2009 年第 9 期。

徐家良、张玲:《治理结构运行机制与政府关系:非营利组织有效性分析》,
　　《北京行政学院学报》2005 年第 4 期。

徐晞:《行业协会内部治理问题的博弈模型》,《山东财政学院学报》200 年
　　第 4 期。

许淑君、马士华:《供应链企业间的合作与社会制度》,《工业工程与管理》
　　2001 年第 5 期。

严北战:《产业集群治理模式演化机理及其路径研究》,《商业研究》2013 年
　　第 11 期。

燕继荣:《现代政治分析原理》,北京:高等教育出版社,2004 年,第一版,第
　　172 页。

阳盛益,郁建兴:《温州市行业协会与行业商会的比较研究》,《中共浙江省
　　委党校学报》,2007 年第 5 期。

杨穿明:《论新时期我国行业协会的改革与发展》,《商业时代》2006 年第
　　12 期。

杨剑、黄建:《治理视阈下中国行业协会商会之功能研究》,《技术经济与管
　　理研究》2016 年第 3 期。

杨志勇、王永贵:《母子公司互动、知识创造与突破性创新》,《管理学报》
　　2016 年第 6 期。

叶建华:《促进企业文化建设是行业协会的明智之举》,《中外企业文化》
　　2010 年第 1 期。

叶庆祥:《跨国公司本地嵌入过程机制研究》,浙江大学博士学位论文,2006
　　年,第 182 页。

游正林:《集体行动何以成为可能——对一起集体上访、静坐事件的个案研究》,《学海》2006 年第 2 期。

于春玲、李飞、薛镭、陈浩:《中国情境下成功品牌延伸影响因素的案例研究》,《管理世界》2012 年第 6 期。

于建嵘:《我国现阶段农村群体性事件的主要原因》,《中国农村经济》2003 年第 6 期。

余晖:《WTO 体制下行业协会的应对策略》,《中国工业经济》2002 年第 3 期。

余晖:《行业协会及其在中国的发展:理论与案例》,经济管理出版社,2002 年,第一版,第 1 页。

余秀江:《企业群落研究、运行与治理研究》,北京:中国经济出版社,2006 年,第一版,第 9 页。

俞可平、王颖:《公民社会的兴起与政府善治》,《中国改革》2001 年第 6 期。

袁金辉:《和谐社会视域下的农民利益表达机制研究——基于农村群体性事件的分析》,《理论探讨》2010 年第 1 期。

曾鹏、罗观翠:《集体行动何以可能》,《开放时代》2006 年第 1 期。

詹国辉、张新文:《名声效应、重复博弈与农村集体行动》,《中国农业大学学报》2018 年第 6 期。

张栋梁:《行业协会在企业参与职业教育制度建构中的功能探讨》,《职教通讯》2015 年第 34 期。

张继焦:《市场化中的非正式制度》,北京:文物出版社,1999 年,第一版,第 42 页。

张君:《农民环境抗争、集体行动的困境与农村治理危机》,《理论导刊》2014 年第 2 期。

张理泉:《工业行业管理》,北京:中国人民大学出版社,1991 年,第一版,第 89 页。

张良、吴强玲、叶海平:《论我国行业协会的重组模式治理结构与政策创新》,《华东理工大学学报》(社会科学版)2004 年第 1 期。

张亮:《当代中国行业协会与政府互动模式的研究》,南京理工大学硕士学位论文,2004 年,第 31 页。

张曙光:《论制度均衡和制度变革》,《经济研究》1992 年第 3 期。

张晓杰、耿国阶、孙萍:《政治机会结构理论述评》,《天津行政学院学报》2013 年第 2 期。

张秀峰、陈光华、杨国梁、刘霞：《企业所有权性质影响产学研合作创新绩效了吗?》，《科学学研究》2015 年第 6 期。

张一力、张敏：《海外移民创业如何持续——来自意大利温州移民的案例研究》，《社会学研究》2015 年第 4 期。

张宇燕：《利益集团与制度非中性》，《改革》1994 年第 2 期。

赵鼎新：《集体行动、搭便车理论与形式社会学方法》，《社会学研究》2006 年第 1 期。

赵立波：《行业协会商会：公益服务的替代抑或优先机制》，《北京行政学院学报》2015 年第 6 期。

赵崴斐：《"网络集群行为"与"价值累加"——一种集体行动的逻辑与分析》，《新闻与传播研》2013 年第 8 期。

郑小勇：《集群企业外生性集体行动的影响因素效度检验》，《科研管理》2009 年第 1 期。

中国行政管理学会课题组：《中国社会中介组织发展研究》，北京：中国经济出版社，2006 年，第一版，第 22 页、第 23 页、第 24 页。

周虹、王陆庄、戴宇伟：《内源型与外源型产业集群升级比较》，《浙江经济》2006 年第 3 期。

周雪光：《无组织的利益与集体行动》，《社会发展研究》2015 年第 1 期。

朱卫东、吴鹏：《引入 TOPSIS 法的风险预警模型能提高模型的预警准确度吗?——来自我国制造业上市公司的经验证据》，《中国管理科学》2015 年第 11 期。

朱英：《中国近代同业公会与当代行业协会》，北京：中国人民大学出版社，2004 年，第 267 页。

朱展斌、曾天亮：《行业协会在促进企业间建立信任关系过程中的作用》，《江苏商论》2006 年第 5 期。

Adger W. N. , 2003: "Social Capital, Collective Action, and Adaptation to Climate Change", *Economic Geography*, 79(4): 387-404.

Agrawal A. , 2001: "Common Property Institutions and Sustainable Governance of Resources", *World Development*, 29 (10): 1649-1672.

Angela T. , Cooper S. , 2016: "Embeddedness, Social Capital and Learning in Rural Areas: The Case of Producer Cooperatives", *Journal of Rural Studies*, 44(9): 101-110.

Baron R. M. , Kenny D. A. , 1986: "The Moderator-mediator Variable Distinction in Social Psychological Research: Conceptual, Strategic, and Statistical Considerations", *Journal of Personality and Social Psychology*, 51(6): 1173-1182.

Bayertz K. ed, 1999: *Solidarity*, Dordrecht: Springer.

Bilali R. , Vollhardt J. R. , Rarick J. R. D. , 2017: "Modeling Collective Action Through Media to Promote Social Change and Positive Intergroup Relations in Violent Conflicts", *Journal of Experimental Social Psychology*, 68: 200-211.

Bowen F. E. , Bansal P. , Slawinski N. , 2018: "Scale Matters: The Scale of Environmental Issues in Corporate Collective Actions", *Strategic Management Journal*, 39(25): 1411-1436.

Bradley J. F. , 1966: "The Role of Trade Association and Professional Business Societies in America", *Social Forces*, 44(3): 443.

Brown, R. , 2000: *Cluster Dynamics in Theory and Practice with Application to Scotland. Regional and Industrial Policy Research paper, European Policies Research Centre*, University of Strathclyde.

Call M. , Jagger P. , 2017: "Social Capital, Collective Action, and Communal Grazing Lands in Uganda", *International Journal of the Commons*, 11(2): 854-876.

Callois J. M. , Aubert F. , 2007: "Towards Indicators of Social Capital for Regional Development Issues: The Case of French Rural Areas", *Regional Studies*, 41(6): 809-821.

Cannon J. , Doney P. , Mullen M. , Petersen K. , 2010: "Building Long-term Orientation in Buyer-supplier Relationships: The Moderating Role of Culture", *Journal of Operations Management*, 28 (6): 506-521.

Catacutan D. , Bertomeu M. , Arbes L. , Duque C. , Butra N. , 2008: "Fluctuating Fortunes of A Collective Enterprise: The Case of The Agroforestry Tree Seeds Association of Lantapan (ATSAL) in the Philippines", *Small-scale Forestry*, 7(3-4): 353-368.

Chong, D. , 1991: *Collective Action and The Civil Rights Movement.*

Chicago: Chicago University Press.

Dawes R. M., Orbell J. M., Kragt V. D., 1986: "Organizing Groups for Collective Action", *American Political Science Review*, 80 (3): 89-106.

Dayasindhu N., 2002: "Embededness , Knowledge Transfer, Industry Clusters and Global Competitiveness: A Case Study of the Indian Software Industry". *Techovation*, (22):46-62.

Devauxa A., Hortona D., Velascoa C., Thielea G., Lópeza G., Berneta T., Reinosob I., Ordinolac M., 2009: "Collective Action for Market Chain Innovation in the Andes", *Food Policy*, 34 (1): 31-38.

Dimmocka J. A., Grovea J. G., Eklunda R. C., 2005: "Reconceptualizing Team Identification: New Dimensions and Their Relationship to Intergroup Bias", *Group Dynamics: Theory, Research, & Practice*, 9(2): 75-86.

Droogendyk L., Louis W. R., Wright S. C., 2016: "Renewed Promise for Positive Cross-Group Contact: The Role of Supportive Contact in Empowering Collective Action", *Canadian Journal of Behavioural Science*, 48(4): 317-327.

Eddleston K. A., Kellermanna F. W., Zellweger T. M., 2012: "Exploring the Entrepreneurial Behavior of FamilyFirms: Does the Stewardship Perspective Explain Differences", *Entrepreneurship Theory & Practice*, 36(2): 347-367.

Edel M., 1979: "A Note on Collection Action, Marxism, and The Prisoner's Dilemma", *Journal of Economic Issues*, 13 (3): 751-761.

Eisenhardt K. M., 1989: "Making Fast Strategic Decisions in High-Velocity Environments", *Academy of Management Journal*, 21, 543-576.

Ellemers N., Barreto M., 2009: "Collective Action in Modern Times: How Modern Expressions of Prejudice Prevent Collective Action", *Journal of Social Issues*, 65: 749-768.

Enright M. J., 2000: *Survey on the Characterization of Regional Clusters: Initial Results. Institute of Economic Policy and Business*

Strategy, University of Hong Kong.

Finke T., Gilchrist A., Mouzas S., 2016: "Why Companies Fail to Respond to Climate Change: Collective Inaction as An Outcome of Barriers to Interaction", *Industrial Marketing Management*, 58 (10): 94-101.

Finkel S. E., Muller E. N., Opp K., 1989: "Personal Influence, Collective Rationality, and Rational Choice, and Democratic Values in the Former Soviet Union", *The American Political Science Review*, 83: 885-903.

George, A. L., Bennett, A., 2005: *Case Studies and Theory Development in Social Sciences*, London: MIT Press.

Gereffi G., Fernandez-Stark K., 2011: *Global Value Chain Analysis: A Primer, Center on Globalization, Governamle & Competitiveness.*

Gereffi G., Lee J., 2016: "*Economic and Social Upgrading in Global Value Chains and Industrial Clusters: Why Governance Matters*", Journal of Business Ethics, 133: 25-38.

Gies D. L., Ott J. S., Shafrits J. M., 1990: *Governance: The Roles and Functions of Boards of Directors. The Nonprofit Organization: Essential Readings. Pacific Grove*, California: Brooks/Cole Publishing Company.

Giguere B., Lalonde R. N., 2010: "Why Do Students Strike? Direct and Indirect Determinants of Collective Action Participation", *Political Psychology*, 31(2): 227-250.

Gilsing V., 2000: *Cluster Governance: How Clusters Can Adapt and Renew Over Time*, Copenhagen: Paper Prepared for the DRUID phD Conference.

Gould R. V., 2003: *Why Do Networks Matter? Rationalist and Structuralist Interpretations*, Oxford: Oxford University Press.

Gundolf K., Jaouen A., 2005: "Patterns and Coordination of Collective Action in Small and very Small Business: the Case of a Tourist Village in the Pyrenees", *International Journal of Entrepreneurship & Small Business*, 2 (4): 392-403.

Halinen, A., Törnroos, J. A., 2005: "Using Case Methods in the Study of Contemporary Business Networks", *Journal of Business Research* ,58, 1285-1297.

Hardin R. ,1982:*Collective Action* ,Baltimore: Johns Hopkins University Press.

Hellin J. , Lundyb M. , Meijerc M. , 2009: "Farmer Organization, Collective Action and Market Access in Meso-America", *Food Policy*, 34(1): 16-22.

Herzlinger R. E. , 1996: "Can Public Trust in Nonprofits and Governments Be Restored", *Harvard Business Review*, 74 (2): 97-107.

Hofstede G. ,1991:*Culture and Organization:Software of the Mind* , London: McGraw-Hill.

Hofstede G. , 2001: *Culture's Consequences: Comparing Values, Behaviors ,Institutions ,and Organizations across Nation* , Thousand Oaks ,CA: Sage.

Hollingsworth J. R. , Lindberg, L. N. , 1985: "*The Role of Market, Clan, Hierarchies and Associative Behavior*", *In Streeck. W. and Schmitter, Philippe ed.*, *Private Interest Government: Beyond Market and State* , London: Sage Publications.

James L. R. , Brett J. M. ,1984:"Mediators, Moderators and Tests for Mediation",*Journal of Applied Psychology*, 69 (2) : 307-321.

Jenkins J. C. , Perrow C. , 1977: "Insurgency of the Powerless: Farm Worker Movements (1946-1972)", *American Sociological Review*, 42(2): 249-268.

Jenkins J. C. , 1983: "Resource Mobilization Theory and the Study of Social Movements",*Annual Review of Sociology*, 9: 527-553.

Johnson J. L. , Martin K. D. , Saini A. , 2011: "Strategic Culture and Contextual Factors as Determinants of Anomie in Publicly-Traded and Privately Held Firms", *Business Ethics Quarterly*, 21 (3): 473-502.

Kandemir D. , Acur N. , 2012: "Examining Proactive Strategic Decison-making Flexibility in New Product Development", *Journal of Product Innovation Management* , 29(4):608-622.

King B. A. , 2008: "Social Movement Perspective of Stakeholder Collective Action and Influence", *Business & Society*, 47 (1) : 21-49.

Klandermans B. , 1997: *The Social Psychology of Protest*, Oxford: Blackwell Publishers Ltd.

Koontz T. , 2005: *Why Participate? The Collective Interest Model and Citizen Participation In watershed groups*, Paper presented at the Meeting of the American Political Science Association, Washington DC.

Lamb G. P. , Shields C. , 1957: "Trade Association Law and Practice", *Little Brown and Company*, 24(4):788.

Langen P. D. , 2004: "Governance in Seaport Clusters", *Maritime Economics & Logistics*, 6(2): 141-156.

Lenox M. , Nash J. , 2003: "Industry Self-regulation and Adverse Selection: A Comparison across Four Trade Association Programs", *Business Strategy and the Environment*, 12(6):343-356.

Lepez-Navarro M. A. , Callarisa-Fiol L. , Moliner-Tena M. A. , 2013: "Long-term Orientation and Commitment in Expot Joint Ventures among Small and Medium Sized Firms", *Journal of Small Business Managment*, 51(1): 100-113.

Levy J. S. , 2008: "Case Studies: Types, Designs, and Logics of Inference", *Conflict Management and Peace Science*, 25(1): 1-18.

Lumpkin G. T. , Brigham K. H. , Moss T. W. , 2010: "Long Term Orientation: Implication for the Entrepreneurial Orientation and Performance of Family Businesses", *Entrepreneurship & Regional Development*, 22 (3):241-246.

Ma G. , Rui M. O. , Wu Y. A. , 2015: "Springboard into Politics: Do Chinese Entrepreneurs Benefit from Joining the Government-controlled Business Associations?", *China Economic Review*, 36: 166-183.

Macy M. W. , Marwell G. , Oliver P. , 1993: *The Critical Mass in Collective Action*, Cambridge: Cambridge University Press.

Manski C. ,2000:"Economic Analysis of Social Interactions", *Journal of*

Economic Perspectives, 14(3):115-136.

Markelova H. , Meinzen-Dick R. , 2006: *Collective Action and Market Access for Smallholders: A Summary of Findings*, Research Workshop on Collective Action and Market Access for Smallholders, Cali, Colombia.

Marshall G. , 1998: *Collective action*, A Dictionary of Sociology (*seconded.*), Oxford:Oxford University Press.

Marshall G. R. , Coleman M. J. , Sindel B. M. et al. , 2016: "Collective Action in Invasive Species Control, and Prospects for Community-based Governance: The Case of Serrated Tussock (Nassella Trichotoma) in New South Wales, Australia", *Land Use Policy*, 56 (11): 100-111.

Mayer F. , Gereffi G. , 2010: "Regulation and Economic Globalization: Prospects and Limits of Private Governance", *Business and Politics*, 12(3): 1-25.

McAdam D. , McCarthy J. D. , Zald M. N. , 1996: " *Introduction: Opportunities, Mobilizing Structures, and Framing Processes — Toward a Synthetic Perspective on Social Movements.*" In McAdam D. , McCarthy J. D. , and Zald M. N. (eds.), Comparative Perspectives on Social Movements. Cambridge, UK: Cambridge University Press.

McAdam D. , 1982: *Political Process and the Development of Black Insurgency 1930 — 1970* ,Chicago: The University of Chicago Press.

McAdam, D. , 1996: "*Conceptual Origins, Current Problems, Future Directions*", In McAdam D. , McCarthy J. D. , and Zald M. N. (eds.), Comparative Perspectives on Social Movements: Political Opportunities, Mobilizing Structures, and Cultural Framings, Cambridge: Cambridge University Press.

Meinzen-Dick R. S. , Gregorio M. D. , 2004: "Collective Action and Property Rights for Sustainable Development", *Working Paper*.

Oberschall A. , 1993: *Social Movements: Ideologies, Interests, and Identities* ,New Brunswick: Transaction Publishers.

Ostrom E. , 1995: "Self-organization and Social Capital", *Industrial &*

Corporate Change，4(1)：1995；131-159.

Ostrom E. , Walker J. , 1997： *Neither Markets Nor States*： *Linking Transformation Processes in Collective Action Arenas*，Cambridge： Cambridge University Press.

Ostrom E. A. , 1998："Behavioral Approach to the Rational Choice Theory of Collective Action"，*American Political Science Review*，92：1-2.

Porter M. E. , 2000： " Location， Competition， and Economic Development： Local Clusters in a Global Economy"，*Economic Development Quarterly*： *The Journal of American Economic Revitalization*，14(1)；15-34.

Pradhan D. , Ranjan R. , 2016： " Achieving Sustainability and Development through Collective Action? An Empirical Analysis of the Impact of the Bore Pool Sharing Program on Farm Incomes and Crop Choices"，*World Development*，88(12)：152-174.

Putnam R. D. , 1993： *Making Democracy Work*： *Civil Traditions in Modem Italy*，Princeton： Princeton University Press.

Radke H. R. M. , Hornsey M. J. , Barlow F. K. , 2016："Barriers to Women Engaging in Collective Action to Overcome Sexism"， *American Psychologist*，71(9)：863-874.

Runge C. F. , 1984："Institutions and the Free Rider： The Assurance Problem in Collective Action"，*Journal of Politics*，46：154-181

Ryu S. , Park J. , Min S. , 2007："Factors of Determining Long-term Orientation in Inter-firm Relationships"， *Journal of Business Research*，60(12)；1225-1233.

Saini A. ,Martin K. ,2009："Strategic Risk Taking Propensity： The Role of Ethical Climate and Marketing Output Control"，*Journal of Business Ethics*，90(4) ：593-606.

Salamon L. M. , 1992： *America's Nonprofit Sector*. New York： Foundation Center.

Sandler T. , 1992： *Collective Action*，*Theory and Applications*，Ann Arbor： University of Michigan Press.

Schneigerg M. , 2019： Hollingsworth J. R.. *Can Transaction Cost Economics Explain Trade Association* . Political Choice.

Simon B. , Klandermans B. , 2009: "Politicized Collective Identity: A Social-psychological Analysis", *American Psychologist*, 56: 319-331.

Simons H. ,2009:*Case study research in practice*. London: Sage.

Sinja J. , Njoroge L. , Mbaya H. , Magara H. , et al. , 2006: "*Milk Market Access for Smallholders: A Case of Informal Milk Trader Groups in KenyaCGIAR Systemwide Program on Collective Action and Property Rights (CAPRi)*", CGIAR Systemwide Program on Collective Action and Property Rights (CAPRi).

Snow D. A. , Rochford E. B. , Worden S. K. , et al. , 1986: "Frame Alignment Processes, Micro-Mobilization, and Movement Participation",*American Sociological Review*, 51(4):254-258.

Spekkink W. , 2015: "Building Capacity for Sustainable Regional Industrial Systems: An Event Sequence Analysis of Developments in the Sloe Area and Canal Zone",*Journal of Cleaner Production*, 98 (1): 133-144.

Stewart A. L. , 2016: "Men's Collective Action Willingness: Testing Different Theoretical Models of Protesting Gender Inequality for Women and Men",*Psychology of Men & Masculinity*, 8:1-11.

Stockbridge M. , Dorward A. , Kydd J. , 2003: *Farmer Organizations for Market Access: A Briefing Paper*, England: Imperial College, London.

Stringfellow R. , Coulter J. , Hussain A. , et al. ,1997:"Improving The Access of Smallholders to Agricultural Services in Sub-Saharan Africa", *Small Enterprise Development*, 8(3): 35-41.

Tajfel R. , Turner J. C. ,1986:"The Social Identity Theory of Intergroup Behavior",In Worchel S. , Austin W. G. (eds.), *Psychology of Intergroup Relations*,Chicago, IL: Nelson-Hall.

Tarrow S. ,2011:*Power in Movement (2nd ed.)*. New York: Cambridge University.

Tausch N. , Becker J. C. , Spears R. , et al. ,2011: "Explaining Radical Group Behavior: Developing Emotion and Efficacy Routes to Normative and Nonnormative Collective Action", *Journal of*

Personality and Social Psychology, 101: 129-148.

Tilly C., 1975: "Major Forms of Collective Action in Western Europe 1500—1975", *Theory & Society*, 3(3): 365-375.

Truman. D., 1951: *The Governmental Process: Political Interests and Public Opinion*, New York: Alfred A. Knopf.

Wendt A., 1994: "Collective Identity Formation and the International State", *American Political Science Review*, 88(2): 384-396.

Wilson G. K., 1981: *Interest Groups in the United States*, Oxford: Clarendon Press.

Wright, S. C., 2009: "The Next Generation of Collective Action Research", *Journal of Social Issues*, 65(4): 859-879.

Wright, S. C., Taylor, D. M., Moghaddam, F. M., 1990: "Responding to Membership in a Disadvantaged Group: From Acceptance to Collective Protest", *Journal of Personality and Social Psychology*, 58(6): 994-1003.

Yan A., Gray B., 1994: "Bargaining Power, Management Control and Performance in United States —China Joint Ventures: A Comparative Case Study", *Academy of Management Journal*, 37(6): 1478-1517.

Yau Y., 2013: "Willingness to Paticipate in Collective Action: The Case of Multiowned Housing Management", *Journal of Urban Affairs*, 35(2): 153-171.

Yin R. K., 2009: *Case study research: Design and methods* (4th ed.). Thousand Oaks, CA: Sage.

Yu J., Yashima K., Shen Y., 2014: "Autonomy or Privilege? Lobbying Intensity of Local Business Associations in China", *Journal of Chinese Political Science*, 19: 315-333.

Yu J., Zhou J., 2013: "Local Governance and Business Associations in Wenzhou: a model for the road to civil society in China?" *Journal of Contemporary China*, 22(81): 394-408.

Zhang C., 2015: "Non-Governmental Organisations' Policy Advocacy in China: Resources, Government Intention and Network", *China An International Journal*, 13: 181-199.

Zomeren V. M., Iyer, A., 2009: "Introduction to the Social and Psychological Dynamics of Collective Action", *Journal of Social Issues*, 65(4): 645-660.

Zomeren V. M., Postmes T., Spears R., et al., 2011: "Can Moral Convictions Motivate the Advantaged to Challenge Social Inequality? Extending the Social Identity Model of Collective Action", *Group Processes & Intergroup Relations*, 14: 735-753.

Zomeren V. M., Postmes T., Spears R., 2008: "Toward an Integrative Social Identity Model of Collective Action: A Quantitative Research Synthesis of Three Socio-psychological Perspectives", *Psychological Bulletin*, 134: 504-535.

附　录

集群企业参与外生性集体行动情况调查问卷

尊敬的女士/先生：

您好！感谢您在百忙之中抽出时间参与本问卷调查！

我们是××××大学集体行动课题研究组的研究人员。为了解企业参与外生性集体行动的影响因素，特进行此项调研。为避免对外生性集体行动理解上的误会，我们将外生性集体行动的意思及实际形式进行了举例说明，敬请您参详。

外生性集体行动概念：指的是集群外部（非本地）发生的某个（某些）事件对集群企业产生了不利影响而引发集群企业的集体性应对行为，导致这种集群企业集体行动的外部事件或行为概称为外生性事件。

实例1：温州打火机企业集体抗辩欧盟CR法案。2002年温州烟具协会及打火机企业突然收到欧盟CR（*Children Resistance Law*）法案即将进行最后表决的通知，要求进口价在2欧元以下的打火机必须设有防止儿童开启装置即带安全锁。我国温州打火机的外贸出厂价基本上是1欧元左右（折合人民币15元以下），占据了国际市场70%的份额，且主要是欧盟市场，但是没有防止儿童开启装置的安全锁，将遭受损失甚至失去市场。企业认为欧盟此举是不合理的，并在温州烟具协会的组织下温州打火机企业集体进行了抗辩。

实例2：嘉兴企业集体应诉欧盟反倾销案。欧委会于2008年11月9日发布公告，对原产我国的钢铁制紧固件（不包括不锈钢紧固件）产品发起反倾销调查，立案调查的产品包括木螺钉、自攻钉、其他带头的螺钉和螺栓以及垫圈等产品，调查期为2006年10月1日至2007年9月30日。调查期内，我国涉案金额为7.6亿美元，而浙江省涉案金额为3.2亿美元，其中嘉兴涉案金额为9700万美元，涉及生产和贸易企业90家。嘉兴市外经贸局积极指导嘉兴市紧固件进出口企业协会,根据产业特点制定了全市中小企业联合应诉方案,全市共有 24 家企业参加应诉,其中 18 家中小企业参加协会组织的联合应诉。

请您根据本企业经历过的某项外生性集体行动,结合本公司当时的实际情况对问卷中所列各个条目做出评价。无论本公司当时是参与还是没参与都没有关系,只要经历过就可以。

本问卷调查所得数据仅用于课题研究,绝不会用于任何商业用途。并且,调查采用完全匿名的方式进行,内容也不涉及企业商业秘密,请您不必有任何顾虑。

感谢您的合作与支持! 您的支持将是本研究成功的关键!

敬祝工作顺利、万事如意!

　　　　　　　　　　　　　　　　××××大学课题研究组
　　　　　　　　　　　　　　　　2016 年 6 月

第一部分　基本情况

填写说明:请在"□"内打"√",在括号内填写具体的数字。

1.企业的基本信息

企业年龄	□5 年及以下	□6—10 年	□11—15 年	□16—20 年	□20 年以上
企业性质	□国有	□私营	□混合	□外资	□合资
企业规模	□微型企业	□小型企业	□中型企业	□大型企业	

2.填写人的基本信息

学历:□专科及以下　□本科　□硕士及以上 | 职务:□基层　□中层　□高层

从事管理工作年数:□3 年以内　□4—6 年　□7—9 年　□10 年及以上

在本单位工作年数:□3 年以内　□4—6 年　□7—9 年　□10 年及以上

第二部分　企业参与外生性集体行动的信息

说明:请根据吻合程度在相应的数字上打"√"(电子版请将所选数字改成红色显示也可)。

ID	Ⅰ影响企业参与外生性集体行动意愿的因素 (完全符合当时本企业的情况请在相应条目后的"5"上打"√"或将"5"改成红色;比较符合请在相应条目后的"4"上打"√"或将"4"改成红色;以此类推,完全不符合就在相应条目后的"1"打"√"或将"1"改成红色即可)	完全不符合	比较不符合	一般符合	比较符合	完全符合
EX1	我们认为那事件主要是针对像我们这样的企业的	1	2	3	4	5
EX2	我们认为那事件给本公司造成了损失或产生了不利影响	1	2	3	4	5
EX3	我们认为那事件是有失公平和公道的	1	2	3	4	5
PR1	我们认为应该或有必要抗争或争取一下	1	2	3	4	5
PR2	我们认为抗争或争取一下或许会有点效果	1	2	3	4	5
SU1	该活动得到了其他组织或社会界人士的经费支持	1	2	3	4	5
SU2	该活动得到了其他组织、媒体或社会界人士等的信息支持	1	2	3	4	5
SU3	该活动得到了其他组织、媒体或社会界人士等的舆论支持	1	2	3	4	5
SU4	该活动得到了其他组织、机构或社会界人士等指导和智力支持	1	2	3	4	5

ID	Ⅰ影响企业参与外生性集体行动意愿的因素 （完全符合当时本企业的情况请在相应条目后的"5"上打"√"或将"5"改成红色；比较符合请在相应条目后的"4"上打"√"或将"4"改成红色；以此类推，完全不符合就在相应条目后的"1"打"√"或将"1"改成红色即可）	完全不符合	比较不符合	一般符合	比较符合	完全符合
IN1	我们知道该活动是合法合规的	1	2	3	4	5
IN2	我们知道本地政府和管理部门允许企业采取或参与该活动	1	2	3	4	5
CS1	我觉得跟我们企业产品和服务差不多的本地企业数量很多	1	2	3	4	5
CS2	我觉得跟我们企业规模和运营差不多的本地企业数量很多	1	2	3	4	5
CT1	我觉得本地同行企业间的专业分工程度或上下游关系不很明显	1	2	3	4	5
CT2	我觉得本地同行上下游企业之间的产品、零配件或半成品等方面的合作行为与交易活动很少	1	2	3	4	5
ID	Ⅱ企业参与外生性集体行动的意愿					
ECA	本企业当时参与该行动的意愿很强烈	1	2	3	4	5
ID	Ⅲ行业协会的外部治理					
BA1	行业协会在该活动中体现出的服务能力和协调能力很强	1	2	3	4	5
BA2	行业协会在该活动中的服务和协调具有很高权威性	1	2	3	4	5

本问卷到此结束，请您检查一下是否有漏答的题目。

集群企业参与内生性集体行动情况调查问卷

尊敬的女士/先生:

您好!感谢您在百忙之中抽出时间参与本问卷调查!

我们是×××大学集体行动课题研究组的研究人员。为了解企业参与内生性集体行动的影响因素,特进行此项调研。为避免对内生性集体行动理解上的误会,我们将内生性集体行动的意思及实际形式进行了举例说明,敬请您参详。

内生性集体行动概念:指的是集群企业为解决集群发展过程中滋生出来的内生性普遍需求或共性问题而采取或参与的联合行动。现实中的例子包括:集群共性技术研发、集群知识产权保护、集群环境治理、集群内基础设施维护、区域市场建设和集群品牌建设等。

具体实例:永康电动车和滑板车企业集体签署《维权公约》。2004年6月,沃尔玛通过中间采购商,同时向永康市8大企业下单采购电动滑板车,数量达10多个品种上百万辆。由于该市企业之间相互低价竞争,致使这个价值数亿元的沃尔玛"大单"搁浅。浙江日报7月22日五版以"沃尔玛'大单'不太好接"为题报道该事件后,立即引起了永康市委市政府的高度重视,该市立即组织电动车滑板车企业到温州取经,深入调查分析恶性竞争的成因并研究制定对策。仿冒侵权成风是恶性竞争的根源。永康五金产品总量居全国之首,但由于企业间仿冒成风,整个行业产品雷同,缺少个性。仿冒侵权成风还严重挫伤了企业研发新产品的积极性,造成产业层次低、科技含量低、核心竞争力不强,大家同挤一条"独木桥",你争我夺搞低价竞争;而仿冒侵权成风的原因则是缺少"规矩"。吃尽恶性竞争苦头的永康市130多家企业主最终在政府部门的组织下,在《维权公约》上签下了自己的名字,一致承诺打击仿冒侵权,遏制不正当竞争,抱团作战,共同对外。

请您根据本企业曾经经历过的某项内生性集体行动,结合本公司当时的实际情况对问卷中所列各个条目做出评价。无论本公司当时是参与还是没参与都没有关系,只要经历过就可以。各条目后的数值1~5并不表示好与坏,而是表示该条目与企业当时参与行动时实际情况的吻合程度。1表示完全不符合、2表示比较符合、3表示一般符合、4表示比较符合、5

表示完全符合。

　　本问卷调查所得的数据仅用于课题组的科学研究,绝不会被用于任何商业用途。并且,本调查采用完全匿名的方式进行,问卷内容也不涉及企业商业秘密,请您不必有任何顾虑。

　　感谢您的合作与支持! 您的支持将是本研究成功的关键!

　　敬祝工作顺利、万事如意!

××××大学课题研究组

2016 年 6 月

第一部分　基本情况

填写说明:请在"□"内打"√",在括号内填写具体的数字。

1.企业的基本信息

企业年龄	□5年及以下　□6—10年　□11—15年　□16—20年　□20年以上
企业性质	□国有　　　□私营　　　□混合　　　□外资　　　□合资
企业规模	□微型企业　　□小型企业　　□中型企业　　□大型企业

2.填写人的基本信息

学历:□专科及以下　□本科　□硕士及以上	职务:□基层　□中层　□高层

从事管理工作年数:□3年以内　□4—6年　□7—9年　□10年及以上

在本单位工作年数:□3年以内　□4—6年　□7—9年　□10年及以上

第二部分　企业参与内生性集体行动的信息

说明:请根据吻合程度在相应的数字上打勾(电子版请将要选的数字改成红色显示也可)。

ID	Ⅰ影响企业参与外生性集体行动意愿的因素 (完全符合当时本企业的情况请在相应条目后的"5"上打"√"或将"5"改成红色;比较符合请在相应条目后的"4"上打"√"或将"4"改成红色;以此类推,完全不符合就在相应条目后的"1"打"√"或将"1"改成红色即可)	完全不符合	比较不符合	一般符合	比较符合	完全符合
PD1	我们认为这些活动与本公司来说是有价值与意义的	1	2	3	4	5
PD2	我们认为这些活动非常符合公司当前的利益和发展需要	1	2	3	4	5
LO1	我们公司的战略计划非常注重长期的发展	1	2	3	4	5
LO2	我们认为公司的长期目标应优先于短期收益	1	2	3	4	5
LO3	我们认为公司长期的成功更为重要	1	2	3	4	5
LO4	我们认为保持公司长期竞争力非常重要	1	2	3	4	5
LO5	我们认为满足当年财务目标比保持长期绩效更重要	1	2	3	4	5
LE1	我公司发展离不开当地企业、政府、协会和机构等的支持	1	2	3	4	5
LE2	我公司发展离不开当地的人才、资金、市场及配套设施等	1	2	3	4	5
PE1	该行动受到了政府和协会等部门的物质性激励	1	2	3	4	5

ID	Ⅰ影响企业参与外生性集体行动意愿的因素 (完全符合当时本企业的情况请在相应条目后的"5"上打"√"或将"5"改成红色;比较符合请在相应条目后的"4"上打"√"或将"4"改成红色;以此类推,完全不符合就在相应条目后的"1"打"√"或将"1"改成红色即可)	完全不符合	比较不符合	一般符合	比较符合	完全符合
PE2	该行动受到了政府和协会等部门的精神性激励	1	2	3	4	5
PC1	我们知道有很多同行企业都采取或参与了该行动	1	2	3	4	5
PC2	我们看到同行企业采取或参与该行动后效果很好	1	2	3	4	5
CS1	我觉得跟我们企业产品和服务差不多的本地企业数量很多	1	2	3	4	5
CS2	我觉得跟我们企业规模和运营差不多的本地企业数量很多	1	2	3	4	5
CT1	我觉得本地同行企业间的专业分工程度或上下游关系不很明显	1	2	3	4	5
CT2	我觉得本地同行上下游企业之间的产品、零配件或半成品等方面的合作行为与交易活动很少	1	2	3	4	5
ID	Ⅱ企业参与内生性集体行动的意愿					
ICA	本企业当时参与该行动的意愿很强烈	1	2	3	4	5
ID	Ⅲ行业协会的外部治理					
BA1	行业协会在该活动中体现出的服务能力和协调能力很强	1	2	3	4	5
BA2	行业协会在该活动中的服务和协调具有很高权威性	1	2	3	4	5

本问卷到此结束,请您检查一下是否有漏答的题目。

图书在版编目(CIP)数据

行业协会对集群企业集体行动的影响机制研究 / 郑小勇著. —杭州:浙江大学出版社,2020.10
　　ISBN 978-7-308-20292-3

　　Ⅰ.①行… Ⅱ.①郑… Ⅲ.①行业协会－影响－企业集群－研究 Ⅳ.①F276.4

　　中国版本图书馆 CIP 数据核字(2020)第 104267 号

行业协会对集群企业集体行动的影响机制研究
郑小勇　著

责任编辑	马一萍
责任校对	汪淑芳　郭凯迪
封面设计	周　灵
出版发行	浙江大学出版社
	(杭州市天目山路 148 号　邮政编码 310007)
	(网址:http://www.zjupress.com)
排　　版	浙江时代出版服务有限公司
印　　刷	杭州高腾印务有限公司
开　　本	710mm×1000mm　1/16
印　　张	18
字　　数	323 千
版 印 次	2020 年 10 月第 1 版　2020 年 10 月第 1 次印刷
书　　号	ISBN 978-7-308-20292-3
定　　价	62.00 元

版权所有　翻印必究　印装差错　负责调换

浙江大学出版社市场运营中心联系方式　(0571)88925591;http://zjdxcbs.tmall.com